Die Kraft der Intuition

Philip Goldberg

Die Kraft der Intuition

Wie man lernt,
seiner Intuition
zu vertrauen

Gondrom

Für meine Mutter, die mich lehrte zu fragen.

Lizenzausgabe für Gondrom Verlag GmbH & Co. KG, Bindlach 1995
mit Genehmigung des Scherz Verlag, Bern und München.
Titel des Originals: »The Intuitive Edge. Understanding and Developing Intuition«.
Einzig berechtigte Übersetzung aus dem Amerikanischen von Erwin Schuhmacher.

ISBN 3-8112-1340-7

Inhalt

Vorwort

Mein Interesse für Intuition und die grundlegende Frage: «Wie wissen wir, was wir wissen?», erwachte bereits vor über zwanzig Jahren, als ich noch Student war. Eher wahllos hatte ich bereits eine Menge Material zu diesem komplexen Thema zusammengetragen, als mir im Jahre 1977 ganz plötzlich die Idee kam, ein Buch darüber zu schreiben. Ich ließ meiner Intuition die Tat folgen, weil ich fest davon überzeugt war, daß dieser Stoff nicht nur theoretisch faszinierend, sondern zugleich auch von praktischer Bedeutung ist: Denn was wir wissen, das bestimmt, wie wir denken, entscheiden und handeln – das heißt, es bestimmt in nicht unwesentlichem Maße unsere Lebensqualität.

Mir war stets klar, daß dieses Buch eine theoretische und praktische Leitlinie haben muß und daß viele Leser vornehmlich nur an einer von beiden interessiert sein würden. Doch beide sind miteinander verbunden, im Buch wie im Leben. Je mehr wir über Intuition wissen, desto besser sind wir gerüstet, unser entsprechendes persönliches Potential zu nutzen; und je besser entwickelt unsere Intuition ist, um so eher sind wir in der Lage, ihr Wesen zu begreifen. Den Leser, der vor allem seine eigene Fähigkeit zur Intuition «trainieren» möchte, werden die Kapitel 8, 9 und 10 besonders ansprechen. Aufbauend auf den in erster Linie theoretischen Informationen in den vorangegangenen Kapiteln erfährt er dort, wie er diese Theorie für sich persönlich praktisch nutzbar machen kann.

In seinem 1968 erschienenen Werk *Toward a Contemporary Psychology of Intuition* schreibt Malcolm Westcott: «Das letzte Wort über Intuition liegt in so ferner Zukunft, wie das erste Wort darüber in die Vergangenheit zurückreicht.»* Daran hat sich, meiner Meinung nach, bis heute nichts geändert. Wir haben es hier mit einem vielschichtigen, die verschiedensten Bereiche wissenschaftlicher Forschung berührenden Thema zu tun, mit dem sich schon viele kluge Köpfe beschäftigt haben und das nach wie vor höchst kontrovers betrachtet wird. Für die Naturwissenschaften war Intuition stets ein schwer faßbares Randproblem, deshalb gibt es auf diesem Gebiet auch weder eine Forschungstradition noch einen allgemein akzeptierten Fundus an Erkenntnissen und Lehrsätzen. Bei der Arbeit an diesem Buch habe ich die Philosophien des Ostens wie des Westens einbezogen, das Phänomen Intuition betreffende Äußerungen von Natur- und Geisteswissenschaftlern, Schriftstellern und Künstlern gesammelt sowie meine eigenen entsprechenden Erfahrungen und einschlägige Berichte von Menschen aller Gesellschaftsschichten mit berücksichtigt. Eine ganze Reihe der erwähnten Gedanken können zwar nur als Vermutungen, Spekulationen und per Deduktion erzielte Hypothesen betrachtet werden – ich hoffe aber, daß sie für viele ein Anreiz sein werden, unsere Kenntnisse über die «geistige Kraft» Intuition zu vergrößern und weiterzuentwickeln.

* Die bibliographischen Angaben zu den im Buch erwähnten und zitierten Werken sind dem Literaturverzeichnis S. 304 ff. zu entnehmen.

1 Intuition ist alles

Was wirklich zählt, ist Intuition.
Albert Einstein

Sie ist unentbehrlich. Und doch behaupten manche Leute, es gibt sie überhaupt nicht. Andere werten ihre Leistung als unbedeutend ab oder gestehen ihr nur auf begrenzten Gebieten Einfluß zu. Einige wenige aber halten große Stücke auf sie und wüßten gar nicht, wie sie ohne sie auskommen sollten. Daß diese wenigen immer mehr werden, dazu möchte dieses Buch beitragen: Es will «sie» – die Intuition – aus ihrem Schattendasein befreien, sie entmystifizieren, genau unter die Lupe nehmen und untersuchen, wie sie funktioniert und was getan werden könnte, um ihr volles Potential zur Geltung zu bringen.

In letzter Zeit wurde mehr und mehr klar, daß Intuition «eigentlich» eine ganz natürliche mentale Fähigkeit ist, Schlüsselelement bei Entdeckungen, Problemlösungen und Entscheidungsprozessen, der zündende Funke so mancher schöpferischen Idee und hellsichtigen Ahnung. Sie ist ein wichtiger Bestandteil dessen, was wir Genie nennen, aber auch ein unentbehrlicher Ratgeber im Alltag. Menschen, die offensichtlich stets zur rechten Zeit am rechten Platz sind und denen praktisch alles zu gelingen scheint, haben nicht einfach nur Glück: Sie verfügen über in intuitives Gespür, wie sie sich entscheiden und wie sie handeln sollen. Langsam wächst die Erkenntnis, daß Intuition nicht nur ein zufälliges Phänomen oder eine außergewöhnliche, nicht recht erklärbare Begabung ist, sondern daß jeder Mensch – unabhängig von seinen sonstigen unterschiedlichen, individuellen Fähigkeiten – sie besitzt. Und so wie wir alle – bei entsprechendem Training – höher springen oder schneller laufen lernen können, so könnten wir auch viel intuitiver werden.

Diese stärkere Beachtung der Intuition ist Teil eines umfassenden Wertewandels, der sich schon seit einiger Zeit beobachten läßt. Mehr Lebensqualität in einer besseren Welt könnte man – formelhaft verkürzt – das Ziel dieser «Bewegung» nennen, die so manche konventionelle Anschauung in Frage stellt und versucht, die Grundlagen unseres Verstandes und unseres Erkenntnisvermögens neu zu definieren. Denn wenn die Kluft zwischen Wunsch und Erfüllung zu groß wird, beginnt man natürlich, darüber nachzudenken, ob es nicht vielleicht einen besseren Weg gibt als den bisher gegangenen.

Vor allem die das Geistesleben jahrelang beherrschende psychologische Schule des Behaviorismus hatte die tieferen Schichten von Verstand und Seele für irrelevant erklärt, allen Erkenntnissen der Freudschen Psychoanalyse zum Trotz. Aber dank eines breiten Spektrums neuer wissenschaftlicher Ergebnisse – zum Beispiel auf dem Gebiet der humanistischen und transpersonalen Psychologie oder der Gehirnforschung – sowie des immer größer werdenden Interesses für östliche Weisheitslehren haben viele Menschen entdeckt, daß wir in uns selbst über noch unangezapfte Quellen geistiger Kraft verfügen. Diese Menschen spüren, daß in uns etwas ist – wenn auch durch schlechte Gewohnheiten und Unwissenheit verschüttet –, das begreift, wer wir sind und was wir brauchen. Allgemein wächst die Überzeugung, daß wir vielleicht doch mehr jenen Ahnungen, inneren Warnungen und nicht immer deutlich erkennbaren Signalen trauen sollten, die wir in der Regel nicht beachten. Und immer bestimmender für unser Leben wird der Wunsch, Widerstände zu beseitigen, die uns daran hindern, wirklich wir selbst zu sein.

Was die Intuition betrifft, so hindern uns vor allem die unser abendländisches Weltbild bestimmenden epistemologischen Grundlagen daran, ihre Existenz und ihre Bedeutung anzuerkennen. Ein kurzer Blick auf diese Prämissen wird uns helfen zu begreifen, warum wir bisher so wenig geneigt waren, unsere intuitiven Fähigkeiten einzusetzen und zu entwickeln.

Das Vermächtnis des Szientismus

Über dreihundert Jahre lang war in der abendländischen Welt Erkenntnis gleich naturwissenschaftliche Erkenntnis. So illustre Namen wie Galilei, Descartes und Newton stehen für diese szientistische Sicht von Leben, Natur und Geist. Der Lehre des Szientismus zufolge kann man Erkenntnis nur gewinnen aufgrund verifizierbarer, empirischer Forschung, der Erwägung vernünftiger, logischer Argumente und systematischen Sammelns von Erfahrungsmaterial.

Man könnte demnach sagen, daß der Szientismus eine Verbindung von Rationalismus und Empirismus darstellt. Der Empirismus setzt in erster Linie auf die Sinneserfahrungen als einzig verläßliche Grundlage des Erkennens, während der Rationalismus behauptet, allein durch den Einsatz des Verstandes gelange man zur Wahrheit. In den Naturwissenschaften sollen die beiden Konstrukte als «Tandem» fungieren: Da Sinneserfahrungen trügerisch sein können, werden die empfangenen Informationen einer strenglogischen Überprüfung unterzogen. Da auch der Verstand nicht gänzlich fehlerfrei arbeitet, werden vorläufige Schlußfolgerungen – Hypothesen – durch kontrollierte Experimente überprüft, die bei mehrfacher Wiederholung stets zu denselben Ergebnissen führen müssen.

Damit diese Spielregeln funktionieren, sollten alle Daten quantifizierbar und die Mitwirkenden objektiv sein, um nicht durch Vorurteile, Emotionen und Meinungen die Ergebnisse zu verfälschen.

Antike Philosophen wie Platon und neuzeitliche wie Spinoza, Nietzsche und Henri Bergson haben – ebenso wie Mystiker und Poeten aus allen Kulturen – darauf hingewiesen, daß es jenseits verstandesmäßiger und Sinnes-Wahrnehmungen noch höhere, intuitive Formen des Erkennens gibt. Es hat sogar «intuitionistische» Schulen in der Mathematik und Ethik gegeben, und Psychologen wie Gordon Allport, Abraham Maslow und C. G. Jung haben die Bedeutung der Intuition erkannt. Doch interessierte man sich bei uns meist nur am Rande für das Phänomen Intuition, da der rationale Empirismus zu *der* Form des Erkennens avanciert war, was er weitgehend den erstaunlichen Erfolgen der Naturwissenschaften zu verdanken hatte.

Nichts, was in diesem Buch zugunsten der Intuition gesagt wird, sollte als Herabsetzung naturwissenschaftlicher Erkenntnis oder rationalen Denkens verstanden werden. Beide haben uns von der Tyrannei der Dogmen befreit und die Macht der religiösen Institutionen gebrochen. Mit dem Beharren auf strenger Beweisführung und immer erneuter Verifizierung – Herz und Seele des Szientismus – wurde die Menschheit im Laufe der Zeit in die Lage versetzt, das Wahre vom Falschen zu unterscheiden. Die Naturwissenschaften haben uns Wege gewiesen, die materielle Welt zu analysieren und zu gestalten, die uns zu vorher nicht gekanntem Überfluß, Bequemlichkeit und Gesundheit verholfen haben.

Wie die meisten Revolutionen hat aber auch die wissenschaftliche Revolution neue Probleme geschaffen. Erfolgstrunken hat der Moloch Naturwissenschaft auch Terrain verschlungen, das bis dahin der Philosophie, Metaphysik, Theologie und kultureller Tradition vorbehalten war. Wir versuchten, mit den Methoden, die im materiellen Bereich so gut funktionierten, auch Antworten auf Fragen der Seele, des Geistes und der Gesellschaft zu finden. Wir nahmen an, wir könnten hinter die Geheimnisse des Universums kommen und lernen, wie man am besten lebt – allein durch Experimentieren und den darauf basierenden vernünftigen Schlüssen. Um das zu erreichen, machten wir uns daran, die Werkzeuge des Erkennens zu vervollkommnen. Wir ersannen Apparaturen und Verfahren, um die Reichweite unserer Sinne zu vergrößern, und wir achteten darauf, daß unsere Logik noch strenger und unsere Berechnungen noch genauer wurden, immer bestrebt, den Einfluß der subjektiven, emotionalen Komponenten so weit wie möglich zu verringern. Und schließlich erhoben unsere Organisationen und Bildungseinrichtungen den Szientismus zum *sine qua non* des Erkennens, zum Modell, wie der Mensch denken sollte.

Diese ideologische Voreingenommenheit spiegelt sich auch in unserem Vokabular wider; Wörter, die den Eindruck von Wahrheit vermitteln sollen, stammen aus dem rational-empirischen Bereich. Um darauf hinzuweisen, daß eine Feststellung richtig zu sein scheint, gebrauchen wir das Wort *logisch* selbst dann, wenn die Regeln der Logik überhaupt nicht angewandt wurden. Die Vernunft wird so hoch eingeschätzt, daß wir mit *vernünftig* alles bezeichnen, was wir für angemessen halten – etwa wenn wir sagen: «Zwanzig Mark sind ein vernünftiger Preis für eine Theaterkarte.» Fordern wir jemanden auf, irgendeine Behauptung zu rechtfertigen, dann sagen wir, er solle uns einen *vernünftigen* Grund nennen. Was für ein «Gefühl» er im Hinblick auf seine Behauptung hat oder was seine «Intuition» ihm dazu sagt – danach würde so leicht keiner von uns fragen.

Das Wort *rational,* das genaugenommen die Anwendung von Vernunft und Logik voraussetzt, ist zu einem Synonym von geistig gesund geworden, während *irrational* den Beigeschmack von verrückt hat. Die Ausdrücke *sinnfällig* und etwas *macht Sinn* sowie ihr Antonym *sinnlos* verbinden Vernünftigkeit und Wahrheit mit den Sinnesorganen, als ob adäquate Erkenntnis allein durch sie zu erlangen wäre – die klassische Überzeugung des Empirismus. Der Ausdruck *objektiv* impliziert mittlerweile Fairneß, Ehrlichkeit und Genauigkeit und legt nahe, daß der einzige Weg zum Erwerb unverfälschter Erkenntnis darin besteht, emotional unbeteiligt zu bleiben und alles, was man untersucht, analysiert, beobachtet, so zu behandeln, als sei es ein materielles Objekt. Und was schließlich den Begriff *wissenschaftlich* angeht, so wurde er zum allerhöchsten Zertifikat für Behauptungen jeglicher Art.

Glücklicherweise gibt es in unserer Sprache aber auch verbale Vorbehalte gegenüber dem rational-empirischen Anspruch. So verwenden wir zum Beispiel dank Freud das Verb *rationalisieren* im Sinne einer «nachträglichen Rechtfertigung triebhaft bzw. unbewußt motivierter Handlungen durch Vernunftgründe». Trotzdem reden und handeln wir im allgemeinen nach wie vor so, als seien Sinneswahrnehmungen und rationales Denken die *einzigen* Wege, etwas zu erkennen. Aber immer mehr Menschen erscheint gerade diese völlige Diskreditierung der Intuition als unlogisch, unvernünftig und vielleicht sogar unsinnig.

Die Institutionen, die uns lehren, wie wir unseren Verstand gebrauchen sollen, sind ebenso wie die wissenschaftlichen und politischen Organisationen, in denen wir ihn anwenden, so einseitig auf das rational-empirische Ideal ausgerichtet, daß über Intuition selten diskutiert wird, geschweige denn, daß man sie schätzen oder fördern würde. Ob in der Schule, auf der Universität oder im Berufsleben – überall hält man uns an, beim Denken, beim Lösen von Problemen und bei Entscheidungsprozessen den idealisierten Forderungen des Szientismus nachzukommen. Als Ergebnis dieser Einstellung wird die Intuition den verschiedensten Formen von Zensur unterworfen. Was der Psychologe Blythe Clinchy über die Jugenderziehung schreibt, trifft auf unsere ganze Kultur zu: «Wir mögen unsere Schüler vielleicht davon überzeugen, daß intuitives Denken eine irrelevante oder unpassende Art ist, sich mit einem Thema zu beschäftigen. Damit löschen wir die Intuition jedoch nicht aus; wir verdrängen sie nur in den Untergrund.»

In dieser Situation liegt eine doppelte Ironie. Denn erstens ist das Denkmodell, dem wir nachzueifern versuchen, so etwas wie eine Fiktion, unrichtig in einigen seiner Voraussetzungen und unangemessen in vielen seiner Anwendungen. Zweitens leistet die Intuition einen lebenswichtigen, wenn auch begrenzten Beitrag im Rahmen genau jener Institutionen, die alles getan haben, sie möglichst auszuschalten.

Tu, was die Natur tut, nicht, was sie sagt

Zunächst einmal muß festgehalten werden, daß die vom Szientismus so gepriesene emotionslose, unbestechliche Objektivität ein unerreichbares Ideal darstellt. Die psychologische Forschung lehrt uns, daß schon eine ganz einfache Sinneswahrnehmung ein interpretierender Akt ist, beeinflußt von Erwartungen, Vorurteilen und Wertmaßstäben. So wirkt beispielsweise ein und dieselbe Geldmünze auf ein armes Kind größer als auf ein Kind, dem der Besitz von Geldstücken selbstverständlich ist.

Und sogar die Naturwissenschaftler selbst sind bereits dahintergekommen, daß die theoretisch geforderte Trennung zwischen dem Beobachter und dem Beobachteten, zwischen Subjekt und Objekt, in der Praxis nicht länger aufrechterhalten werden kann. Werner Heisenberg hat mit seiner Entdeckung der Unschärferelation nachgewiesen, daß der Akt des Beobachtens auf der Ebene der Elementarteilchen das beeinflußt, was beobachtet wird. In seinem Vortrag über *Das Naturbild der heutigen Physik* sagte er wörtlich: «Auch in der Naturwissenschaft ist also der Gegenstand der Forschung nicht mehr die Natur an sich, sondern die der menschlichen Fragestellung ausgesetzte Natur.» Darüber hinaus ist jede Wissenschaftsdisziplin in einem bestimmten Komplex von Voraussetzungen und Meinungen verwurzelt – ihrem jeweiligen «Paradigma», wie Thomas Kuhn es definiert hat –; und wie jeder von uns hat auch der einzelne Wissenschaftler Überzeugungen, Vorurteile und besondere Vorlieben, die seine Arbeit beeinflussen. Tatsächlich ist es so, daß ein Mensch ganz *sine ira et studio* niemals den Mut und die Beharrlichkeit aufbringen könnte, etwas Bedeutendes zu entdecken oder zu leisten.

Die wirkliche Objektivität der Naturwissenschaft bezieht sich auf den Makrokosmos. Hier handelt es sich um ein kollektives Unterfangen, bei dem Ahnungen, Meinungen und intuitive Überzeugungen in aller Öffentlichkeit diskutiert und streng geprüft werden. Was danach übrigbleibt, nennen wir objektive wissenschaftliche Erkenntnis – geboren aus vielen «subjektiven» Beiträgen.

Ließ man sie gewähren, hat die Intuition oft Wunder gewirkt. Während Vernunft und empirische Beobachtung den Gang der Forschung lenken, und die leidenschaftliche Suche nach Wahrheit gewissermaßen den Brennstoff liefert, ist die Intuition der Zündfunke. Das läuft übrigens nicht nur bei großen Entdeckungen so, sondern auch bei alltäglichen Entscheidungsprozessen und Problemlösungen. Abraham Maslow hat zwischen zwei Typen von Wissenschaftlern unterschieden, die, jeder auf seine Art, ihren spezifischen Forschungsbeitrag leisten. Den einen

Typ verglich er mit jenen winzigen Meerestierchen, die ein Korallenriff aufbauen. Geduldig türmen sie ein Faktum auf das andere, wiederholen die entscheidenden Experimente wieder und wieder und modifizieren entsprechend den Ergebnissen vorsichtig ihre Hypothesen. Die Vertreter des anderen Typs, von Maslow «Adler der Naturwissenschaften» genannt, wagen dagegen jene ehrgeizigen Höhenflüge und Denksprünge, die zu wissenschaftlichen Revolutionen führen. Die Intuition verleiht den Adlern Flügel.

Natürlich interessiert im Rahmen unseres Themas gerade dieser Aspekt, und kein Geringerer als Albert Einstein, der Begründer der Relativitätstheorie, sagt über die Entdeckung von Naturgesetzen: «Es gibt keine logischen Pfade zu diesen Gesetzen; nur Intuition auf der Grundlage einfühlsamen Begreifens der Erfahrung kann zu ihnen führen.» Und John Maynard Keynes schreibt über Isaac Newton: «Seine Intuition war überragend und außergewöhnlich. Er hatte so viel Glück mit seinen Vermutungen, daß er mehr zu wissen schien, als er jemals hoffen konnte, zu beweisen. Die Beweise wurden nachgeliefert; sie waren nicht das Instrument der Entdeckung.»

Keynes weist hier auf etwas ganz Entscheidendes hin: Formale Beweise sind Instrumente der Verifizierung und Kommunikation, aber nicht der initiierende Faktor. Was die Öffentlichkeit sieht und was wir in der Schule lernen, sind die endgültigen «Lehrsätze», die logischen, geordneten, zusammenfassenden Darstellungen, nachdem die Schmutzarbeit getan, alle falschen Ansätze und Sackgassen korrigiert, die ungenauen Ahnungen und geistig-seelischen Bauchschmerzen überwunden sind. Was wir dann zu Gesicht bekommen, ist ein aus der Retrospektive zusammengestelltes und idealisiertes Kompendium, sozusagen ein verläßlicher Reiseführer durch ein bestimmtes Gebiet, der kaum mehr etwas verrät von den Umwegen,

Irrtümern und spontanen Richtungsänderungen seiner Entstehung.

Man läßt uns glauben, das Endprodukt beschreibe den tatsächlichen Vorgang, und rät uns, ihm in unserem Denken nachzueifern. Daher konzentriert sich unsere Ausbildung auf das Erinnern von Fakten und das Befolgen genormter Methoden bei der Lösung von Problemen, wobei Anfang und Schlußpunkt klar definiert sind. Einbildungskraft, intuitive Vorstellungen, die der Entdeckung vorausgehen, werden einfach ignoriert oder abgewertet als bloßes Raten und Vermuten, vor allem wenn der Schüler oder Student nicht in der Lage ist, sofort eine logische Verteidigung seiner «Idee» aus dem Ärmel zu schütteln. Wir werden leider aufgefordert, das zu tun, was die Naturwissenschaft *sagt,* nicht, was sie *tut*. Der Psychologe Jerome Bruner schreibt in seinem Buch *Der Prozeß der Erziehung:* «Das Lob, mit dem Naturwissenschaftler jene ihrer Kollegen verschwenderisch bedenken, die das Etikett ‹intuitiv› verdienen, ist ein hervorragender Beweis dafür, daß Intuition in der Naturwissenschaft ein kostbarer Rohstoff ist, den wir bei unseren Studenten pflegen sollten.»

Wenn auf das Anhäufen von empirischen Fakten tatsächlich zwingendermaßen große Ideen folgen würden, dann brauchte man nichts weiter zu tun, als zur rechten Zeit am rechten Ort zu sein, die dann fälligen Ergebnisse zu registrieren und die entsprechenden Lorbeeren für die «Entdeckung» einzuheimsen. Dann gäbe es kein «Genie», das sich ja gerade dadurch auszeichnet, daß es dieselben Fakten vor Augen hat wie alle anderen Menschen, dabei aber auf Ideen kommt wie kein zweiter. Schon Karl Popper, der Philosoph der Naturwissenschaften, sagte: «So etwas wie eine logische Methode zum Erlangen neuer Ideen gibt es nicht, ebensowenig eine logische Rekonstruktion dieses Vorgangs ... Jede Entdeckung enthält ein irrationales Element oder eine schöpferische Intuition.»

Das Wesentliche an geistigen Durchbrüchen ist, daß sie allen konventionellen Annahmen entgegenstehen. Sie gehen über alles hinaus, was wir aufgrund logischer oder faktischer Vernunft akzeptieren würden. So entstand beispielsweise die allgemeine Relativitätstheorie, als Einstein den «glücklichsten Augenblick meines Lebens» hatte. Er erkannte urplötzlich, daß eine Person, die vom Dach fällt, sich gleichzeitig in Ruhe und in Bewegung befindet. Was könnte unlogischer sein? Als diese Theorie Jahre später bewiesen wurde, erschien sie durchaus logisch, weil unsere Anschauungen über Raum und Zeit sich gewandelt hatten – dank Einsteins Intuition.

Die meisten Menschen assoziieren den Augenblick einer plötzlichen Entdeckung – das Aha- oder Heureka-Erlebnis – mit Intuition. Der erste Schritt auf dem Weg, ein Problem zu lösen, liegt ganz allgemein im Erkennen der damit verbundenen Schwierigkeiten und der Fragen, die in diesem Zusammenhang zu stellen sind – dazu gehört vor allem auch die Eingrenzung, das «Auf-den-Punkt-Bringen» des Problems, ein Schritt, den Einstein für mindestens so wichtig hält wie die Lösung selbst. Und gerade in diesem «Vorfeld» wissenschaftlicher Arbeit kommt der Intuition einige Bedeutung zu, besonders dann, wenn eingefahrene Denkvorstellungen durch ungewöhnliche Ergebnisse in Frage gestellt werden, wenn sich also, wie Thomas Kuhn es genannt hat, ein «Paradigmenwechsel» abzeichnet. Sobald eine Hypothese aufgestellt ist, entscheidet der einzelne intuitiv, ob sie den Versuch wert ist, getestet, bewiesen oder widerlegt zu werden. Seine Intuition zeigt ihm auch, wo er nach Fakten suchen, wie er Experimente aufbauen und Daten interpretieren soll. Und sie hilft ihm schließlich dabei, Relevantes von Unwichtigem zu unterscheiden.

Wäre es möglich, das alles durch formal festgelegte,

mechanische Methoden zu erreichen, dann würden Experten und Computer niemals kontroverser Ansicht sein. Und doch liefern sie sich auf allen Wissensgebieten immer wieder erbitterte Kämpfe. Menschen begeistern sich intuitiv für bestimmte Ideen, selbst wenn diese lächerlich gemacht und durch den Augenschein widerlegt werden. Erweisen sich ihre Überzeugungen als falsch, dann nennt man sie Spinner; behalten sie recht, sichert ihnen das einen Platz in der Geschichte. So erging es Marconi, als er darauf beharrte, daß drahtlos gesendete Signale jenseits des Ozeans empfangen werden können, obwohl die Gesetze der Physik zu seiner Zeit das Gegenteil behaupteten.

Selbst in der Mathematik sind bis heute alle Versuche, dieser Wissenschaft eine formalisierte, logisch präzise Grundlage zu verschaffen, fehlgeschlagen. Diese Bemühungen kulminierten in Kurt Gödels Unvollständigkeitstheorem, das besagt, daß kein formales System jemals zugleich schlüssig und vollständig sein kann. «Was ist Mathematik dann, wenn sie keine einzigartige, strenge und logische Struktur ist?» fragt Morris Kline in seinem Buch *Mathematics: The Loss of Certainty.* «Sie ist eine Aufeinanderfolge großer Intuitionen, die von der Logik, die die Menschen zu jedem gegebenen Zeitpunkt anzuwenden gewillt und imstande sind, sorgfältig gesiebt, verfeinert und organisiert werden.»

Und was für die eher abstrakten Bereiche von Naturwissenschaft und Mathematik gilt, das trifft auch auf die alltägliche Praxis zu – auf die Arbeit in Wirtschaft und Politik, wo so mancher Manager schon erkannt hat, daß ausgeklügeltes, quantitatives Analysieren, wie er es auf Schule und Universität gelernt hat, oft einfach nicht ausreicht, in unserer unsicheren und sich ständig wandelnden Welt die richtige Lösung eines Problems zu finden.

Es scheint, als erforderten erfolgreiche Entscheidungsprozesse dasselbe wagemutige Gespür für die einzuschlagende Richtung und dieselbe schöpferische Kraft, die auch für große wissenschaftliche Entdeckungen charakteristisch sind. Vorstandsetagen und Labors haben mit Künstlerstudios mehr gemeinsam als bisher erkannt wurde. In einem vielzitierten Artikel in der *Harvard Business Review* berichtete Henry Mintzberg von der Wirtschaftsfakultät der McGill University über die Ergebnisse einer umfassenden Studie über leitende Manager großer Unternehmen. Dabei stellte sich heraus, daß der unter chaotischen Bedingungen arbeitende Topmanager «ein ganzheitlicher Denker ist . . ., der sich immer wieder auf Ahnungen verläßt, um mit Problemen fertig zu werden, die für eine rationale Analyse viel zu komplex sind». Mintzberg schließt daraus, daß «organisatorische Leistungsfähigkeit nicht in jenem engstirnigen Konzept zu finden ist, das wir ‹Rationalität› nennen; sie liegt vielmehr in einer Mischung aus klarsichtiger Logik *und* kraftvoller Intuition».

Doch allen Untersuchungsergebnissen und Erfahrungswerten zum Trotz beharren viele akademische Kreise auf ihrer vorgefaßten Meinung, Intuition spiele bei wissenschaftlichen Entdeckungen oder Entscheidungsprozessen keine besondere Rolle. Für sie verläuft der Prozeß des Erkennens genauso mechanisch wie der Zusammenbau eines Modellflugzeugs anhand einer gedruckten Anleitung. Ihrer Ansicht nach haben Naturwissenschaftler und Manager, die sich zur Intuition bekennen, einen Hang zur Romantik oder vielleicht auch einfach nur den Wunsch, ihrem langweiligen Image in der Öffentlichkeit entgegenzuwirken.

Doch die «Betroffenen» nehmen ihre Intuitionen meist nicht nur ernst – sie singen geradezu ein Loblied auf sie. Zum Beispiel Jonas Salk: «Jeden Morgen wache ich voller Spannung auf und frage mich, welches Geschenk mir meine Intuition heute wohl wieder machen wird . . . Ich arbeite mit ihr und verlasse mich auf sie. Sie ist mein

Partner.» Die meisten Wissenschaftler (an)erkennen den Wert von Intuition, äußern sich jedoch nur sehr vorsichtig darüber, weil sie den Spott ihrer Standesgenossen fürchten – oder auch aus einer Art «magischen Angst» heraus. E.C.G. Sudarshan, ein theoretischer Physiker von der University of Texas, behauptet, manche Kollegen sprächen nicht über Intuition, «weil sie befürchten, daß diese Quelle dann aufhören könnte zu sprudeln. Nur sehr wenige geben zu, daß sie abergläubisch sind; bleibt die Intuition weg, werden sie nervös.»

Man redet auch nicht gern über Intuition, weil sie so schwer zu definieren ist. Darum existieren auch nur wenige wirklich aufschlußreiche Berichte über intuitive Erkenntnisse – zumeist in anekdotischer Form. Es scheint keine Möglichkeit zu geben, die Intuition methodisch zu analysieren und Regeln aufzustellen, die man lehren könnte wie logische oder quantitative Verfahren. Zumindest hat sich bisher noch niemand darum bemüht, ein Programm zu entwickeln, mit dessen Hilfe sich unsere intuitiven Fähigkeiten «trainieren» ließen. Natürlich ist Intuition ein spontanes Phänomen, das man weder planen noch erzwingen kann. Man kann jedoch viel tun, um gedeihliche Voraussetzungen für ihr Auftreten zu schaffen.

Wie man Intuition «züchtet»

Wir haben die Lehren des Szientismus untersucht, um zu verstehen, warum wir so wenig über Intuition erfahren und so wenig getan wird, intuitive Fähigkeiten zu entwickeln. Widerstand erfahren wir aber nicht nur von außen, sondern wir selbst mißtrauen oft unserer eigenen Intuition, ja, zwingen uns gerade dann, auf streng rational-empirische Weise vorzugehen, wenn dies unangemessen oder nutzlos ist. Damit engen wir unsere geistigen Möglichkeiten ein, nutzen nur einen Teil und kommen mental ins Stolpern. Schließlich laufen wir ja auch auf dem ganzen Fuß und nicht nur auf den Hacken oder den Zehenspitzen.

Die rational-empirische Methode funktioniert am besten unter drei Bedingungen: Wenn wir alle auf das jeweils zu untersuchende Objekt einwirkenden Variablen kontrollieren oder voraussagen können; wenn wir mit Genauigkeit messen, quantifizieren und definieren können; wenn wir über vollständige und angemessene Informationen verfügen. Diese Bedingungen sind in unserer komplexen Welt natürlich nicht immer gegeben, vor allem dann nicht, wenn es um «Menschliches», «Emotionales» oder gar «Metaphysisches» geht. Es wird oft vergessen, daß der Gegenstand der Naturwissenschaften die *materielle* Welt ist. Wendet man ihre Methodik auf die Erforschung und Erklärung nichtmaterieller Phänomene an, ohne die zusätzliche Dimension eines intuitiven Gespürs mit einzubeziehen, dann ist das so, als verlange man von einem erstklassigen Handwerker ein inspiriertes Kunstwerk. Über das Ergebnis braucht man sich dann nicht zu wundern.

«Wenn dein einziges Werkzeug ein Hammer ist», sagt Abraham Maslow, «dann beginnst du alles unter dem Gesichtspunkt von Nägeln zu sehen.» Sind die einzigen Werkzeuge eines Menschen rational-empirisch, dann wird sich sein Blickfeld auf das beschränken, was analysiert und gemessen werden kann. Man stelle auf diese Weise die Frage nach dem Wesen des Menschen oder der Natur der Wirklichkeit, und man wird rein materialistische Antworten erhalten: Das Ich wird als ein Katalog analysierbarer Persönlichkeitsmerkmale betrachtet und der Kosmos als eine von diesem Ich getrennte Ansammlung von Objekten. Eine Sicht der Dinge, die verheerende Konsequenzen haben kann: von der Täuschung über das eigentliche menschliche Potential bis hin zur rücksichtslosen Ausbeutung der Natur. Wie wir noch sehen werden, kann allein Intuition das Transzendente erfassen und das Erhabene erhellen.

Mit einem ausschließlich rational-empirischen Ansatz zum Lösen von Problemen und zum Treffen von Entscheidungen ist es unmöglich, nichtmeßbare geistig-emotionale Größen wirklich zu erkennen. Um den Forderungen des Szientismus zu entsprechen, betrachten wir nur einzelne Teile von Dingen, die als Ganze gesehen werden sollten, oder untersuchen Dinge getrennt voneinander, die man sinnvollerweise als einander ergänzend begreifen sollte. Für alles brauchen wir genau identifizierbare Ursachen; jede Komplexität, die sich sauberer Analyse und Katalogisierung widersetzt, ist uns suspekt. Darum beschäftigen wir uns so gern mit der Vergangenheit, weil sie sich so schön in überschaubare Schubladen einordnen läßt. In praktischen Situationen verzichten wir oft auf Innovationen und begnügen uns mit dem Vertrauten, obwohl alles, was uns in Wahrheit weiterbringen kann, aus intuitiven Erkenntnissen erwächst.

Unsere Volkswirtschaft ist ein gutes Beispiel für die Grenzen angewandter Wissenschaft und auch dafür, wie ihre Erfordernisse die Art unserer Wirklichkeitsdefinition bestimmen. Mit viel Fleiß wurden immer wieder neue Modelle erarbeitet – «wissenschaftlich» abgesichert und mathematisch genau auf den Begriff gebracht. Aber keines wollte so recht funktionieren. Das hat die Nationalökonomen zwar verblüfft, aber offensichtlich nicht veranlaßt, doch mal die Prämisse in Frage zu stellen, auf der alle ihre Wirtschaftstheorien beruhen: daß der Mensch ein umfassend informiertes, vernünftiges Wesen ist, das Kosten und Nutzen der ihm angebotenen Alternativen genau berechnen kann und danach unweigerlich die beste Wahl trifft.

Mit diesen Anmerkungen sollen keineswegs rationales Denken oder empirische Methoden zur Verarbeitung von

ATU56240311
FUER WENIG LAPPEN

.

1	Kassiername	Datum
5744	KASSIER-NR 9	14.01.03

GEL UNSICH	B	5.20
EISKORREKTUR 50%	B	-2.60
AFT D.INTU	B	3.95
EISKORREKTUR 50%	B	-1.97
SIG & OEL	B	2.99
EISKORREKTUR 50%	B	-1.49

-SUMME EUR		6.08
-SUMME ATS		83.70

-SUMME EUR		6.08
-SUMME ATS		83.70
		===========
GEBEN Bar		20.08
STGELD EUR		14.00
STGELD ATS		192.60

GB ABVERKAUFSFILIALE 5744
Alpenstrasse 14
Telefon 0662-626530
1-Nr 5604 Pos 3 Zeit 19:06 Kas 2

Informationen diskreditiert werden – ohne sie wären wir in einer bedauernswerten Lage –, es soll vielmehr klarwerden, daß wir unseren Weg durch eine komplexe, sich unaufhörlich wandelnde Welt nur mit Mühe gehen könnten, wollten wir uns *ausschließlich* auf rational-empirisches Denken verlassen. Der Philosoph William Barrett meint sogar, daß gerade in schwierigen menschlichen Situationen, «getrübt» durch alle möglichen Emotionen und sonstige Imponderabilien, ein rein logisch-rationales Vorgehen eher schädlich als nützlich sein kann.

Der Psychologe Steve Baumgardner von der University of Wisconsin hat untersucht, wie die Entscheidungsprozesse eines Jahrgangs von College-Studenten hinsichtlich ihrer Berufswahl abgelaufen waren. Er fand heraus, daß die Studenten sich in den ersten Semestern meist von rationalen Beweggründen leiten ließen, um in späteren Semestern eine eher intuitive Haltung einzunehmen. Viele Berufsberater beklagen diesen Trend. Sie ermuntern die Studenten, alle Daten über Arbeitsmarktlage, Aufstiegschancen, Einsatzmöglichkeiten etc. zu analysieren und ihre eigenen Fähigkeiten entsprechend den Gegebenheiten objektiv zu bewerten. Baumgardner dagegen glaubt, daß diese Hinwendung zur Intuition eigentlich eine gesunde Reaktion auf die Ungewißheit und Komplexität unserer Welt ist, und hält eine zu starre Berufsplanung für ebenso unangemessen wie eine zu genaue Festlegung einer bestimmten Laufbahn. Keiner könne genau sagen, was alles mitspielt bei einer Berufswahl, und keiner sollte vorschreiben, wie man dabei angeblich verfahren müsse.

Wir sind nun mal nicht die durch und durch logischen Geschöpfe, als die wir uns selbst vielleicht ganz gerne sähen. In seinem Buch *Das Universum in uns,* einer Darstellung kognitiver Psychologie, hat Morton Hunt darauf hingewiesen, daß Logik ein für bestimmte Zwecke hervorragend einsetzbares Werkzeug ist. Sie ist aber nicht das (Allheil-)Mittel zur Bewältigung der Wirklichkeit und entspricht auch nicht unseren alltäglichen Reaktionen. Hunt zitiert in diesem Zusammenhang den Psychologen Donald Norman: «Wir geben spontan richtige Antworten, bevor wie genügend Daten besitzen. Trotz fehlender überzeugender Argumente kommen wir intuitiv zu einem Schluß, der sich uns geradezu aufdrängt. Daß wir dabei öfter recht als unrecht haben, ist das Wunder des menschlichen Intellekts.»

Der Hauptteil dieses Wunders besteht aus dem, was wir Intuition nennen. Mißtrauen wir ihr oder lassen wir sie durch Festhalten an ausschließlich rational-empirischen Denkmustern verkümmern, dann schalten wir uns gewissermaßen mono in eine stereophone Welt ein. Es ist an der Zeit, die Bedeutung der Intuition für unser Leben anzuerkennen, sie zu verstehen und Wege zu finden, sie zu hegen und zu pflegen. Für den einzelnen bietet die Intuition eine Chance, bessere Entscheidungen zu treffen, kreativere Ideen zu entwickeln, tiefere Einsichten zu erlangen und einen direkteren Weg zu finden vom Wunsch zu seiner Erfüllung. Das alles bringt nicht nur persönliche Vorteile mit sich, es wird der Gesellschaft insgesamt dabei helfen, sich auf die Erfordernisse einer turbulenten Welt mit all ihren Unwägbarkeiten einzustellen. Mangel an Intuition bei unseren «Vordenkern», Entscheidungsträgern und Mitmenschen könnte sich fatal auswirken.

Dieses nachdrückliche Eintreten für die Intuition bedeutet keine Gefährdung von Rationalität und empirischer Wissenschaft, ist nicht etwa der Schritt zu intellektueller Anarchie und Mystizismus. Gegen eine neue Vernunftfeindlichkeit, gegen Willkür und Unfehlbarkeitsbehauptungen müßten wir uns in der Tat wehren. Und man muß aufpassen, daß ein Bekenntnis zum Nichtrationalen nicht zur *Irrationalität* im schlimmsten Sinne des Wortes führt – zu unkritischem Denken, Gefühlsduselei und einer

Impulsivität, die fälschlicherweise für intuitive Spontaneität gehalten wird. So einfach liegen die Dinge nicht, daß man sich nur «auf sein Gefühl zu verlassen» braucht oder blindlings «der eigenen Intuition vertrauen» kann, wie manchmal leichtsinnigerweise propagiert wird.

Es ist auch mehr als problematisch, eo ipso anzunehmen, daß jede «Intuition» zwangsläufig richtig ist – so nach dem Motto: «Hast du ein gutes Gefühl bei einer Sache, dann ist sie auch gut.» Genauso wie es Menschen gibt, die nichts akzeptieren, was nicht strenger Beweisführung standhält, bauen andere so stark auf ihre innere Stimme, daß sie Angst oder Wunschdenken mit Intuition verwechseln. Menschen mit einer gewissen spirituellen Orientierung tun oft so, als sei jedes Gefühl, jeder Traum, jede körperliche Empfindung eine Botschaft des allumfassenden GEISTES. Sie siedeln alle nichtrationalen Geschehnisse auf der Ebene göttlicher Inspiration an, was genauso falsch ist wie die bei Super-Rationalisten anzutreffende Tendenz, echte mystische Schau auf Halluzination oder Neurose zu reduzieren.

In seinem Buch *Der göttliche Funke* erwähnt Arthur Koestler, im Rahmen einer Untersuchung hätten 83 Prozent der befragten Wissenschaftler zugegeben, sich öfters oder gelegentlich auf ihre Intuition verlassen zu haben. Aber nur 7 Prozent haben erklärt, ihre Intuition sei stets zutreffend gewesen. Ansonsten bewegte sich die «Trefferquote» zwischen 90 und 10 Prozent. Der unterentwickelte intuitive Verstand kann launisch und rätselhaft sein. Was er liefert, ist manchmal richtig, manchmal falsch; mal klar, mal verschwommen; gelegentlich eindeutig, dann wieder vieldeutig; oft sinnvoll, aber oft auch sinnloses Gewäsch.

Wir müssen eben lernen, die verworrenen und sich gegenseitig beeinflussenden Beziehungen zwischen Intuition und Rationalität ausgewogener zu gestalten. Wir brauchen nicht einfach *mehr,* sondern *bessere* Intuition.

Wir müssen ihr nicht nur vertrauen, sondern sie vertrauenswürdiger machen. Und gleichzeitig brauchen wir scharfe, unbestechliche Rationalität. In einem gesunden Geist und einer gesunden Gesellschaft sollten sich alle diese Fähigkeiten harmonisch entwickeln können, wobei jede die Stärken der anderen potenziert und ihre Schwächen ausgleicht.

Die Entwicklung der Intuition hängt weitgehend davon ab, daß man der Hindernisse gewahr wird, die ihre Wirksamkeit beeinträchtigen. Wir müssen verstehen, was Intuition ist, wie sie funktioniert und in welchen verschiedenen Formen sie auftreten kann. Auf all diese Punkte werde ich in den folgenden Kapiteln zunächst eingehen, bevor wir uns dann den praktischen Fragen zuwenden, denn die theoretischen und praktischen Komponenten sollen einander ergänzen und gegenseitig verstärken: Intuition verstehen, heißt, das Bestmögliche aus ihr herausholen; Intuition erfahren, hilft uns, sie zu verstehen.

2 . . . aber was ist Intuition?

Wahrscheinlich haben die meisten Menschen so ihre eigene Vorstellung davon, was Intuition ist. Es ist einer jener Begriffe – wie Liebe, Schönheit, Intelligenz, Wert, Glück, Qualität –, die ganz verschieden angewendet und definiert werden und trotzdem eine allgemein akzeptierte Bedeutung besitzen, die es jedem ermöglicht, diesen Ausdruck in einer für sein Gegenüber verständlichen Weise zu gebrauchen.

Das Wort kommt aus dem Lateinischen – von *intueri,* was soviel heißt wie «auf etwas schauen», «in etwas hineinschauen», «in Betracht ziehen oder über etwas nachsinnen» oder, in der Sprache des Lexikons: «das unmittelbare Gewahrwerden eines Sachverhalts in seinem Wesen, ohne daß bewußte Reflexion darauf hingeführt hat».

Diese Definition ist so weit gefaßt, daß sie auf ein breites Spektrum kognitiver Erfahrungen anwendbar ist. Immanuel Kant zum Beispiel meinte mit «Intuitionen» lediglich ganz normale Sinneswahrnehmungen, andere wieder benutzen den Begriff nur in einem bestimmten Zusammenhang – etwa im Hinblick auf das Lösen von Problemen, auf Kreativität oder Mystik. Kants wahrnehmungsorientierte Definition scheint uns den Begriff zu trivialisieren und einzuschränken. Intuition ist nämlich auf alles

Erkennbare anwendbar; sie umfaßt verschwommene Ahnungen und Gefühle ebenso wie grundlegende wissenschaftliche Entdeckungen oder auch göttliche Offenbarungen.

In der Umgangssprache kann man mit Intuition ein Ereignis oder Geschehen meinen («Ich hatte eine Intuition») oder auf eine geistige Fähigkeit abheben («Ich habe meine Intuition genutzt»). Außerdem kann man etwas «intuitiv erfassen» oder jemanden als «ausgesprochen intuitiv» bezeichnen. Und schließlich läßt sich eine Sache noch «intuitiv anpacken», womit man ein relativ lockeres, unsystematisches Angehen von Problemen meint, im Gegensatz zu einem überlegten, rational bestimmten Vorgehen. In jedem Falle verweist die Grundbedeutung des Wortes auf Spontaneität und sofortiges Handeln. Intuitives Erkennen wird nicht durch bewußte Analyse einer Situation *vermittelt*. Wir benutzen das Wort, wenn wir etwas wissen, ohne zu wissen, wie wir dazu kommen.

Dabei sollte zweierlei nie vergessen werden: erstens, daß die Beziehung zwischen Intuition und Rationalität reicher und komplexer ist als allgemein (an)erkannt wird. Und zweitens, daß es häufig schwerfällt zu entscheiden, ob eine bestimmte Erfahrung nun «intuitiv» ist oder nicht.

Intuition und Rationalität gehören zusammen

Wie wir gesehen haben, wird Intuition in erster Linie von ihrem Gegenteil her definiert: als Nicht-Rationalität, als nicht logisch, nicht analytisch. Sie ist auch nicht bloßes Beobachten – denn wenn jemand einen feuerroten Gegenstand mit einer Sirene sieht und daraus folgert: «Das ist ein Feuerwehrauto», würde man ihn kaum «intuitiv» nennen. In vieler Hinsicht besitzt die Dichotomie Rationalität/Intuition also durchaus Gültigkeit.

Rationales Denken spielt sich in der Zeit ab, findet als feststellbare Aufeinanderfolge einzelner Schritte statt. Es ist linear, erfordert eine geistige Anstrengung und eine bestimmte Absicht.

Dagegen wird Intuition als ein «Blitz aus heiterem Himmel» erfahren, eine Art Schnappschuß, im Gegensatz zu einem wohlkonstruierten Film. Sie befolgt keine spezifischen Regeln und tritt oft dann ein, wenn sie am wenigsten erwartet wird. Gelangt man auf dem Weg einer rationalen Denkanstrengung zu einem Schluß, dann läßt sich dieser Weg gewöhnlich Schritt für Schritt zurückverfolgen. Intuition dagegen ist unerklärbar. Wer sie hat, mag vielleicht imstande sein, plausibel darzulegen, wie er zu seiner Erkenntnis gelangt ist, doch wäre dies ein Argumentieren «im nachhinein», und er könnte nicht sicher sein, daß seine Erklärung den tatsächlichen Vorgang wiedergibt.

Obgleich viele so tun, als rivalisierten die beiden Phänomene Intuition und Rationalität, ergänzen sie sich in Wahrheit. Manche sagen auch, die Intuition sei in Rationalität «eingebettet». Das heißt: Wir sammeln Material, beobachten und analysieren es, und dann – kommt es zu einem intuitiven Durchbruch. Daraufhin suchen wir erneut nach bestätigenden Fakten, analysieren und diskutieren sie, um so das Produkt der Intuition zu verifizieren, abzustützen und brauchbar zu machen. Das ist eine nützliche Arbeitsteilung und auch ein mehr oder weniger getreues Bild dessen, was im allgemeinen bei sich hinziehenden Entscheidungsprozessen, Problemlösungen und kreativer Tätigkeit jeglicher Art geschieht. Damit wird die Intuition jedoch auf das Aha-Erlebnis reduziert, das man mit geistigen Durchbrüchen verbindet, obwohl sie noch andere Funktionen hat, wie wir im folgenden Kapitel sehen werden. Manchmal sind die Rollen sogar vertauscht: Die Intuition begünstigt und stimuliert rationales Denken und wertet dessen Ergebnisse.

Überhaupt sind Rationalität und Intuition eher symbiotisch miteinander verbunden – mehr als das gängige Definitionsmodell dies erkennen läßt. Sie arbeiten nicht nur wie ein Tandem, sondern wie zwei separate Wasserrohre, die denselben Zapfhahn bedienen. *Intuition ist Teil des rationalen Denkens.* Das zeigen unsere «Alltags-Argumentationen» ganz deutlich. Die formalen Regeln der Logik befolgen wir nämlich nur selten im strengen Sinne. Denken wir über ein Problem nach, dann neigen wir dazu, zwischen gewissenhafter Analyse und Intuition hin- und herzupendeln. Da wir gewöhnlich über unzureichende Informationen verfügen und zu wenig Zeit haben, sie während des Denkvorgangs zu sammeln, überspringen wir viele der entsprechend strikter Logik erforderlichen Zwischenstufen und gelangen so zu Schlußfolgerungen, die «eigentlich» nicht vertretbar sind.

Viele dieser Gedankensprünge sind intuitive Verknüpfungen, die dem rationalen Vorgang zu Hilfe kommen. Man beginnt mit einer Analyse und wechselt plötzlich die Gedankenspur, hat dann eine spontane Ahnung, auf deren Grundlage man erneut rational argumentiert und kalkuliert. Dann taucht plötzlich eine bislang nicht berücksichtigte Hypothese oder Alternative auf, durch die sich eine ganz neue Anordnung der Daten ergibt oder eine andere Analyse angeregt wird. Schließlich mag sich das *Gefühl* einstellen, da könne etwas nicht recht stimmen, und man wechselt ein weiteres Mal die Gedankenspur oder beschließt ohne eindeutigen Grund, das ganze Problem neu zu definieren. Doch wohl in keinem dieser verschiedenen Augenblicke könnte man sagen, «Jetzt bin ich intuitiv» oder «Eben jetzt war ich rational».

Die Intuition nimmt sogar am formalen rationalen Denken teil. Deduktive Logik ist eine Anordnung von Regeln, die uns in die Lage versetzen, von einer allgemeinen These zu einer spezifischen Anwendung zu kommen, wie etwa beim folgenden klassischen Syllogismus: «Alle Menschen sind sterblich; Sokrates ist ein Mensch; also ist Sokrates sterblich.» Der rationalistische Philosoph war der Auffassung, Logik müsse mit selbstverständlichen oder axiomatischen Prämissen beginnen. Man könnte nun die Ansicht vertreten, die Intuition liefere das Selbstverständliche. So hat Descartes den Begriff verwendet. Er schrieb: «Unter Intuition verstehe ich nicht das fließende Zeugnis der Sinne, sondern die Vorstellung, die uns ein ungetrübter und aufmerksamer Verstand so bereitwillig und deutlich gibt, daß uns hinsichtlich dessen, was wir begreifen, jeglicher Zweifel genommen wird.»

Manchmal beruhen unsere Deduktionen natürlich auf allgemein akzeptierten Fakten oder einfachen Beobachtungen, und es wäre wirklich zu weit hergeholt, einen solchen Vorgang als Intuition zu bezeichnen. Oft jedoch haben wir irgendeine Vorahnung und machen diese zur Grundlage einer Schlußfolgerung. So hat beispielsweise ein Kunstsammler ein Gespür dafür, daß ein bestimmter Künstler in absehbarer Zeit berühmt werden wird. Daraus folgert er dann, daß er tunlichst Arbeiten dieses Künstlers erwerben sollte, und entwickelt eine entsprechende Kaufstrategie. Ein Naturwissenschaftler mag ein bestimmtes Gefühl für die Beziehungen zwischen zwei Chemikalien haben – woraufhin er sich rational an die Analyse macht, um herauszufinden, was geschieht, wenn diese Chemikalien unter gewissen Bedingungen zusammengebracht werden.

Sobald wir versuchen, in komplexen Situationen logisch zu sein, oder auf der Grundlage unvollständiger Informationen, mehrdeutiger Voraussetzungen oder im Rahmen einer ungewohnten Situation handeln müssen, hängen wir von unserer Intuition ab, die uns sagt, ob wir auf dem richtigen Weg sind. Der für seine messerscharfen Schlüsse berühmte Sherlock Holmes handelte intuitiver als sein

Autor Conan Doyle vermutlich zugegeben hätte. Nehmen wir als Beispiel den Fall, in dem Holmes sozusagen «aus dem Stand» folgerte, das Opfer müsse seinen Mörder gekannt haben. Reine Deduktion, lieber Watson. Hunde bellen Besucher, die sie kennen, nicht an; der Hund des Opfers hat nicht gebellt; also war der Täter ein guter Bekannter, dem man vertraute.

Aber war das wirklich nur reine Deduktion? Das Bellen des Hundes wäre ein Anhaltspunkt gewesen, die genaue Zeit des Eindringens festzulegen. Deshalb waren Watson und die Polizei enttäuscht, daß der Hund nicht gebellt hatte – und widmeten ihre Aufmerksamkeit anderen Dingen. Holmes dagegen stellte einen Zusammenhang her, auf den niemand sonst kam, aber nicht, weil er der bessere Logiker war, sondern weil er spürte, daß das Ausbleiben des Hundegebells eine Bedeutung haben müsse. Ich behaupte, daß Intuition uns in die richtige Richtung lenkt, uns auf wichtige Informationen aufmerksam macht und uns den Ausgangspunkt für die verstandesmäßige Arbeit weist.

Intuition hilft uns auch, logisch abgeleitete Schlußfolgerungen zu bewerten und adäquat einzuordnen. In der Fülle von Gedanken, mit denen wir rational argumentieren, begegnen wir nicht oft formalen Syllogismen, die entsprechend den Regeln des Aristoteles beurteilt werden können. In zwiespältigen oder sehr komplexen Situationen hilft Intuition uns, falsche Prämissen oder unbrauchbare Schlußfolgerungen zu erkennen, die unser logisches Denken auf die falsche Bahn bringen würden. Das trifft natürlich vor allem dann zu, wenn man nicht über genügend Zeit verfügt, Vorschläge oder Thesen einer strengen Prüfung zu unterziehen. Wir könnten sogar noch einen Schritt weitergehen und sagen, das Gefühl von Sicherheit und «Richtigkeit», das es uns ermöglicht, irgendeine Behauptung als wahr zu akzeptieren, sei eine Funktion der

Intuition. Aristoteles – der selbst intuitiv veranlagt gewesen sein muß, denn schließlich gelang es ihm, die Regeln der Logik aufzustellen, ohne daß ihm logische Regeln dabei helfen konnten – sagte, der Syllogismus sei eine perfekte Struktur, weil die von ihm beschriebenen Ableitungen intuitiv gültig seien.

Was auf die Deduktion zutrifft, gilt noch mehr für die *Induktion,* jenen Denkvorgang, bei dem man aus Einzelfällen auf allgemeine Prinzipien schließt. Intuitive Erkenntnisse können einen induktiven Prozeß auslösen, die Suche nach angemessenen Informationen und Assoziationen lenken und uns helfen, induktive Schlußfolgerungen richtig zu bewerten. Es gibt keine formalen Regeln, wie man zu induktiven Feststellungen gelangt oder deren Gültigkeit bestimmt. Sie gehören stets in den Bereich der Wahrscheinlichkeit, da eine Induktion auf Schlußfolgerungen aus einer begrenzten Anzahl von Beobachtungen beruht. Über einige Schlußfolgerungen braucht man wahrhaftig nicht zu diskutieren – es würde wohl kaum jemand auf die Idee kommen, die Prämisse «Alle Menschen sind sterblich» zu bestreiten, obwohl wir noch nicht den Tod aller Menschen erlebt haben. Andere sind eindeutig absurd, wie zum Beispiel jene in der Geschichte vom Psychologen und dem Floh. Dieser – übrigens höchst grausame – Experimentator dressierte einen Floh darauf, immer zu hüpfen, wenn er den Ausruf «Spring!» hörte. Danach riß er dem Tier ein Bein aus. Der arme Floh hörte dennoch stets aufs «Spring»-Kommando, bis er eines Tages kein Bein mehr hatte und ergo nicht mehr springen konnte. Der «Forscher» folgerte jedoch: «Wenn ein Floh alle Beine verliert, kann er nicht mehr hören.»

Wir brauchen nicht viel Intuition, um das als groteske Schlußfolgerung zu erkennen.

Ist Intuition nur schnelles Urteilen?

Viele behaupten, Intuition sei nichts anderes als ein romantisches Wort für einen Prozeß der Urteilsfindung, der so schnell vor sich geht, daß wir uns der dabei vollzogenen Schritte nicht bewußt werden. In diesem Modell funktioniert der Verstand wie ein Computer, der darauf programmiert ist, in schnellen, logischen Abfolgen zu operieren, und zwar mit so unglaublicher Geschwindigkeit, daß wir den ganzen Vorgang nur wie ein plötzliches Aufblitzen wahrnehmen. Viele Psychologen bekennen sich zu diesem Modell «Intuition = blitzschnelles Urteilen», weil es ihnen die Möglichkeit gibt, Experimente anzustellen. In Kapitel 5 werden wir auf entsprechende Untersuchungen von Malcolm Westcott näher eingehen. Hier nur ein kurzes Beispiel: Der Proband mußte aufgrund mehrerer aufeinanderfolgender Hinweise die logisch einzig korrekte Antwort finden, indem er sich einen Hinweis nach dem anderen einzeln vornahm. Sehen Sie sich also diese Reihe an: A, C, E, G, I. Was kommt nun? Natürlich K. Wer nur wenige Hinweise brauchte, um die richtige Antwort zu finden, wurde als intuitiv eingestuft.

Auf Experimenten beruhende Definitionen sind jedoch problematisch, weil wir uns dabei so stark auf etwas Bestimmtes konzentrieren, daß die ganze Fülle des Stoffes verlorengehen kann. Da gilt als Intuition, was mit einem besonderen Test überprüft wird, so wie man heute das als Intelligenz bezeichnet, was mit IQ-Tests gemessen wird. Man könnte aber wohl konzedieren, daß zumindest eine Art von Intuition darin besteht, mit weniger Informationen, als sie die meisten anderen haben, ein Problem zu lösen. Es wäre jedoch falsch, daraus zu schließen: Intuition *ist* Folgern oder daß *alle* intuitiven Erfahrungen irgendwie in dieses Modell hineinpassen. Die «Nichts als»-Hypothese übersieht eine Reihe wichtiger Komponenten.

Vieles von dem, was Intuition leistet, kann nämlich rational nicht vollbracht werden. Logik erfordert unbezweifelbare Fakten, und jeder einzelne Schritt muß richtig vollzogen sein, bevor man den nächsten tun kann. In komplexen Situationen ist die erforderliche umfassende Information nicht immer verfügbar. Außerdem lassen sich schöpferische Entdeckungen und Innovationen nicht durch bloßes Beschreiten des streng linearen Pfades der Logik erlangen. Wir müssen dabei ungewöhnliche Zusammenhänge herstellen, imaginative Assoziationen, die nicht offen zutage liegen und die in einer logischen Sequenz gar nicht in Erscheinung treten würden. Die Intuition ist es, die Gräben zwischen fehlenden Informationen überspringt, Umwege einschlägt und ungewöhnliche, ja sogar unlogische Kombinationen herstellt.

Damit soll nicht gesagt werden, die Intuition hole sich Antworten aus dem Nichts; es handelt sich nicht um Magie. Sie arbeitet mit dem Rohstoff Information, kann dabei jedoch auch solche Informationen verwenden, die nicht bewußt verfügbar sind, vielleicht einmal in der Vergangenheit gespeichert wurden oder durch unterbewußte und andere «nicht-sinnliche» Mittel erworben wurden. Rationales Denken muß mit dem arbeiten, was dem Verstand zum gegebenen Zeitpunkt bewußt ist. Es ist dies eine jener Einschränkungen, die den Mathematiker und Philosophen Blaise Pascal zu der Bemerkung veranlaßten: «Vernunft ist die langsame und mühselige Methode, mittels derer jene, die die Wahrheit nicht kennen, sie entdekken.» Die Intuition unterliegt diesen Beschränkungen nicht; sie ist das Produkt der Fähigkeit des Geistes, viele Dinge gleichzeitig zu tun, ohne sich dessen bewußt zu sein.

Selbst in Situationen, in denen die Informationen verfügbar sind und eine Schlußfolgerung durch gradlinige, vernünftige Beweisführung erreicht werden könnte, stellt die Tatsache, daß sie intuitiv erlangt wird, eine deutliche

Steigerung der Effektivität dar. Hier ein Beispiel aus der Naturwissenschaft:

Während einer Typhusepidemie in Tunis verwirrte den Arzt Charles Nicolle folgendes: Die in der ganzen Stadt verbreitete Krankheit, die überall täglich neue Opfer forderte, schien nur im Hospital nicht ansteckend zu sein. Als er eines Tages das Krankenhaus betreten wollte, mußte er über einen Typhuskranken steigen, der am Eingang zusammengebrochen war. Und in dem Moment erkannte er blitzartig: Typhus wird von Läusen übertragen. Natürlich ließe sich nun leicht eine Reihe von gedanklichen Assoziationen zurückverfolgen, die durch den Anblick des Kranken ausgelöst wurden: Trotz der zahlreichen Typhuskranken im Hospital steckt sich dort niemand an; bei ihrer Einlieferung werden die Patienten gebadet und ihr Kopfhaar geschoren; dabei werden auch sämtliche Läuse beseitigt; also übertragen die Läuse den Typhus.

Es würde nichts bringen zu argumentieren, Nicolle habe auf dem Weg zu seiner Entdeckung jeden einzelnen dieser Schritte vollzogen oder er *könnte* sie vollzogen haben. Er selbst hat von einem Aha-Erlebnis gesprochen; daß es auf diese Weise geschah, entwertet die Entdeckung nicht. Ein Computer könnte vielleicht so programmiert werden, daß er irgendwann zu derselben Hypothese kommt – nachdem er ganze Kolonnen logischer Eingaben ausgewertet hat. Denn schließlich ist für Krankenhaus-Patienten noch vieles andere typisch, als geschoren und gebadet zu werden. Außerdem bewirkt Haareschneiden und Baden nicht nur, ja noch nicht einmal primär die Beseitigung von Läusen. Was für eine Vergeudung von Zeit und Energie, hätte Nicolle alle vorstellbaren Permutationen nacheinander durchdenken müssen.

Die Befolgung eines gradlinigen, rationalen Verfahrens wäre nicht nur mühsam gewesen, sondern hätte wahrscheinlich viele ähnlich plausible Theorien hervorgebracht, von denen jede einzelne dann erneut hätte gecheckt werden müssen. Irgendwie hat der intuitive Verstand die richtige Wahl getroffen und augenblicklich die passenden Informationen zusammengesetzt. Vielleicht begriff Nicolle auch in diesem Moment plötzlich das Ergebnis einer bereits lange im Unterbewußtsein vor sich gehenden Gedankenarbeit. Ein inneres Gefühl, eben seine Intuition, überzeugte ihn von der Richtigkeit der Theorie. Er war sich von Anfang an sicher, obwohl es danach einiger Zeit bedurfte, ihre Stichhaltigkeit im Zuge einer Versuchsreihe mit Affen zu beweisen.

Zu behaupten, Intuition sei «nichts als rasches Folgern», wäre also wirklich töricht. Und selbst wenn man sie als schnelles Schlußfolgern erklären könnte und ihre Ergebnisse ohne weiteres auf rationale Weise wiederholbar wären, sind die Vorteile einer intuitiven Bewältigung der Aufgabe doch enorm. Vielleicht wäre es angemessener zu sagen, Verstand sei nichts anderes als langsame Intuition.

Noch eine Bemerkung dazu, wie Intuition Rationalität sozusagen qualitativ ergänzen kann. Der Physiker Sir Arthur Eddington schrieb einmal: «Wir verfügen über zwei Arten von Erkenntnis, die ich symbolische und eigentliche Erkenntnis nennen möchte . . . Herkömmliche Formen der Vernunftausübung wurden nur für symbolische Erkenntnis entwickelt. Die eigentliche Erkenntnis pflegt sich jeder Kodifizierung und Analyse zu entziehen; oder es ist vielmehr so, daß das Wesentliche beim Versuch des Analysierens verlorengeht und durch Symbolismus ersetzt wird.»

Eddingtons Unterscheidung kommt auch in der Umgangssprache zum Ausdruck – etwa wenn wir zwischen bloßem Verstehen und *wirklichem («eigentlichem») Wissen* unterscheiden. Es ist der Unterschied zwischen dem Lesen einer Reisebeschreibung und der tatsächlichen Reise, bei der so etwas wie ein Erfahrungselement hinzukommt, das unser Denken und Fühlen auf *eine* Ebene hebt. Man könnte zum Beispiel einen Menschen nach allen Regeln der Persönlichkeitspsychologie testen und analysieren und so ein Bild von ihm erhalten; dieselbe Person aber wirklich zu *kennen,* ist eine ganz andere Sache, die das erfordert, was die Psychologen Einfühlungsvermögen oder Empathie nennen. Ich behaupte, daß der Faktor, der analytisches oder symbolisches zu «eigentlichem» Wissen macht, zumindest teilweise Intuition ist.

Es ist möglich, die Gesetze der Quantenmechanik oder die Grundlagen der Relativitätstheorie so intensiv zu studieren, daß man die Fakten im Gedächtnis behält und entsprechende Prüfungen besteht. Physiker berichten jedoch, daß die Glückspilze unter ihnen an einem gewissen Punkt plötzlich ein *Gefühl* für bestimmte Abstraktionen bekommen – etwa für die Einheit von Raum und Zeit oder für die Wellen-Partikel-Natur der Elektronen. Dieses Gefühl hebt ihre Erkenntnis auf eine andere Ebene. Auf ähnliche Weise könnten ökologische Analysen unser Verständnis dafür wecken, daß alle Organismen irgendwie zusammenhängen. Der wahre Sinn für die Ganzheit und Einheit der Natur erfordert jedoch das höhere Begreifen aufgrund eines intuitiven Gefühls, das Erfahren der Einheit zwischen dem Erkennenden und dem Erkannten, zwischen Subjekt und Objekt. Diese zusätzliche Dimension ist von besonderer Bedeutung, wenn es um Zusammenhänge, Strukturen und Paradoxa geht. Da rennt sich die Logik oft fest, weil sie genau umrissener Kategorien bedarf und von Regeln abhängt, die uns zwingen, in Begriffen des Entweder/Oder zu denken.

Intuition kann rationale Erkenntnis durch eine nicht näher beschreibbare Kombination von Gefühl und Erfahrung auf eine höhere Ebene der Bewertung und Überzeugung heben. Henri Bergson beschrieb dies als das «Eintreten» in das Objekt der Erkenntnis und Erkennen seines «Wesensgehalts». Intuition kann also die Art von Wissen liefern, die im biblischen Gebrauch des Begriffs «erkennen» impliziert ist – ein Wissen, das wesentlich ist, erfühlt, einigend und fruchtbar.

Was kann als Intuition bezeichnet werden?

Immer wieder wurde ich im Zuge meiner Vorarbeiten für dieses Buch in Diskussionen darüber verwickelt, ob man bestimmte Geschehnisse denn tatsächlich als intuitiv bezeichnen kann, wobei das Problem natürlich schon mit der grundlegenden Definition des Begriffes Intuition anfängt, von deren Anwendung auf je spezifische Situationen ganz zu schweigen. Während zum Beispiel manche eine kognitive Erfahrung für eine Intuition halten, sagen andere dazu Erraten, Spekulation, Schlußfolgerung, Vermutung, außersinnliche Wahrnehmung (ASW). Darum sollte man bei der Klassifizierung einer Erfahrung zweierlei bedenken: Erstens muß die grundlegende Definition von Intuition erweitert werden, und zweitens darf nicht vergessen werden, daß jede Einordnung bestimmt ist von der individuellen Interpretation dessen, der etwas intuitiv erfaßt.

Um als Intuition durchgehen zu können, muß der jeweilige Gedanke oder das jeweilige Gefühl richtig sein. Ich stimme da mit Frances Vaughan, der Verfasserin von *Awakening Intuition,* überein, die etwas, was sich als *nicht richtig* herausstellt, als schlechtes Raten bezeichnet. Zu beachten ist jedoch, daß einer Intuition oft jene Genauigkeit im Detail fehlt, die wir von etwas erwarten, das entweder richtig oder falsch ist. Häufig handelt es sich dabei nur um ein ungenaues, verschwommenes Gefühl, das uns kaum mehr als eine leise Ahnung von der einzuschlagenden Richtung gibt. Dadurch wird sie nicht weniger wertvoll, aber schwerer zu beurteilen.

Eine Intuition kann auch nur teilweise richtig sein. Eine Bekannte berichtete mir folgendes typisches Erlebnis: «Ich dachte gerade an einen alten Jugendfreund, den ich lange nicht mehr gesehen hatte, und plötzlich ‹wußte› ich, daß er am nächsten Wochenende aufkreuzen würde. An jenem Wochenende kam er zwar nicht, aber zwei Wochen später stand er vor meiner Tür.» Das war vielleicht zur Hälfte Intuition, zur Hälfte schlechtes Raten.

Eine Intuition bedarf einer gewissen Interpretation, und wenn sie sich als falsch erweist, kann das auch an einer falschen Deutung liegen. So war ein mir befreundeter Schriftsteller plötzlich fest davon überzeugt, in London würde ihm jener Erfolg zuteil werden, der ihm in Amerika bis dato versagt geblieben war. Er verkaufte alles und ließ sich in London nieder – mit katastrophalen persönlichen und finanziellen Folgen. Daraus schloß er verbittert, was er selbst für Intuition gehalten hatte, sei in Wahrheit eine Farce gewesen, und kehrte in die Vereinigten Staaten zurück. Seine Intuition hatte ihm jedoch nichts darüber gesagt, daß er gleich nach London *umziehen* oder *wann* er fahren sollte und was dort geschehen werde. Möglicherweise hatte er übereilt gehandelt, zu radikal, oder er konnte den Wert bestimmter Erfahrungen zu jener Zeit noch nicht richtig würdigen. Tatsächlich reiste er fünf Jahre später erneut nach London und heiratete eine Frau, die er während seiner ersten Reise kennengelernt hatte.

Häufig zeigt sich ein Zusammenhang zwischen Intuition und außergewöhnlichen psychischen Phänomenen, zumal die Grenzen zwischen beiden fließend sein können. Für viele sind die beiden Begriffe sogar austauschbar. Außergewöhnliche psychische Fähigkeiten äußern sich auf ganz verschiedene Weise: Es gibt da zum Beispiel die Telepathie oder Gedankenübertragung, das Hellsehen und Hellhören

(Sehen und Hören über große Entfernungen räumlicher und zeitlicher Art hinweg) und die Vorahnung oder Präkognition. Die außerdem noch zu diesem Bereich gehörenden Phänomene, wie etwa die Beeinflussung materieller Objekte durch den Geist, brauchen uns in diesem Zusammenhang nicht zu interessieren. Meiner Ansicht nach kann sowieso nur die Vorahnung als Intuition gelten. Die anderen «Begabungen» scheinen eher mit Wahrnehmen als mit Erkennen verbunden zu sein.

Telepathie und Hellsehen sind keine Intuition. Sie können aber zu Informationen verhelfen, mit denen die Intuition anschließend arbeiten kann. Sie erweitern den Bereich unserer fünf Sinne, wie auch schon aus der Bezeichnung *außersinnliche* Wahrnehmung hervorgeht, und ihre unbestreitbare Existenz hilft uns erklären, wie wir manchmal etwas intuitiv erfassen, und zwar weit über das hinaus, was sich mit den von unseren Sinnen gesammelten Informationen erklären ließe. Der intuitive Verstand verarbeitet alle Daten – egal ob sie ihm unbewußt, außersinnlich oder auf ganz gewöhnlichem «Sinnenweg» vermittelt wurden.

Die Verwendung des Wortes *Intuition* impliziert etwas Unerwartetes, jenseits des Gewöhnlichen, Nichtautomatisches. Die dabei zutage tretende Erkenntnis kann so nicht auch von den meisten anderen Menschen unter denselben Umständen gemacht werden, also aufgrund derselben Menge an Informationen und mit derselben Präzision.

In vielen Situationen ist die Grenze zwischen Intuition und anderen Arten des Erkennens fließend. Im vorhin angeführten Beispiel erahnte eine Frau den bevorstehenden Besuch eines alten Jugendfreundes. Ihre Intuition wurde durch die ungenaue Voraussage der Ankunftszeit etwas relativiert; aber wie nahe am wirklichen Zeitpunkt hätte sie sein sollen? Einen Tag? Eine Stunde? Es gibt keine festen Kriterien, doch eines ist sicher: Je genauer die

Voraussage, desto bereitwilliger würde man ihr das Attribut intuitiv zugestehen. Wie wäre es nun aber gewesen, wenn sie kurz zuvor einen Brief des Freundes mit der Ankündigung erhalten hätte, er beabsichtige, sie irgendwann zu besuchen. Das würde ihre intuitive Leistung gravierend verringern. Und wenn in dem Brief noch gestanden hätte, er befinde sich im Zuge einer Geschäftsreise auf dem Weg in ihre Stadt, dann könnte von Intuition wohl keine Rede mehr sein.

Im Grunde muß jede Behauptung, eine Handlung sei intuitiv gewesen, auf ähnliche Weise «abgeklopft» werden. Vorhin erwähnten wir den Kunstsammler, der den baldigen großen Erfolg eines Künstlers vorausahnte. Er wäre nicht intuitiv zu nennen, hätte er vorher erfahren, daß andere Sammler bereits eifrig dabei seien, Werke dieses Künstlers zu erwerben.

So gesehen wird ein Verhalten, das einige als «messerscharfes Schließen» bezeichnen, von anderen intuitiv genannt. In der Tat ist Induktion ein Gedankensprung, ausgehend von einer begrenzten Anzahl von Fakten zu einem allgemeinen Prinzip. Gibt es eine offensichtliche Informationsbasis, wird man den Vorgang wahrscheinlich als logisch bezeichnen – ansonsten könnte man ihn Intuition nennen.

Schließen wir diesen Komplex ab mit einem Beispiel aus meiner persönlichen Erfahrung zur Streitfrage Intuition oder Schlußfolgerung. Eines Tages fand ich im Büro einen Zettel vor, mit der Nachricht, mein alter Freund Jerry habe angerufen. Während ich die Mitteilung las, kam mir plötzlich der Gedanke: «Jerry hat geheiratet.» Da ich schon damals an diesem Buch arbeitete, dachte ich über den Fall nach und folgerte: Hatte Jerry *wirklich* geheiratet, dann wäre meine Erkenntnis wahrhaft intuitiv; denn die Mitteilung bestand aus nichts als seiner Bitte um Rückruf und der Angabe von Namen und Telefonnummer. Außerdem hatte ich von meinem Freund seit drei Jahren nichts mehr gehört. Bei unserem letzten Zusammentreffen in New York war er noch ein lustiger Junggeselle gewesen und hatte nicht einmal eine feste Freundin.

Dann fiel mir ein, daß die neue Telefonnummer vielleicht einen deutlicheren Hinweis geben könnte. Die Vorwahlnummer war die von Westchester County, einem Vorstadtgebiet nördlich von New York. Wer nach Westchester zieht, hat meist Weib und Kind. Als ich Freunden von diesem Fall erzählte, waren die Meinungen geteilt, ob man das als Intuition oder rationales Schließen bezeichnen solle.

Für mich jedoch ist folgender Tatbestand wichtig: Ich habe die einzelnen Stufen nicht bewußt durchdacht. Die Botschaft flog mir zu wie ein Vogel durch ein offenes Fenster. Ich hatte auch nicht das Fenster geöffnet, indem ich mir über Jerrys Familienstand Gedanken machte. Man könnte natürlich argumentieren, ich hätte diese logische Sequenz wie ein Computer im Bruchteil einer Sekunde durchlaufen und könnte mich nur einfach nicht an diesen Vorgang erinnern. Selbstverständlich ist eine solche Analyse korrekt. Dennoch würde ich dagegenhalten, daß die erwähnte Erkenntnis das Attribut intuitiv verdient, weil die einzelnen Denkschritte – hätte ich sie denn tatsächlich vollzogen – weder bewußt noch überlegt getan wurden. Das ist ein wesentlicher Unterschied. Die Tatsache, daß hinterher eine logische Sequenz konstruiert werden kann, bedeutet noch nicht, daß wirklich alles so ablief.

Daher muß die subjektive Behauptung des Erkennenden zusammen mit anderen Kriterien gewertet werden. Und selbst dann wird es Meinungsverschiedenheiten geben, da jeder so seine eigene Ansicht darüber hat, was intuitiv zu nennen ist. Der Leser mag seine Erfahrungen mit den hier angeführten Beispielen vergleichen und dann selbst seine Kriterien bestimmen. Das wird ihm helfen, seine persönlichen intuitiven Fähigkeiten zu erkennen und zu verstehen. Aber vorher sollen Sie natürlich noch wissen, was geschah, als ich Jerrys Telefonanruf erwiderte.

«Du bist verheiratet, nicht wahr?» fragte ich unmittelbar nach der Begrüßung.

Jerry bestätigte das und fragte nun seinerseits, wie ich darauf gekommen sei. Um die Sache nicht unnötig zu komplizieren, behauptete ich, das hätte ich aus der Vorwahlnummer geschlossen.

«Alle Achtung», meinte Jerry. «Die Sache hat nur einen Haken: Ich bin schon vor zwei Jahren hierher gezogen, weil meine Firma den Standort gewechselt hat. Meine Frau hab ich erst ein Jahr später kennengelernt.»

3 Die vielen Gesichter der Intuition

Folgender Bericht aus den Erinnerungen des französischen Mathematikers Henri Poincaré kann wohl als beispielhaft gelten für die Rolle der Intuition bei wissenschaftlichen Entdeckungen – für jenen plötzlichen Gedankensprung zum Verständnis, den Zündfunken des Erkennens, den Durchbruch zur Wahrheit.

> Der häufige Ortswechsel auf meiner Reise ließ mich meine mathematische Arbeit vergessen. Nach der Ankunft in Coutances bestiegen wir zur Weiterfahrt einen Autobus. Im Augenblick des Einsteigens kam mir urplötzlich die Idee, ohne daß irgendein Gedanke zuvor den Weg dafür geebnet hätte, daß die Transformationen, die ich zur Definition der Fuchsschen Funktionen benutzt hatte, mit denen der nicht-euklidischen Geometrie identisch seien. Ich hatte dann keine Zeit, diesen Gedanken zu verifizieren, da ich gleich, nachdem ich meinen Platz eingenommen hatte, eine zuvor begonnene Unterhaltung fortsetzte. Doch ich fühlte mich meiner Sache absolut sicher. Nach meiner Rückkehr nach Caen überprüfte ich das Ergebnis in aller Muße, um mein Gewissen zu beruhigen.

Diese Art von Erfahrung meinen die meisten Menschen, wenn sie an Intuition denken. Aber diese Form ist nur einer von sechs Intuitions-Typen, die ich in diesem Kapitel erörtern möchte. Die ersten fünf Kategorien stehen in enger, wechselseitiger Beziehung zueinander und kommen in verschiedenen Kombinationen vor, wobei sie das ganze Spektrum gewöhnlicher Erfahrung umfassen. Nummer sechs hebt ab auf das, was gemeinhin als mystische Erfahrung bezeichnet wird – mit interessanten Implikationen für die anderen fünf.

Wissenschaftliche Entdeckungen

Die Geschichte des Denkens kennt zahllose Beispiele für wissenschaftliche Intuition oder Aha-Erlebnisse. Der Zufall, der Archimedes im Bad das Prinzip der Wasserverdrängung entdecken ließ und uns den Ausdruck *Heureka!* («Ich hab's gefunden») schenkte, ist vielleicht das berühmteste. Aber auch in unserer Zeit leistet die Intuition oft Erstaunliches, wie der Fall des Nobelpreisträgers Melvin Calvin zeigt. Als der Wissenschaftler eines Tages in seinem Auto saß und auf die Rückkehr seiner Frau von einem Einkaufsbummel wartete, wurde ihm schlagartig die Lösung eines verwirrenden Widerspruchs in seiner Arbeit über Photosynthese bewußt. Calvin schrieb über diese Entdeckung: «Sie kam gewissermaßen aus dem Nichts – urplötzlich –, und genauso plötzlich, innerhalb von Sekunden, sah ich den Weg des Kohlenstoffs bei der Photosynthese vor meinem geistigen Auge.»

Intuitive wissenschaftliche Entdeckungen scheinen oft gerade dann zu erfolgen, wenn der Geist mit etwas ganz anderem als dem Forschungsthema beschäftigt ist. Doch gibt es auch gegenteilige Beispiele. Der entscheidende Durchbruch bei der Suche nach der Struktur des DNS-

Moleküls (*D*esoxyribo*n*uclein*s*äure) erfolgte, als ihr Entdecker intensiv mit dem Problem selbst beschäftigt war. James Watson und Francis Crick hatten schon seit geraumer Zeit herumexperimentiert, und eines Tages setzte Watson Teile eines Moleküls mal so und mal anders zusammen und probierte verschiedene Möglichkeiten aus, sie passend aneinanderzufügen. Er war stets von der Annahme ausgegangen, jedes Segment müsse mit seinem Gegenstück, Gleiches mit Gleichem, gepaart werden.

Watson berichtet: «Plötzlich wurde mir jedoch klar, daß beide Paare untereinander ausgewechselt werden konnten, ohne daß ihre Glykosidbindungen deshalb aufhörten, in die gleiche Richtung zu weisen ... Zugleich ließ sich ziemlich sicher darauf schließen, daß die Skelette der beiden Ketten in entgegengesetzter Richtung verliefen.» Auf diese Weise wurde die berühmte Doppelhelix entdeckt.

Intuitive Entdeckungen gibt es auf praktisch allen Gebieten des menschlichen Lebens – im individuell-psychologischen Bereich ebenso wie auf gesellschaftlicher Ebene und natürlich in den Sphären abstrakt-begrifflichen Denkens. Was diese Form der Intuition von anderen Formen unterscheidet, ist ihre entdeckerische Qualität. Sie offenbart verifizierbare Fakten. Intuition kann einem Geschäftsmann «mitteilen», daß sein Konkurrent versucht hat, ihm einen bestimmten Kunden abzujagen. Sie kann einem Arzt die eigentliche Ursache der Schmerzen eines Patienten verraten oder einem Elternteil genau sagen, was ein Kind beunruhigt, das nicht einmal zugibt, beunruhigt zu sein. Sie kann einem in eine Sackgasse geratenen Erfinder signalisieren, eine bestimmte Schraube oder Haltefeder an einer anderen Stelle einzubauen.

Mit anderen Worten: Dieser Aspekt der Intuition kann sowohl Antwort auf ein begrenztes Problem als auch auf eine große wissenschaftliche Frage geben. Manchmal ist die Antwort auch weniger eine Lösung als vielmehr eine Einsicht in die wahre Natur des Problems, wie etwa im Falle jenes Eigentümers einer Boutique, der mir erzählte: «Die Umsätze waren zurückgegangen, und ich nahm einfach an, es sei eine Folge der allgemeinen Rezession. Doch blieb in mir ein Gefühl des Argwohns gegenüber einer Verkäuferin. Ich hielt das zunächst für Unsinn, ging der Sache aber trotzdem nach und fand heraus, daß sie bei Barverkäufen in ihre eigene Tasche wirtschaftete.»

Viele wissenschaftliche Entdecker geben allerdings nur ungern zu, daß Intuition in ihrem Metier eine größere Rolle spielen könnte. So meint zum Beispiel Howard Gruber, Direktor des Institute for Cognitive Studies an der Rutgers University, wissenschaftliche Durchbrüche seien eine Folge «langwieriger, komplexer Überlegungen» und der Akkumulation von Ideen über einen längeren Zeitraum hinweg; sie erfolgten nicht «in einem magischen Augenblick». Auch der Harvard-Professor David Perkins, Autor des Buches *Der zündende Funke,* glaubt, daß Erfahrungen, wie Poincaré sie hatte, selten seien; jede Erfindung oder Entdeckung sei das Ergebnis mühsamer, gewissenhafter und rationaler Arbeit. «Ich habe noch nie von einer Erkenntnis gehört, die vom Himmel gefallen ist.»

Das stimmt. Intuition kommt nicht aus dem Nichts. Ohne konsequente Denkanstrengung in der Vorbereitungsphase geht es wohl kaum – vor allem bei Spezialgebieten. Sie versorgt den intuitiven Geist mit dem notwendigen Rohmaterial und stimuliert ihn zu den entscheidenden Assoziationen, die nicht unbedingt wie ein Blitz aus heiterem Himmel kommen müssen. Aber natürlich sind es die uns überlieferten dramatischen Prototypen, die besonders faszinieren. Der alles entscheidende Durchbruch kann jedoch entweder auf einen Schlag oder stufenweise erfolgen, wie Perkins und Gruber betont haben. Mit anderen Worten: Ein langsam voranschreitender Erkenntnisprozeß kann immer wieder von wichtigen, weiterführenden Intuitionen begleitet und gefördert werden.

Es gibt aber auch Forscher, die jede Form der Inspiration leugnen und alle Entdeckungsprozesse für bewußt und rational halten. So meint beispielsweise der Psychiater Albert Rothenberg von der Yale University, James Watson sei im entscheidenden Augenblick bei der Entdekkung der Doppelhelix «voll bewußt, wach und logisch» gewesen. Andererseits nennt Rothenberg Watsons Leistung einen «schöpferischen Gedankensprung», der diesen in die Lage versetzt habe, «die gewöhnliche Logik zu transzendieren». Ich weiß nicht, wie man Logik transzendieren und dabei noch logisch bleiben kann. Mir scheint es offenkundig, daß dieser Gedankensprung eine Funktion der Intuition war. Vielleicht wollte Rothenberg damit sagen, daß derartige Gedankensprünge normalerweise nicht auf formal-logische Weise vollzogen werden, sondern ihre eigene Logik haben, die erst hinterher deutlich wird. Das erinnert an jene bekannten «Such-Bilder»: Hat man das in der Zeichnung «versteckte» Gesicht gefunden, dann erscheint es fast unmöglich, es *nicht* zu sehen. So ist es auch mit der unlogischen Logik vieler Intuitionen.

Als «janusköpfiges Denken» kennzeichnet Rothenberg ein zentrales Element innovativer Durchbrüche – wenn scheinbar entgegengesetzte Komponenten als gleichermaßen gültig oder komplementär betrachtet werden. Dieses janusköpfige Denken sei jedoch, so meint er, ganz und gar «absichtlich und bewußt». Damit ist er anderer Ansicht als Arthur Koestler, der in seinem Buch *Der göttliche Funke* den Begriff «Bisoziation», Zweifachbindung, für das im wesentlichen gleiche Problem prägte und feststellte, die entsprechenden Zusammenhänge würden außerhalb der Bewußtheit hergestellt. Meines Erachtens ist die Vereinigung von Gegensätzen typisch für Intuition – also gerade das, was rationales Denken schwerlich zu leisten imstande ist. Rothenberg und Watson stützen diese Schlußfolgerung, indem sie die Ergebnisse januskõpfigen Denkens *überraschend* bzw. *plötzlich* nennen. Für mich weist eine solche Terminologie eindeutig darauf hin, daß ein Ereignis spontan, unvorhergesehen und im Handumdrehen eintrat. Der Forscher mag im Augenblick seiner Entdeckung seiner selbst und der Sache «voll bewußt» gewesen sein, wäre er jedoch aller Schritte «gewahr» gewesen, die ihn zu der entscheidenden Verknüpfung hinführten, dann könnte man die Erkenntnis weder überraschend noch plötzlich nennen.

Was das Wort *absichtlich* anbelangt, so bezweifle ich nicht, daß einige Denker die Absicht haben, ungewöhnliche Zusammenhänge zu entdecken; ganz gewiß beabsichtigen sie, Antworten zu finden. Zielrichtung und Intensität eines Wunsches mögen wichtige Voraussetzungen der Intuition sein, so wie eine offene Geisteshaltung Voraussetzung ist, um Überraschendes, Unerwartetes zu akzeptieren. Aber auch da können die Entdecker nicht *beabsichtigt* haben, die je besonderen Zusammenhänge herzustellen, die sie fanden, und dann überrascht gewesen sein von dem Ergebnis. Wenn man vorhat, ein weißes Kaninchen aus dem Zylinder zu ziehen, wird man schließlich kaum überrascht sein, wenn der Trick gelingt. Aus diesen Gründen scheint die Behauptung gerechtfertigt, daß die plötzlichen, jede Logik transzendierenden Verknüpfungen, die typisch für wissenschaftliche Entdeckungen sind, eine Funktion der Intuition sind.

Wer die Bedeutung einer plötzlichen Intuition leugnet, befürchtet vielleicht mit gewissem Recht, das Anerkennen einer solchen Theorie diskreditiere den Wert der bewußten und rationalen Arbeit, die den Aha-Erlebnissen vorausgeht. Möglicherweise wollen sie auch der romantischen Vorstellung entgegenwirken, Entdeckungen geschähen immer blitzartig. Doch laufen sie dabei Gefahr, *alles* zu «rationalisieren» und die zweifellos existierende intuitive Komponente zu leugnen.

Kreative Intuitionen

Der Dichter A. E. Housman kennt eine andere Form der Intuition: «Oft, wenn ich so dahinschlenderte, ohne an etwas Bestimmtes zu denken, und nur die Dinge um mich herum, ihr Blühen und Vergehen betrachtete, ergriff mich plötzlich mit aller Macht ein unbeschreibliches Gefühl und eine Zeile oder zwei eines Gedichts kamen mir in den Sinn – ja, manchmal war eine ganze Strophe auf einmal ‹da›.»

Housmans Bemerkung läßt darauf schließen, daß die schöpferische Intuition derjenigen ziemlich ähnelt, die zu einer wissenschaftlichen Entdeckung führt. Die Dynamik ist mehr oder weniger die gleiche, die Erfahrung als solche wahrscheinlich kaum anders. Ein grundlegender Unterschied scheint mir allerdings zu bestehen: Statt mit einfachen Wahrheiten, Fakten oder verifizierbaren Informationen befaßt sich die kreative Form der Intuition mit Alternativen, Optionen oder Möglichkeiten. Sie erzeugt Ideen, die im faktischen Sinne weder richtig noch falsch sein mögen, einer Situation jedoch mehr oder weniger angemessen sind.

Kreative Intuition läßt sich mit Vorstellungskraft, mit Imagination vergleichen, ohne ihr jedoch ganz zu entsprechen. Ein nur einfallsreicher Kopf ist nicht unbedingt intuitiv begabt, sondern eher ein fruchtbarer Produzent wilder Ideen, die weder auf praktischer noch auf ästhetischer Ebene befriedigen, während der kreativ intuitive Mensch auf relevante und einer bestimmten Sache adäquaten Weise phantasievoll ist. Bei der Beschäftigung mit

Problemen pflegt er eine Menge ungewöhnlicher Lösungen zu finden, von denen eine ganze Reihe auch die gewünschten Ergebnisse zeitigt. Wäre er ein Künstler, würden seine Vorstellungen als Film, als Buch oder als Theaterstück Gestalt gewinnen, und die «Produkte» seiner Intuition hätten jenen Grad an «Wahrheitsgehalt», der Kunst zu dauernder Geltung verhelfen kann. Wäre er ein Mathematiker oder Naturwissenschaftler, würde er Hypothesen und Theorien aufstellen oder auch ungewöhnliche Wege finden, ihre Stichhaltigkeit zu testen; und ein Großteil seiner Erkenntnisse würde eines Tages zum Wissenskanon des entsprechenden Faches gehören.

Kreative und entdeckerische Intuition arbeiten Hand in Hand, ergänzen einander und sind manchmal auch kaum voneinander zu unterscheiden. So mag man zum Beispiel als Antwort auf eine verwirrende Frage intuitiv mehrere Hypothesen aufstellen, von denen eine sich schließlich als die richtige herausstellt. Sobald sie verifiziert ist, könnte man sie genaugenommen als Entdeckung bezeichnen, das heißt, es ist nicht so klar zu sagen, auf wessen Konto der Erfolg zu verbuchen ist: auf dem der kreativen oder der entdeckerischen Intuition.

Die Unterscheidung hängt von der Situation ab. Von einer Entdecker-Intuition wäre dann zu sprechen, wenn es nur eine einzige Antwort auf die jeweilige Frage gibt, wie etwa «Wie sieht die Struktur des DNS-Moleküls aus?» oder «Wer ist der Täter?» Kreative Intuition kann sich vor allem dann entfalten, wenn es darum geht, mehrere mögliche Lösungen eines Problems zu finden, von denen einige besser sind als andere. Ein typisches Beispiel hierfür wären Kunstwerke, obwohl viele Künstler behaupten, es gäbe wirklich nur eine Art, diesen Roman zu beenden oder jene Sonnenblume zu malen. Vielleicht hätte Giacometti den Ausdruck «Entdeckung» für folgenden Vorgang verwendet: «Im Jahre 1949 sah ich diese Skulptur vor mir, als existiere sie bereits, und im Jahre 1950 war es mir unmöglich, sie nicht zu machen.»

Bei großer Kunst ist die Unterscheidung zwischen Kreativität und Entdeckung oft irrelevant. Kunst, meinte die Schriftstellerin Shirley Hazzard, «ist ein endloser Zugang zu offenbarenden Geisteszuständen». Und eben jene «Geisteszustände» sind es, die zu kreativer Intuition führen und große Kunst zu einer Offenbarung machen – weit über ihren Unterhaltungswert hinaus. Deshalb erfahren wir bei Dostojewski und Shakespeare mehr über Eifersucht als aus so mancher wissenschaftlichen Untersuchung. Was der Psychologe Morris Parloff über Lewis Carroll schrieb, könnte man über viele Künstler sagen: «Die Auflistung aller seiner Beiträge zur Psychologie würde ihn zweifellos zur sofortigen Mitgliedschaft in mindestens zwei Dutzend der 41 Sektionen der American Psychological Association qualifizieren.»

Vermutlich gibt es Persönlichkeitsunterschiede zwischen intuitiven Entdeckern und intuitiven schöpferischen Menschen. Die einen mögen eine Art «detektivische Ader» besitzen. Sie sind fasziniert von Problemen, für die es nur eine Lösung gibt. Die Anzahl der Ideen, die sie haben, ist begrenzt, doch treffen die meisten davon genau ins Schwarze. Die anderen dagegen produzieren Ideen wie eine Pflanze Blütenpollen hervorbringt, von denen jedoch nur ein kleiner Teil lebensfähig ist. Diese Menschen werden von ungenau definierten, nicht zu Ende gedachten Problemen angezogen. Beide «Typen» zusammen müßten ein unschlagbares Team abgeben.

«Durch die Gunst der Götter stand mir seit meiner Kindheit ein halbgöttliches Wesen zur Seite, dessen Stimme mir von Zeit zu Zeit von einem Unternehmen abriet, mich jedoch niemals anwies, was zu tun sei.» So äußert sich Sokrates in einem der Dialoge Platons. Und diese «göttliche Stimme» möchte ich, etwas profaner ausgedrückt, die bewertende Funktion der Intuition nennen.

Häufig sagt man, Intuition bewerte und entscheide nicht – das tue die rationale Analyse, nachdem die Intuition das Rohmaterial geliefert habe. Diese Arbeitsteilung wird aber weder der Intuition noch der Rationalität gerecht.

Wenn sie sagen, Intuition bewerte nicht, meinen die meisten Leute, daß sie nicht überprüft oder untersucht, also keine analytischen Funktionen erfüllt. Doch rationale und quantitative Bewertungen allein können nicht alle Ungewißheiten und Zweifel zerstreuen und führen uns nicht zu einer klaren Entscheidung. Sie mögen die Zahl der Alternativen einschränken und uns solide Fakten zu näherer Überlegung liefern – bei der endgültigen Wahl verlassen wir uns dann doch weitgehend auf unsere Intuition.

Intuitive Bewertung funktioniert binär. Sie sagt: Tu es oder tu es nicht, ja oder nein. Wie andere Formen der Intuition kann sie klar oder undeutlich, entschlossen oder zögernd, überzeugend oder verunsichernd sein. Jeder von uns kennt solch inneres Drängen, obwohl wir es nur zu oft ignorieren. Wenn man mal in Schwierigkeiten geraten ist, hat man sich hinterher schon oft Vorwürfe gemacht: Hätte ich doch auf meine innere Stimme gehört. Und man schwört sich, beim nächsten Mal besser achtzugeben. Manchmal sind wir auch selbst einer Sache völlig sicher, ohne jedoch in der Lage zu sein, jemand anderen von der Richtigkeit unserer Intuition zu überzeugen. So versuchte zum Beispiel Sokrates, den Charmenides von einem bestimmten Plan abzubringen, weil die «göttliche Stimme» ihn davor gewarnt hatte. Charmenides wollte jedoch nicht auf Sokrates' «Eingebung» hören und ist bei dem Unternehmen umgekommen.

Natürlich ist unsere Intuition nie «rein», das heißt, wenn wir uns fragen, ob wir diese oder jene Zufallsbekanntschaft nicht mal anrufen oder ein bestimmtes Stellenangebot annehmen sollten, dann wird unsere Entscheidung weitgehend durch unsere Wünsche, Bedürfnisse und Zielsetzungen beeinflußt. Ideen erscheinen uns mehr oder weniger wahr, provisorische Lösungen mehr oder weniger richtig. Aber irgendwann ist dann der Punkt erreicht, an dem wir uns entscheiden müssen: Tun oder lassen, und dazu muß man sein inneres Barometer befragen. Watson und Crick erkannten, daß ihre janusköpfige Verknüpfung (die Doppelhelix) es wert war, näher untersucht zu werden. Irgend etwas riet ihnen, weiterzumachen und zu versuchen, die Idee zu verifizieren.

Schriftsteller und Künstler müssen ständig intuitive Wertungen vornehmen, da es keine objektive und rationale Methode gibt, ihr Werk über ein paar technische Erwägungen hinaus zu beurteilen. Saul Bellow spricht in diesem Zusammenhang von einem inneren Kommentator, der seine Arbeit lenkt: «Ich glaube, ein Schriftsteller ist auf dem richtigen Weg, wenn das Tor seiner angeborenen, tieferen Intuitionen weit offensteht. Schreibt man einen Satz, der nicht aus dieser Quelle kommt, dann kann man nichts um ihn herum aufbauen – er läßt die entsprechende Manuskriptseite irgendwie falsch erscheinen. Man besitzt einen inneren Kreiselkompaß, der einem sagt, ob man richtig oder falsch handelt.» Und Roger Sessions schreibt in seiner Untersuchung über die Arbeitsweise Beethovens, die Inspiration des Komponisten sei die Triebkraft, die ihn zum Ziel führte: «Sobald die perfekte Realisation erreicht war, gab es kein Zögern mehr, vielmehr ein blitzartiges

Wissen, daß es nun genau so war, wie es sein sollte.»

Diese unterscheidende Funktion der Intuition ist es, die jenes Gefühl der Gewißheit oder Selbstverständlichkeit gegenüber Vorschlägen hervorruft, mögen sie nun von «innen» oder von «außen» an einen herangetragen werden. Es ist jedoch wichtig und schwierig zugleich, diese Empfindungen nicht mit gewöhnlichen Gefühlen zu verwechseln. Wir mögen Zu- oder Abneigung verspüren, uns stark angezogen oder abgestoßen fühlen, bestimmte Hoffnungen oder Befürchtungen hegen – mit Intuition hat das alles jedoch nichts zu tun. Es gibt da einen sehr feinen Unterschied, der sich nur genau treffen läßt, wenn wir auf unsere eigenen Erfahrungen achten.

Im Hinblick auf seine allgemeine Relativitätstheorie muß Einstein eine intuitive Beurteilung zu Hilfe gekommen sein. Denn seine absolute Zuversicht, daß seine Theorie jeder empirischen Überprüfung standhalten würde, schien geradezu unvernünftig. Zwei Jahre lang fieberte die wissenschaftliche Welt der Sonnenfinsternis vom 29. Mai 1919 entgegen, denn die dann gegebenen Bedingungen würden es ermöglichen festzustellen, ob das Sternenlicht wirklich durch die Schwerkraft der Sonne beeinflußt wird – wie Einsteins Theorie behauptete. Einsteins Biograph, Jeremy Bernstein, berichtet, der große Mann sei gerade in Princeton gewesen, als die Ergebnisse errechnet wurden. Eine Studentin erzählte, sie habe sich gerade mit ihm unterhalten, als er ganz beiläufig ein Telegramm vom Fenstersims nahm und ihr reichte: Sir Arthur Eddington bestätigte darin die revolutionäre Theorie. Die Studentin war ganz überwältigt vor Freude, jedoch von der offensichtlichen Gleichgültigkeit des Meisters überrascht. «Was wäre geschehen, wenn sich Ihre Theorie nicht bestätigt hätte?» fragte sie. «Da hätte mir der edle Lord leid getan. Die Theorie ist korrekt.»

Mir ist nie klargeworden, ob Einstein mit dem «Lord»

Lord Eddington meinte oder den Allmächtigen ... Auf jeden Fall war er seiner Sache völlig sicher.

Praktische Intuitionen

Im Herbst 1941, als London pausenlos bombardiert wurde, fuhr Winston Churchill abends regelmäßig in einem Dienstwagen zur Inspizierung von Flak-Batterien. Als er an einem der Tage wieder heimfahren wollte, öffnete sein Adjutant beflissen die gewohnte Autotür. Churchill ging jedoch um den Wagen herum und stieg auf der gegenüberliegenden Seite ein. Kurz darauf schlug in der Nähe eine Bombe ein, deren Luftdruck das Auto beinahe umstürzen ließ. «Es muß mein Gewicht auf dieser Seite gewesen sein, das den Wagen am Boden gehalten hat», meinte Churchill lachend. Als ihn später seine Frau Clementine fragte, warum er eigentlich «außerplanmäßig» auf der anderen Seite des Wagens Platz genommen habe, antwortete er: «Bevor ich die Wagentür erreichte, die man mir aufhielt, sagte irgend etwas zu mir: ‹Halt! Setz dich auf die andere Seite› – und das habe ich dann ja auch getan.»

Churchill hatte da eine «praktische Intuition», wie ich es nennen würde (und offensichtlich nicht nur dieses eine Mal). Diese äußerst subtile, schon fast gespenstische Form der Intuition lenkt uns manchmal mit großer Energie, manchmal mit sanftem Druck. Sie gibt uns Anstöße, ohne den Grund dafür zu nennen. Gelegentlich merken wir nicht einmal, daß wir innerlich zu etwas gedrängt werden. Diese Form der Intuition ist mehr Richtungsweiser als Landkarte, kann unpräzise, aber auch recht genau sein. Sie kann in unbedeutenden, begrenzten Situationen wirksam werden, uns einen bestimmten Weg zeigen bzw. vor ihm warnen. Oder aber sie manifestiert sich im Zuge existentieller Entscheidungen, etwa in Form eines

«Rufes», dem man folgt, und gibt uns die überwältigende Gewißheit, daß es unsere Aufgabe ist, gerade diese Mission zu erfüllen. Derartig zwingende Kräfte können zwar oft logisch gerechtfertigt werden, sind aber ihrem Ursprung nach niemals logisch. Vielmehr fühlt sich der Betreffende in einem solchen Fall wie ein Häufchen Eisenspäne, das unwiderstehlich von einem Magneten angezogen wird.

In mancher Hinsicht ähnelt eine praktische Intuition der intuitiven Wertung, da ihr eine «Tu es / Tu es nicht» – oder «Geh / Geh nicht»-Qualität eigen sein kann. Im Fall einer intuitiven Wertung muß jedoch erst einmal etwas zu Bewertendes da sein. Als zum Beispiel seine Berater Ray Kroc beschworen, McDonald's nicht zu kaufen, reagierte er nach seinen eigenen Worten wie folgt: «Ich schloß die Tür meines Büros, wanderte fluchend hin und her, warf Gegenstände aus dem Fenster, rief dann meinen Anwalt an und gab ihm die Anweisung – ‹Kaufen!› Ich hatt's in den Knochen, daß ich richtig handelte.» Anders lief es bei jenem Spielzeughersteller, der im Juni 1971 den unerklärlichen Drang verspürte, die Produktionsrate von Panda-Plüschbären zu erhöhen. Im Februar darauf unternahm Präsident Nixon seine historische Reise nach China, wo man ihm zwei Pandabären als Gastgeschenk überreichte – was in Amerika einen Run auf die possierlichen Spielzeugtiere auslöste.

Praktische Intuition könnte dafür verantwortlich sein, was uns oft als «Glück haben» erscheint. Menschen, die zur rechten Zeit am rechten Ort sind oder irgendeiner Katastrophe entgehen, sind vielleicht mit einer Art Radarsystem ausgestattet und mit dem richtigen Gespür, ihm zu folgen. Sie mag auch für das Phänomen verantwortlich sein, das C. G. Jung «Synchronizität» nennt, jenes rätselhafte Zusammentreffen von Geschehnissen, die in keinem erkennbaren kausalen Zusammenhang stehen und doch einen Sinn oder eine bedeutsame Wirkung haben, wie zum Beispiel ein Maler erfahren hat, der mir folgendes erzählte: «Während einer Vernissage hatte ich jemanden kennengelernt, der bei mir ein Bild in Auftrag geben wollte. Als ich ihn am nächsten Tag anrufen wollte, fand ich seine Visitenkarte nicht. Während einer Fahrt zu Freunden glaubte ich, ihn im Zug zu sehen, doch sah die betreffende Person ihm nur ähnlich. Am Zielbahnhof angekommen, zog es mich unwiderstehlich zu einem Blumenladen. Ich gab diesem Drang nach, obwohl ich ein Geschenk bei mir hatte und eigentlich nicht beabsichtigte, Blumen zu kaufen. In dem Geschäft traf ich den Interessenten, den ich schon für immer verloren geglaubt hatte.»

Über die Rolle von Zufällen bei wissenschaftlichen Entdeckungen ist viel geschrieben worden. Vielleicht ist es praktische Intuition, die den scheinbar nur vom Glück begünstigten Entdeckern sagt, da und dort gebe es etwas, was wert sei, näher erforscht zu werden. Denken wir zum Beispiel an Alexander Fleming. Er bemerkte, daß einige der Behälter, in denen er Bakterienkolonien züchtete, verschmutzt und die Bakterien eingegangen waren. Die meisten Forscher hätten die Behälter weggeworfen, da sie für die anstehenden Untersuchungen nicht mehr zu gebrauchen waren. Fleming jedoch spürte, daß mehr hinter der Sache steckte, und fragte sich: «Warum sind die Bakterien eingegangen?» Das Ergebnis seiner daraufhin erfolgenden Forschungen war die Entdeckung des Penicillins.

Entdeckungen und kreativen Ideen geht oft voraus, was Graham Wallas in seinem Buch *The Art of Thought* «Anzeichen» nennt, jenes ungenaue und seltsame Gefühl, daß irgend etwas geschehen wird. Jung sprach von einer Art gefühlsmäßiger Aura, die synchronistische Ereignisse begleitet. Vielleicht ist es eine Form praktischer Intuition, die die Aufmerksamkeit in die richtige Richtung lenkt, entweder indem sie den Geist auf einen bestimmten Gedankengang bringt oder auf etwas hinweist, das in der näheren Umgebung geschehen wird. Wallas erinnert sich in diesem Zusammenhang an die Zeit, als er seine politischen Ansichten grundlegend änderte. Voraus ging «ein undeutliches, fast physisch spürbares, immer wiederkehrendes Gefühl der Beengtheit – als paßten meine Kleider mir nicht mehr». Vielleicht kann man solche Anzeichen mit jenem allerersten, kaum wahrnehmbaren Glühen vergleichen, das unsere Aufmerksamkeit auf den Sonnenaufgang lenkt.

Die praktische Intuition kann uns manchmal auch ganz schön verwirren, etwa wenn sie uns drängt, auf einmal irgendwelche Dinge ohne offensichtlichen Grund zu tun. Wir kommen uns dann vielleicht dumm vor und fragen uns, was zum Teufel uns da treibt – zumal wenn es zunächst so aussieht, als handelten wir entgegen unseren ureigensten Interessen.

Als ich mit dem Exposé dieses Buches unterm Arm auf der Suche nach einem Agenten war, geriet ich auch an eine literarische Agentin, die durchaus nicht nach meinem Geschmack war. Trotzdem gab ich meinem Impuls nach und ließ das Manuskript auf ihrem Schreibtisch liegen – und während des ganzen restlichen Tages schimpfte ich mit mir, was für ein Dummkopf ich doch gewesen sei, diesem Impuls zu folgen.

Am nächsten Tag rief mich eine befreundete Verlegerin an: Sie habe am Abend zuvor Jeremy Tarcher getroffen. Er habe auf dem Schreibtisch einer Literaturagentur den Entwurf zu meinem neuen Buch gesehen – ich sollte mich doch mal bei ihm melden... Und damit hatte ich den Verleger für mein Werk gefunden.

Zufälliges Zusammentreffen? Wer kann das sagen! Auf jeden Fall war mein Impuls im Büro der Agentur außerordentlich stark und zwingend gewesen. Natürlich habe ich auch bei anderen Gelegenheiten nichtrationale, mehr oder weniger ausgeprägte «Gefühle» gehabt, von denen einige zu nichts führten oder mich sogar in Schwierigkeiten brachten – zumindest *schien* es so. Wer kann sagen, was geschehen wäre, wenn ich ihnen nicht gefolgt wäre? Und wer kann sagen, was geschehen wäre, wenn ich tatsächlich die beachtet hätte, gegen die ich mich erfolgreich zur Wehr gesetzt habe? Gewöhnlich haben intuitive Eingebungen, die keinen Sinn zu machen scheinen, wenig Chancen bei uns. Vielleicht sollten wir da nicht so orthodox sein.

Prognostische Intuitionen

«Wenn ihr durchschauen könnt die Saat der Zeit und sagen: Dies Korn sprießt und jenes nicht, so sprecht zu mir, der nicht erfleht noch fürchtet Gunst oder Haß von euch», heißt es in Shakespeares Drama *Macbeth*. Die meisten intuitiven Erfahrungen – genaugenommen ein großer Prozentsatz aller mentalen Aktivitäten – enthalten ein Element der Voraussage. Stellt ein Wissenschaftler eine Hypothese auf, dann sagt er damit in gewisser Hinsicht auch voraus, was unter bestimmten Bedingungen mit bestimmten Phänomenen geschehen wird. Rät uns die eigene Intuition, die Einladung zu einem Abendessen anzunehmen, dann heißt das soviel wie: Das wird ein angenehmer Abend werden. Stellt ein Chef einen Bewerber ein, liegt darin die Voraussage: Dieser Mann wird die gewünschte Leistung bringen.

Entscheidungen sind implizit Prognosen – man setzt als Folge eben dieser oder jener Entscheidung auf ein bestimmtes Ergebnis. Vor allem in der Wirtschaft ist es Gold wert, wenn man da mit seinen Voraussagen richtig liegt. Das Autorenteam Ostrander/Schroeder/Mihalasky/Dean hat in seiner Studie *Vorauswissen mit Psi* eine signifikante Korrelation zwischen der präkognitiven Fähigkeit von Unternehmensleitern und den Gewinnmargen ihrer Firmen festgestellt.

Natürlich werden solche Voraussagen auf der Grundlage von Analysen quantitativer Daten erstellt, und bevor man den «richtigen Riecher» in Aktion setzen kann, sollte man schon einige genauere Kenntnisse auf dem in Frage stehenden Gebiet haben. Aber die rational-analytischen Methoden reichen eben selten aus, um eine wirklich zukunftsweisende Entscheidung zu treffen. Es liegt in der Natur der Sache, daß Prognosen sich mit dem Unbekannten befassen; wir können aber nur das berechnen oder messen, was bekannt ist. Wir können vergangene Trends analysieren und Wahrscheinlichkeiten bestimmen, doch nie sicher sein, daß die Zukunft so wird, wie die Vergangenheit war, vor allem in einer so schnellebigen Zeit wie heute, wo sich Bedingungen und Voraussetzungen ständig ändern. Wer eine Voraussage macht, muß seine Intuition zumindest beim Sammeln und Interpretieren der Daten nutzen sowie bei der darauf fußenden Prognose, welche künftigen Geschehnisse das Ergebnis beeinflussen könnten. Daher beinhaltet praktisch jede Voraussage über eine zu erwartende Entwicklung geschäftlicher, politischer oder privater Art stets auch eine intuitive Komponente.

Das prognostische Element kann dabei explizit oder implizit auftreten. Als ich dem Impuls folgte, den Entwurf meines Buches in der Agentur zurückzulassen, hatte ich keine Ahnung, warum ich das tat. Doch muß die Intuition, die meines Erachtens dabei eine Rolle spielte, eine *implizite* prophetische Qualität besessen haben, denn so «präzise», daß ich mit meiner spontanen Geste eine positive Vorahnung verbunden hätte, war meine Eingebung ja nicht.

Ein gutes Beispiel für das Wirken prognostischer Intuition liefert folgender Bericht einer Harvard-Studentin, die

die Ferien mit ihren Eltern in Barcelona verbrachte. Tagelang bestürmte sie Vater und Mutter, mit ihr einen bestimmten Nachtklub zu besuchen. Am letzten Ferienabend gaben sie schließlich nach, und das Mädchen machte sich für diese Gelegenheit besonders hübsch. Doch kurz bevor man aufbrechen wollte, überfiel sie plötzlich eine unerklärliche Furcht, und zur Verblüffung der Eltern weigerte sie sich plötzlich auszugehen. An diesem Abend wurde der Nachtklub durch einen Großbrand zerstört!

Der Unterschied zwischen diesem Fall und Churchills impulsivem Entschluß, seinen gewöhnlichen Platz im Wagen nicht einzunehmen, besteht darin, daß die junge Dame *wußte,* im Lokal werde etwas Schlimmes passieren, auch wenn sie die Art der Gefahr nicht genau benennen konnte.

Intuition kann also auch eine ausgezeichnete Warnvorrichtung sein – doch sind nicht alle prognostischen Intuitionen Warnungen. Man kann ebenso die gute Vorahnung haben, daß ein neuer Bekannter unser Leben besonders positiv beeinflussen wird oder eine Geldanlage in ein oder zwei Monaten gewinnbringender zu sein verspricht als zum gegenwärtigen Zeitpunkt.

Ob eine Prognose es verdient, intuitiv genannt zu werden, hängt von ihrer Genauigkeit ab und davon, ob nicht auch viele andere Leute mit vergleichbarem Hintergrundwissen sie machen könnten. Auch hierfür ein Beispiel. Henry Kissinger sagte einmal: «Das Dilemma eines jeden Politikers liegt darin, daß er sich des voraussagbaren Ablaufs der Ereignisse niemals sicher sein kann. Bei seiner Entscheidung muß er unweigerlich aufgrund einer Intuition handeln, die ihrer Natur nach nicht beweisbar ist. Besteht er auf Gewißheit, läuft er Gefahr, Gefangener der Ereignisse zu werden.» Angenommen, Sie hätten im Frühjahr 1977 im State Department gearbeitet und verkündet: «Ich habe so eine Ahnung, daß sich in diesem Jahr im

Mittleren Osten etwas Besonderes ereignen wird», dann wäre das wahrhaftig keine überwältigende Prophezeiung gewesen. Hätten Sie jedoch gesagt: «Es wird einen diplomatischen Durchbruch geben – zwischen Israel und einer arabischen Nation, möglicherweise Ägypten», dann hätte man Sie intuitiv nennen können.

Leben heißt (auch) raten. Wer gut rät, wird intuitiv genannt; intuitive Menschen sind jedoch fest davon überzeugt, daß sie nicht raten.

Erleuchtungen

«Wenn alle Sinne schweigen und der Geist ruht, wenn der Verstand nicht schwankt – dann, sagt der Weise, ist der höchste Zustand erreicht. Der Mensch, der ihn erreicht, ist von allen Täuschungen befreit.» So heißt es in den *Upanischaden*. Was ich Erleuchtung nenne, hat im Laufe der Zeiten an verschiedenen Orten verschiedene Namen erhalten: *samadhi, satori,* Nirwana, kosmisches Bewußtsein, Selbstverwirklichung, Einssein mit Gott. Einige Leser mögen fragen, warum ich dieses Phänomen hier überhaupt mitberücksichtige, es sozusagen in einem Atemzug nenne mit so profanen Intuitionen wie jener über die lukrativste Geldanlage. Während andere Leser wieder nur an der praktischen Nutzanwendung von Intuitionen interessiert sind und mit irgendwelchen «übernatürlichen» Sachen nicht behelligt werden wollen.

Die Kategorie Erleuchtung transzendiert die anderen fünf Formen der Intuition. Genaugenommen transzendiert sie jede Form und Kategorie schlechthin. Sie transzendiert Worte, Vorstellungen, Gedanken, Wahrnehmungen und alles, was für uns Erfahrung ist. Sie ist in der Tat *Transzendenz an sich* und in unserem Zusammenhang alles andere als unwichtig. Sie zu verstehen hilft uns, alle

Formen der Intuition zu verstehen, und wenn man sie fördert, fördert man gleichzeitig alle anderen intuitiven Ausprägungen. Das Entscheidende jedoch ist, daß die Erleuchtung als solche die höchste Form des Erkennens darstellt, nach der wir alle streben, ob wir uns dessen bewußt sind oder nicht.

Die Erleuchtung oder Transzendenz unterscheidet sich von der gewöhnlichen Erkenntnis, die stets zwei Komponenten hat: ein Subjekt (den Erfahrenden) und ein Objekt der Erfahrung, das auch etwas «bloß» Gedachtes, eine Idee sein kann. In dem hier beschriebenen Geisteszustand ist der Dualismus Subjekt/Objekt aufgehoben. Es gibt keine Trennung mehr zwischen Erkennendem und Erkanntem. Es gibt kein Objekt der Erfahrung – weder ein Gefühl noch eine Wahrnehmung, noch einen Gedanken.

In der Transzendenz ist der Erfahrende bewußt, aber es ist ihm nicht *etwas* bewußt – die Bewußtheit existiert an sich. Der Erkennende erkennt, doch gibt es kein Objekt des Erkennens – es existiert nichts als Erkennen. Es ist so, als sei die Filmspule im Projektor abgelaufen, und das «reine» Projektorlicht beleuchtet die Leinwand. Davor war die Aufmerksamkeit des Betrachters auf die sich wandelnden Formen und Farben gerichtet, die für ihn die Wirklichkeit darstellten. Jetzt wird er sich der Leinwand als solcher bewußt, des schweigenden, formlosen Hintergrundes, von dem die sich ständig wandelnden Erfahrungen abhängen. In der Transzendenz wird der schweigende Hintergrund der Erfahrung erleuchtet – das reine Bewußtsein.

Es ist auch das SELBST, groß geschrieben, um es von dem individuellen Selbst zu unterscheiden, dem Ich oder der sich wandelnden Persönlichkeit, mit der wir uns gewöhnlich identifizieren. Das heißt, das, was im Zustand der Transzendenz erleuchtet wird, ist die eigene höchste

Identität. Dann erfahren wir, was wir sind. «Klanglos, formlos, unberührbar, unvergänglich, geschmacklos, geruchlos, ohne Anfang, ohne Ende, ewig, unveränderlich, jenseits der Natur ist das SELBST», heißt es in den *Upanischaden*.

Es gibt unterschiedliche Grade der Erleuchtung, und die überlieferten fernöstlichen Texte erläutern die Stufen der Entwicklung: von einem fließenden, vielleicht getrübten, flüchtigen Eindruck des Transzendenten, wie er spontan durch Meditation vermittelt werden kann, zur bleibenden SELBST-Verwirklichung, bei der das Transzendente ein schweigendes Kontinuum hinter jeder Erfahrung ist. Die letzte Stufe ist dann die höchste Erleuchtung; in diesem Zustand weiß das SELBST sich mit der Schöpfung wahrhaft eins. Im Laufe der Zeit erkennt der Suchende, daß seine wahre Natur im grenzenlosen Absoluten liegt, dem Urgrund aller sich wandelnden Objekte und Strukturen, die wir um uns herum wahrnehmen. Dem Polarforscher Admiral Richard Byrd war es vergönnt, einen kurzen Augenblick in seinem Leben dieses Einssein zu spüren: «In jenem Moment wußte ich – ohne jeden Zweifel –, daß der Mensch und das Universum eins sind... Es war ein Gefühl, das die Vernunft transzendierte, das zur Mitte der menschlichen Verzweiflung vorstieß und sie grundlos fand. Das Universum als Kosmos, nicht als Chaos; und der Mensch war ein Teil dieses Kosmos, so selbstverständlich, wie Tag und Nacht es sind.»

Die Naturwissenschaft des Abendlandes ist noch nicht bis zu diesem Verständnis vorgedrungen, wird es auch nicht, wenn sie an der Ideologie des Szientismus festhält. Die Spitzhacke der Rationalität kann das SELBST nicht durchdringen, und der Zollstock des Empirismus es nicht messen. «Du fragst, wie wir die Unendlichkeit kennen können?» heißt es bei dem Philosophen Plotin im dritten Jahrhundert n. Chr. «Und ich antworte dir: nicht mit der

Vernunft. Es ist die Aufgabe der Vernunft, zu unterscheiden und zu definieren. Das Unendliche kann daher nicht zu ihren Objekten zählen. Es läßt sich nur durch eine Fähigkeit begreifen, die der Vernunft übergeordnet ist, durch Eintreten in einen Zustand, in dem du nicht länger ein endliches Selbst bist – in dem dir das Wesen des Göttlichen vermittelt wird. Das ist die Ekstase. Es ist die Befreiung des Geistes von seinem endlichen Bewußtsein.»

Rationales Denken verwendet Symbole wie Wörter oder Zahlen. Symbole haben nur in Beziehung zu bestimmten Dingen oder Wesen einen Sinn. Da das Absolute keine Attribute hat, läßt es sich mit nichts vergleichen, da es alldurchdringend ist, kann es von nichts getrennt sein. Immanuel Kant hat mit Recht festgestellt, daß alle mühsamen Versuche von Philosophen und Theologen, die Existenz Gottes oder eines Absoluten zu beweisen oder zu widerlegen, sinnlos sind. Für jede Position lassen sich Argumente von gleicher Überzeugungskraft konstruieren. Doch Kant konnte oder wollte nicht begreifen, daß das Absolute dennoch erkennbar ist. Nicht durch den Verstand – obwohl man viel Vernünftiges dazu sagen kann –, sondern durch unmittelbare Erfahrung. Allerdings nicht durch die objektive, auf Sinneswahrnehmungen beruhende Erfahrung, die uns allen vertraut ist, sondern vielmehr als jenes Gefühl des unmittelbaren intuitiven Einsseins.

Wie der empiristische Philosoph David Hume bemerkte, ist es sogar noch sinnloser, zu versuchen, das SELBST durch objektive Erfahrung zu erkennen, als es irgendwie abzuleiten. Er schrieb: «Wenn ich tief in mein innerstes Ich hinabsteige, dann stolpere ich stets über die eine oder andere besondere Wahrnehmung, sei es Wärme oder Kälte, Licht oder Schatten, Liebe oder Haß, Schmerz oder Lust. Niemals kann ich *mich selbst* finden, ohne daß irgendeine Wahrnehmung dabei ist, und niemals kann ich etwas anderes als eine Wahrnehmung beobachten.»

Hume folgerte daraus, daß der Mensch «nichts ist als ein Bündel oder eine Sammlung verschiedener Wahrnehmungen, die mit unbegreiflicher Geschwindigkeit aufeinanderfolgen, sich in stetem Fluß und steter Bewegung befinden». Das Problem liegt natürlich darin, daß das SELBST kein Objekt ist und deshalb auch nicht auf die Weise erkannt werden kann, wie wir Objekte erkennen. Da gibt es nichts, was man vom Erkennenden trennen könnte. Zu versuchen, das SELBST objektiv zu erkennen, wäre so, als wollte das Auge sich selbst sehen.

Die Erleuchtung kann als die höchste Form des Erkennens gelten, weil sie uns sagt, was wir sind und was der Kosmos ist, und weil sie eine echte *unio,* ein echtes Einssein beider herstellt. Sie ist auch die befriedigendste Form des Erkennens. Man hat diesen Bewußtseinszustand als Glückseligkeit bezeichnet oder als Ende von Unwissenheit, Entfremdung und Leiden. Selbst dem pragmatischsten Leser sollte klar sein, daß Erleuchtung ihren Lohn in sich trägt. Sie ist jedoch auch im Hinblick auf unsere verschiedenen Intuitionsformen von praktischer Relevanz. Ich werde immer wieder auf sie zurückkommen, weil aufgrund dieses Prototyps das Wie und Warum unserer Intuition(en) am besten zu verstehen ist. Zur Transzendenz können alle anderen Formen von Intuition in Beziehung gesetzt werden.

Außerdem besitzt die Transzendenz selbst eine transformierende Wirkung auf das Bewußtsein. Wer sie erfahren hat, weiß, daß sie alle kognitiven Fähigkeiten erweitert, und diese erweiterte Perspektive wird dann zum zentralen Bezugspunkt. Der Weg dorthin – sozusagen von den Untergeschossen dieser oder jener Intuitionsform bis zum Dach der Erkenntnis – läßt einen so nach und nach mit dem Terrain vertraut werden, während die Erleuchtung dann wiederum neue intuitive Kanäle öffnet – was einer der Gründe ist, warum Yoga und andere überlieferte Lehren der Bewußtseinserweiterung sie zu ihrem vorrangigen Ziel machen.

Der größte Teil dieses Buches befaßt sich mit den fünf erstgenannten Formen der Intuition, doch wollen wir, wie gesagt, von Zeit zu Zeit zur Transzendenz zurückkehren. In Kapitel 6 werden wir näher darauf eingehen, warum die Suche nach dem höchsten Bewußtseinszustand die beste Art sein kann, die Effektivität der anderen Bewußtseinszustände zu steigern. Und im nächsten Kapitel werden wir sehen, inwiefern Erleuchtung die bemerkenswertesten Charakteristika aller intuitiven Erfahrungen verkörpert. Das wird uns zu der Frage führen, ob die Alltagsintuition nicht vielleicht eine Art Simulation von Erleuchtung ist.

4 Die intuitive Erfahrung

In einem seiner Briefe schreibt Wolfgang Amadeus Mozart über die Quelle seiner kompositorischen Einfälle: «Wenn ich wie so oft ganz auf mich selbst gestellt und heiter gestimmt bin – auf der Reise in einer Droschke, nach einer guten Mahlzeit oder des Nachts, wenn ich nicht schlafen kann –, dann fließen die Einfälle am besten und in Überfülle. *Woher* und *wie* sie kommen, das weiß ich nicht. Ich kann sie auch nicht herbeizwingen.»

Mozart erläutert in seinem Brief am Beispiel des Aufbaus eines seiner Quartette zentrale Züge der Intuition. Er verfügte, wie andere große Künstler auch, nicht nur über eine ungewöhnlich präzise Intuition, sondern auch über ein feines Gespür für das schwer zu fassende Geschehen selbst, für das Wann und Wie der intuitiven Erfahrung.

Alle intuitiven Erfahrungen enthalten gemeinsame Elemente, die aber natürlich je nach Person und äußeren Umständen variieren. Die Erfahrungen des einen oder anderen Lesers mögen vielleicht nicht so deutlich wie die hier geschilderten sein, doch sind die grundlegenden Charakteristika auch auf sie anwendbar. Das Verständnis für die entscheidenden Probleme und Ihre individuellen Varianten werden Ihnen helfen, mehr Gespür für Ihre persönliche Intuition aufzubringen und diese weiterzuentwickeln.

Die Inkubationszeit als schöpferische Pause

Wie aus Mozarts Brief hervorgeht, pflegen intuitive Durchbrüche oft gerade dann aufzutreten, wenn der Künstler sich nicht mit seiner Arbeit beschäftigt. In seinem 1929 erschienenen Buch *The Art of Thought,* in dem er die verschiedenen Stufen des schöpferischen Prozesses beschreibt, nennt Graham Wallas diese so offensichtlich fruchtbare Periode «Inkubationszeit». Sie folgt normalerweise auf eine Phase intensiver geistiger Tätigkeit, laut Wallas die Stufe der «Vorbereitung». Ihr folgen die «Erleuchtung» (intuitiver Durchbruch) und die «Verifizierung». Mozart erwähnt drei die Intuition besonders begünstigende Umstände: Fahrten über Land, einsame Spaziergänge und den Aufenthalt im Bett. Auch die weiter oben angeführte Entdeckung des Mathematikers Poincaré geschah auf einer Reise. Hermann von Helmholtz, ein deutscher Physiker des 19. Jahrhunderts, berichtete, seine Inspirationen kämen ihm, wenn er an sonnigen Tagen langsam die bewaldeten Hügel in der Umgebung seines Wohnortes emporsteige. Und vor Jean-Jacques Rousseaus innerem Auge erschien «blitzartig» eine Vielfalt von «Wahrheiten», als er 1754 von Vincennes nach Paris wanderte. Zahlreiche Berichte innovativer Denker und kreativer Menschen vermitteln den Eindruck, große Ideen ließen sich im Bett empfangen wie Kinder.

Die Liste der Personen ist lang, die morgens mit neuen Erkenntnissen erwachten, die ihnen entweder im Traum gekommen waren oder auch einfach nur bei entspanntem Liegen. So erkannte Linus Pauling die Helixform des Proteinmoleküls, als er, auf seinem Bett ruhend, mit der spiralförmigen Schnur eines Hampelmanns spielte. Als Conrad Hilton die Stevens Corporation kaufen wollte, die in einer Auktion mit geheimen Geboten dem Meistbietenden zufallen sollte, lieferte er ein versiegeltes Kuvert mit einem Angebot von 165 000 Dollar ab. Am folgenden Morgen erwachte er mit der Zahl 180 000 im Kopf, änderte daraufhin sein Gebot entsprechend und erhielt den Zuschlag – das zweithöchste Gebot hatte 179 800 Dollar betragen. Im Endeffekt brachte ihm das Unternehmen übrigens zwei Millionen Dollar Gewinn ...

Auch «Küchenrituale» scheinen ausgesprochen stimulierend auf intuitive Fähigkeiten zu wirken. Der Topmanager einer Ölfirma wäscht allabendlich eigenhändig das Geschirr ab, obwohl eine Geschirrspülmaschine in der Küche steht. Warum? Beim Abwaschen kommen ihm die besten Ideen! Und ähnlich «produktiv» scheinen Badezimmerrituale zu sein. Einstein zum Beispiel ließ sich beim Rasieren inspirieren. Und A. E. Housman schrieb: «Erfahrung hat mich gelehrt, beim morgendlichen Rasieren auf meine Gedanken zu achten. Kommt mir nämlich die Zeile eines Gedichts in den Sinn, dann wird meine Haut spröde, und der Apparat bockt.»

Psychologen haben zur Erklärung dieses Phänomens der intuitiven Inkubationszeit mehrere Theorien aufgestellt:

Reduzierung von Streß und darauf folgende Entspannung. Wie andere Organismen auch sind Menschen sich selbst regenerierende Systeme. Sobald wir die Möglichkeit dazu haben, stellen wir unseren Organismus wieder «ruhig». Befreiung von anstrengender Arbeit kann einen ermüdeten Geist ebenso erfrischen wie ermüdete Muskeln. Der Geist wird dadurch für intuitive Impulse empfänglicher.

Die Beanspruchung durch harte Arbeit und die Frustration, noch keine Antwort auf ein Problem gefunden zu haben, lassen einen unruhig werden. Eine solche Gemütsverfassung wirkt der Intuition entgegen, die am besten in einer entspannten Situation funktioniert. Es hat sich gezeigt, daß erhöhte Spannungen im Nervensystem die Kreativität hemmen. In einer Studie über intuitive Problemlösungen wurde festgestellt, daß von Sorgen geplagte Menschen nicht so gut reagieren wie unbelastete.

Durchbrechen eingefahrener Denkgewohnheiten. In seinem Buch *Der göttliche Funke* vertritt Arthur Koestler die Ansicht, die Inkubationszeit erlaube dem Geist, die «Tyrannei» diskursiver Denkgewohnheiten abzuschütteln. «Diese Rebellion gegen Zwänge, die notwendig sind, um Ordnung und Disziplin im konventionellen Denken aufrechtzuerhalten, andererseits jedoch kreative Gedankensprünge erschweren, ist typisch für das Genie wie für den Sonderling; der Unterschied besteht darin, daß nur das Genie durch Intuition gelenkt wird.» Innovatives Denken kann durch zur Gewohnheit gewordene Anschauungen darüber, wie man Probleme zu lösen hat, blockiert werden. Und wir neigen dazu, uns in festgefahrenen Gleisen zu bewegen, weil es ja so bequem ist. Während einer Inkubationsperiode können solche Strukturen brüchig werden, und dem Geist eröffnen sich dann neue Möglichkeiten.

Selektives Vergessen. Der Psychologe Herbert Simon vermutet, daß wir im frühen Stadium einer Problemlösung einen Plan entwickeln, der dann im Kurzzeitgedächtnis gespeichert wird. Bei der Weiterarbeit an der Sache erhalten wir neue, aufschlußreiche Informationen, die wir jedoch übersehen, weil unser einmal gefaßter Plan unser Sinnen und Trachten beherrscht. Aber die interessanten Informationen werden im Langzeitgedächtnis aufbewahrt, wie Simon meint, und während einer Inkubationszeit (re)aktiviert, wenn unbrauchbare, alte Ideen teilweise vergessen wurden.

Nichtbewußte Synthese. Anders als der Computer ist der Verstand in der Lage, viele Dinge gleichzeitig zu tun. Während wir schlafen, im Wald spazierengehen, Geschirr spülen oder uns rasieren, wird jenseits unseres Bewußtseins Wichtiges geleistet. Die Fabrik des Geistes setzt ihre Arbeit auch in Abwesenheit des Aufpassers fort. Sie holt verschiedene Rohstoffe heran und setzt sie auf ungewohnte Weise zusammen, um neue Produkte herzustellen. Das meinte William James mit seiner Bemerkung, wir lernten schwimmen im Winter und Schlittschuhlaufen im Sommer.

Zufälliger Input. Das nichtbewußte Synthetisieren könnte nach Ansicht einiger Psychologen während der Inkubationszeit durch die Wahrnehmung von Objekten oder Geschehnissen gefördert werden, die dem zu lösenden Problem analog sind. Ein Forscher, der Ähnlichkeiten zwischen an sich total unterschiedlichen Objekten oder Vorgängen bemerkt, könnte sich veranlaßt sehen, der Sache nachzugehen, bis er auf Zusammenhänge stößt, die Anlaß zu fruchtbaren Hypothesen geben. Neue Entdeckungen werden oft gemacht, wenn jemand einen funktionellen Zusammenhang zwischen bisher nicht als zusammenhängend empfundenen Phänomenen sieht. Gutenberg verband in seiner Vorstellung drei Elemente, die bis dato nichts miteinander zu tun hatten – die Traubenpresse, die Münzprägung und den Spielkartendruck –, und erfand die beweglichen Drucktypen. Es heißt, Mozart sei beim Anblick einer Orange zu einer Arie für seinen *Don Giovanni* inspiriert worden. Die Frucht erinnerte ihn an ein neapolitanisches Volkslied, das er fünf Jahre zuvor gehört hatte.

Jede dieser Theorien scheint irgendwie zutreffend zu sein, und vielleicht ist ja von allem etwas während der Inkubationszeit am Werk.

Mangels experimenteller Beweise akzeptieren jedoch nicht alle Psychologen die Inkubationszeit als notwendige Bedingung der Inspiration. In vielen Untersuchungen wurde überhaupt kein Inkubationseffekt festgestellt. Und wo ein solcher einmal nachgewiesen wurde, ließ sich der Vorgang nicht wiederholen.

Grund dafür ist die unrealistische Anordnung der Tests. In der Regel werden zwei Arbeitsgruppen beauftragt, ein bestimmtes Problem zu lösen, das geistige Anstrengung erfordert. Der einen Gruppe gestattet man eine Pause, während die andere ohne Unterbrechung durcharbeiten muß. Dann werden die Ergebnisse beider Gruppen miteinander verglichen. Den einzelnen Testpersonen wird im allgemeinen nur wenig Zeit gelassen, sich mit dem Problem zu befassen, und die Inkubationsperiode selbst dauert nur etwa zehn bis fünfzehn Minuten. Der Untersuchungsleiter schreibt dann jedem einzelnen vor, womit er sich in der Zeit beschäftigen soll. Der eine muß vielleicht nur in einem leeren Raum warten, ein anderer dagegen irgendeine anspruchsvolle Aufgabe erledigen, die mit der Testfrage nichts zu tun hat, und dergleichen mehr. Die Probanden sind in der Regel Studenten, die auf diese Weise zugleich einen für sie notwendigen Seminarschein erwerben oder für ihre Mitarbeit ein geringes Entgelt erhalten.

Robert Olten und David Johnson haben bei ihren Untersuchungen keine Inkubationseffekte festgestellt: «Berichte über das Phänomen, die dem ‹wirklichen Leben› entnommen wurden, beschreiben eine zutiefst motivierte Person, einen Zeitraum von oft Tagen oder Monaten und eine Aufgabe, zu deren Bewältigung *ein hochentwickeltes, fein aufeinander abgestimmtes Repertoire kognitiver Fähig-*

keiten gehört, verbunden mit einem ganz bestimmten Fachwissen.»

Trotzdem lehrt die Erfahrung, wie gut es sein kann, «eine Sache noch mal zu überschlafen», und alle von mir befragten Personen haben erklärt, ihre wichtigsten intuitiven Erfahrungen hätten sie gemacht, während sie gerade nicht mit ihrer Arbeit beschäftigt waren. Trotz des Mangels an experimentellen Beweisen scheint eine bestimmte Inkubationsperiode äußerst nützlich für Intuitionen zu sein.

Ich habe jedoch einen anderen Einwand gegenüber dem Inkubationsmodell, wie es normalerweise definiert wird: Es erklärt nicht jene Intuitionen, die *ohne* Unterbrechung der normalen Tätigkeit auftreten. In diese Kategorie fallen wahrscheinlich die intuitiven Wertungen und die praktische Intuition. Gelegentlich kommt es auch zu einer plötzlichen Entdeckung oder einer kreativen Lösung, *während* man mit dem Problem selbst beschäftigt ist. Der Unternehmer, der mitten aus dem alltäglichen Streß heraus eine ungewöhnliche Entscheidung trifft, der Musiker, der bei einem Auftritt spontan neue Variationen eines Stücks spielt, der Mathematiker, dem schlagartig die Lösung einer komplizierten Aufgabe einfällt, während er an der Tafel herumrechnet, das Paar, das bei einer Aussprache plötzlich erkennt, was der Partner *wirklich* meint – das alles sind Beispiele dafür, wie Intuition während der Tätigkeit eintreten kann, auf die sie abzielt.

Vielleicht darf man die Inkubationszeit nicht zu eng sehen. Das heißt, möglicherweise geht es dabei nicht immer um längere Zeitspannen, ebensogut könnte es auch nur ein momentanes Aussetzen der gezielten Aufmerksamkeit, ein Abschweifen der Gedanken sein. So ist man bei einer Besprechung im größeren Kreis vielleicht plötzlich mit seinen Gedanken ganz woanders – und schon funkt's. Solche kurzen «Ausfälle», die wir gewöhnlich eher beklagen, könnten in Wahrheit Mini-Inkubationszeiten sein, die ausreichen, die Voraussetzung für Intuition zu schaffen.

Man kann diesen Gedanken noch einen Schritt weiterführen. Der Geist vermag auf verschiedenen Ebenen gleichzeitig zu arbeiten, obwohl Aufmerksamkeit strenggenommen nur auf eine Sache zur Zeit konzentriert werden kann. Es ist aber durchaus möglich, daß ein Teil des Geistes sich einem bestimmten Aspekt des Problems zuwendet, während ein anderer Teil «abschweift». So kann der Mathematiker etwas auf die Tafel schreiben, woran er zuvor gedacht hat, und bei dieser für ihn eher automatischen Tätigkeit mit einem Kollegen oder der Klasse sprechen. Während er schreibt oder spricht, können ein paar seiner «kleinen grauen Zellen» anderweitig beschäftigt sein – und einen Augenblick später taucht dann vielleicht die Lösung in seinem Geist auf. Und noch ein anderes Beispiel: Während wir am Lenkrad unseres Wagens sitzen, summen wir eine Melodie vor uns hin, achten auf den Verkehr, hören einem Begleiter zu – und das alles gleichzeitig. Und mittendrin fällt uns plötzlich die Lösung für ein arbeitstechnisches Problem ein.

Die wirklich bemerkenswerten Züge der Inkubation sind möglicherweise psychophysischer Art, und herauszubekommen, wie sie nun genau funktioniert, muß zukünftigen Forschungen vorbehalten bleiben. Viele Berichte aus dem praktischen Leben zeugen davon, daß ein gelassener Geisteszustand, möglichst wenig Nervenanspannung und eine ruhige Umgebung die günstigsten Voraussetzungen für intuitive Erfahrungen darstellen. Und wenn die Intuition in Streßsituationen auftritt, dann hat vielleicht eine Mini-Inkubationszeit gereicht, der Inspiration den Weg zu bereiten.

Ist, wie ich annehme, ein inkubationsähnlicher Zustand eine notwendige Voraussetzung für viele Formen von

Intuition, dann hilft uns die Kenntnis dessen, was zu diesem Zeitpunkt in unserem zentralen Nervensystem vor sich geht, unsere intuitiven Fähigkeiten freizusetzen.

Untersuchen wir zunächst einmal die intuitive Erfahrung selbst.

Die Paradoxa der Intuition

Woher und *wie* seine Einfälle kommen, wisse er nicht, schrieb Mozart. Auch könne er sie nicht herbeizwingen. Ähnliche Berichte intuitiver Menschen aus allen Lebensbereichen lassen auf Spontaneität und Mühelosigkeit der Intuition schließen – egal, ob es sich um eine triviale Vorahnung, eine pragmatische geschäftliche Entscheidung oder eine wissenschaftliche Entdeckung in einem Labor handelt.

Der Dichter John Keats meinte dazu: «Wenn Poesie nicht ganz natürlich sprießt – wie Blätter auf einem Baum, dann sollte sie besser überhaupt nicht in Erscheinung treten.» Und Bach drückte sich ähnlich aus, als er auf die Frage, woher er seine Melodien nehme, antwortete: «Das Problem ist nicht, sie zu finden; es ist vielmehr, nicht auf sie zu treten, wenn man morgens aufwacht und aus dem Bett steigt.»

Intuition können wir ebensowenig erzwingen, wie wir jemanden zwingen können, uns zu lieben. Man kann sich auf sie vorbereiten, sie gewissermaßen einladen und attraktive Bedingungen für sie schaffen, doch man kann nicht beschließen: «Jetzt werde ich eine Intuition haben», oder, um Shelley zu zitieren: «Man kann nicht sagen: ‹Jetzt werde ich ein Gedicht schreiben.› Das ist nicht einmal dem größten Poeten möglich. Denn der Geist ist wie ein Stück glimmende Kohle, das durch einen flüchtigen Luftzug vorübergehend zu hellem Leuchten gebracht wird.»

Die Erfahrung der Intuition beinhaltet das Moment der Überraschung, als sei die intuitive Person ein Zauberer, der Erkenntnis aus seinem Zylinder zieht und selbst staunt über das, was ihm da gelungen ist. Intuition kann alle Erwartungen düpieren, indem sie urplötzlich in eine ganz andere Richtung steuert, das Material, mit dem wir gearbeitet haben, neu ordnet oder etwas ins Spiel bringt, das völlig aus dem Rahmen zu fallen scheint.

Natürlich bringt nicht jede Intuition eine unerwartete Wendung. Sie kann uns auch bestätigen, eine Sache wie geplant auszuführen, oder uns sagen, daß eine getroffene Wahl die richtige ist. Das Überraschende an solchen Situationen ist allerdings, daß wir unserer Sache ohne erkennbaren Grund so sicher sind oder daß sich überhaupt eine Intuition eingestellt hat. Intuition kann einem jener Freunde gleichen, die zu den sonderbarsten Zeiten aufkreuzen, weil man sie einfach nicht dazu bringen kann, vorher anzurufen oder einen vereinbarten Termin einzuhalten. Eine Intuition hat immer etwas Unerwartetes an sich – sei es ihr Inhalt, ihr Zeitpunkt oder die Stärke ihrer Überzeugungskraft.

Diesen Überraschungseffekt der Intuition hat der Psychologe Jerome Bruner den «Schock des Erkennens» genannt, der dann schnell in ein «Erkennen der Selbstverständlichkeit» umschlägt: «Aber natürlich – warum hab ich das nur nicht sofort gesehen!» Von diesem Augenblick an erscheint es uns oft absurd, daß wir das, was wir jetzt wissen, jemals *nicht* gewußt haben. Mathematiker, die sich längere Zeit mit einem kniffligen Problem herumgeschlagen haben, erzählen, sie könnten sich nach der Lösung der Aufgabe gar nicht mehr erinnern, wie es war, die Antwort nicht zu wissen.

Eine junge Dame berichtete von einer ähnlichen Erfahrung im Zusammenhang mit einer Veränderung in ihrer beruflichen Laufbahn. «Jahrelang war ich mit meiner

Arbeit unzufrieden gewesen und wollte unbedingt etwas Sinnvolleres tun. Die einzigen Alternativen jedoch, die mir einfielen, waren ‹anderen Menschen helfen› und – Tanzen. Was aber lächerlich war, da ich meine Tanzausbildung schon zehn Jahre zuvor abgebrochen hatte und mit zweiunddreißig wohl schlecht wieder aufnehmen konnte. Aber dann ging mir plötzlich ein Licht auf: Ich werde Tanz-Therapeutin. Das war zunächst ein echter Schock für mich, aber schon bald erschien es mir absurd, daß ich jemals einen anderen Beruf auch nur in Erwägung gezogen hatte.»

Eine typisch intuitive Erfahrung ist begleitet von dem Gefühl, Empfangender statt Initiator zu sein. Kreative Menschen beschreiben sich oft als «Mittler» oder «Kanäle» für irgendeine unbekannte Quelle. In religiösem Zusammenhang spricht man davon, ein Instrument des Göttlichen zu sein oder daß Gott Seinen Willen durch den betreffenden Menschen in die Tat umsetzt. Milton schrieb, die Muse habe ihm *Das verlorene Paradies* sozusagen «diktiert». Und Bach meinte: «Ich spiele die Noten gemäß der Ordnung, in der sie geschrieben sind. Gott ist es, der die Musik macht.» Mehr weltlich orientierte Leute wie der Schriftsteller Joseph Heller sagen einfach: «Ich habe das Gefühl, daß diese Ideen in der Luft herumschwirren und sich ganz zufällig in mir festsetzen. Die Ideen kommen zu mir; ich produziere sie nicht bewußt.»

Arbeitet der intuitive Geist besonders intensiv, dann scheinen Hände, Füße und Zunge fast «automatisch», ohne unser physisches oder psychisches Zutun zu agieren. Der berühmte Baseball-Läufer Hershel Walker sagte einmal: «Ich überrasche mich selbst. Ich weiß nicht einmal, was ich tue, um etwas zu tun. Ich habe keine wirkliche Kontrolle über mich, fange an zu laufen und weiß nicht, was als nächstes kommt.»

Schriftsteller haben oft das Gefühl, sie seien «ein Teil

der Schreibmaschine, und versuchen, mit den jeweils gegebenen Befehlen Schritt zu halten». Immer wieder behaupten Autoren, daß bestimmte Figuren sich auf einmal «selbständig» machen und von sich aus handeln und sprechen. Henry James beschreibt, wie es ihm bei der Konzipierung der *Gesandten* ergangen ist: «Die einzelnen Komponenten fügten sich aneinander wie aus eigener Kraft und eigener Form, während der Autor sich ihretwegen noch ratlos den Kopf kratzte; sie waren ihm stets ein gutes Stück voraus. Sobald die Sache sich ihrem Ende näherte, mußte er sich tatsächlich bemühen, sie hinterherlaufend einzuholen, atemlos und ein wenig verwirrt.»

Eine derart eigenständige funktionierende Intuition sollte man nicht mit «Gewohnheit» oder «Instinkt» verwechseln. Wir handeln in vielem routinemäßig, ohne dabei an die einzelnen Schritte einer Handlung zu denken. Wir reagieren mechanisch, wenn dies oder jenes durch einen Anstoß von außen in Gang gesetzt wird. Ein Autofahrer reißt automatisch das Steuer herum, wenn ein anderer Wagen ihn schneidet; ein Lehrer korrigiert automatisch einen Rechtschreibfehler; ein Mechaniker dreht automatisch an der richtigen Schraube. Das alles hat nichts zu tun mit dem plötzlichen Auftreten von etwas Neuem – mit dem unbestimmten Gefühl des Autofahrers zum Beispiel, vom üblichen Weg abzubiegen, was zum Entdecken einer praktischen Abkürzung führt, oder dem urplötzlichen Einfall des Mechanikers, warum der Motor einfach nicht anspringen will, an dem er schon stundenlang herumbosselt.

Eine einfache Tatsache kann also als Botschaft, eine Entscheidung als Befehl, eine Idee als Geschenk erscheinen. Mit Intuition werden Sie, der Magier, vom Kaninchen überrascht, das im Dienst eines anderen, noch größeren Zauberers zu stehen scheint.

Und doch – und das ist ein anderes Paradoxon – ist es

Ihre Hand, die das Kaninchen aus dem Zylinder holt, und Sie fühlen sich durchaus in den Vorgang einbezogen. Butler Yeats meinte, Künstler seien im Augenblick der Offenbarung «selbstbeherrscht in Selbstpreisgabe». Eng damit zusammen hängt jenes Gefühl des Einsseins von Subjekt und Objekt, von Erkennendem und Erkanntem (siehe Kapitel 2). Der französische Philosoph Henri Bergson nannte Intuition «eine Art intellektueller Sympathie, mit der man sich in ein Objekt hineinbegibt, um sich mit dem zu vereinen, was an ihm einzigartig und dementsprechend unabtrennbar ist». Begeben wir uns auf diese Weise ins Objekt hinein, können wir es vollkommen und absolut erkennen, glaubt Bergson. Dem stellt er die rationale Analyse gegenüber, die er «Übersetzung» in und «Darstellung» durch Symbole nennt.

Kein Wunder also, daß intuitive Erfahrung in sich widersprüchlich ist: Sie kommt unerwartet und doch genau im richtigen Moment; sie kommt von innen heraus, gleichzeitig aber von einem unnennbaren Anderen; wir produzieren sie und sind ihr gleichzeitig ausgeliefert.

Die ganzheitliche Natur der Intuition

Man hat der Intuition häufig das Attribut holistisch, also ganzheitlich, verliehen, und zwar in dem Sinne, daß Intuition uns Erkenntnisse von Ganzheiten und nicht nur von deren Teilen vermittelt. Diese Definition kann jedoch irreführen, weil sie sich auf das konzentriert, *was* erkannt wird. Es läßt sich nur schwer feststellen, ob das, was wir wissen, ein Ganzes oder ein Teil ist; da, wie die Systemtheorie uns lehrt, jeder Teil ein wieder aus kleineren Teilen bestehendes Ganzes ist und jedes Ganze Teil eines größeren Ganzen. Zellen zum Beispiel sind Ganzheiten, die Teile von Organen sind, die ihrerseits Teile eines Organismus sind, und so weiter. Das einzige Objekt der Erkenntnis, das man tatsächlich holistisch nennen kann, ist in Wirklichkeit kein Objekt: Das ABSOLUTE ist Ganzheit an sich, enthält alles und ist in allem enthalten.

Die ganzheitliche Qualität der Intuition hängt mit zwei Dingen zusammen. Zum einen gilt als Axiom, daß ein Ganzes mehr ist als die Summe seiner Teile. Die Teile und ihre Summe lassen sich durch rationale Analyse feststellen; das *Mehr* wird jedoch nur durch Intuition erfaßt. Es ist eher etwas Erfahrenes denn Begriffenes, ist eine Erkenntnis und ein Gefühl, eine innerste Identifizierung mit der Ganzheit, keine sprachlich vermittelbare Folgerung oder Tatsache.

Der andere Aspekt intuitiver Ganzheit hängt mit der Art von Erkenntnis zusammen, auf die Mozart sich zu beziehen schien, als er schrieb, er höre in seiner Vorstellung die einzelnen Teile eines Stückes nicht *nacheinander*, sondern alle gleichzeitig. Wir denken uns Intuition stets als einen Blitz, der im selben Augenblick kommt und geht. Ist ein Gemälde tausend Worte wert, dann könnte eine Intuition tausend Gemälde wert sein. Sie ist wie ein Eisenbahnzug, den man in der Ferne vorbeirasen sieht – man erkennt keine Einzelheiten, sondern nur etwas Verschwommenes, das von einem Geräusch begleitet ist, und doch weiß man im selben Augenblick, daß es ein Zug war. Die Zeit scheint komprimiert, und auf geheimnisvolle Weise ist es auch die Bedeutung.

Gewöhnlich erfahren und verstehen wir etwas auf lineare Weise, als eine zusammenhängende Aufeinanderfolge von Symbolen und Begriffen. Eine intuitive Erfahrung braucht jedoch keine klaren Strukturen, kein logisches Nacheinander. Vielleicht enthält sie das Wesentliche des Erkennens, so wie ein Samenkorn das Wesentliche eines Baumes enthält. Sie kann ebenso ein Fragment des Ganzen sein wie nahezu vollständig. Sie pflegt eine Fülle von Bedeutungen zu implizieren, die zu artikulieren Äonen notwendig wären, ganz zu schweigen von der Zeit, die man brauchte, sie zu begreifen.

Geistesblitze

Eine Intuition kommt oft so plötzlich und mit geballter Kraft, daß wir gar nicht so schnell reagieren können. Jeder von uns hat schon einmal die frustrierende Erfahrung gemacht, daß eine Problemlösung blitzartig durch unser Bewußtsein huschte und uns mit dem Seufzer zurückließ: «Was war das? Eben hatte ich die Antwort doch zum Greifen nahe.» Es ist, als versuche man, eine Schneeflocke zu fangen; sobald sie auf der warmen Hand landet, löst sie sich auf. Oder wie Shelley es ausdrückte: «Wenn das Zusammensetzen des Gedichts beginnt, befindet die Inspiration sich bereits auf dem absteigenden Ast, und die größte Poesie, die jemals der Welt übermittelt wurde, ist vermutlich nur ein schwacher Abklatsch der ursprünglichen Konzeption des Dichters.»

Mozart sah das allerdings anders. In einem seiner Briefe meint er, die Niederschrift einer Komposition sei schnell getan, da die Arbeit ja eigentlich schon abgeschlossen ist. Was dann auf dem Notenblatt stehe, unterscheide sich selten von dem, was er zuvor im Geiste vor sich gesehen habe. Es hängt wohl von der Fähigkeit des Betroffenen ab, den intuitiven Augenblick so festzuhalten, wie er sich wirklich darstellt, um seine Botschaft klar zu begreifen. Die Effektivität einer Intuition könnte in Zusammenhang stehen mit der Deutlichkeit ihrer Rezeption. Im weiteren Verlauf seines Briefes schreibt Mozart, das ihm eingefallene Thema entwickele sich von selbst, werde in ein System gebracht und definiert, bis schließlich das Ganze vor seinem inneren Auge stehe. Es sei dann, und sei es noch so lang, fast vollständig, so daß er es mit einem Blick überschauen könne wie ein Gemälde oder eine schöne Statue.

Zunächst scheint Mozart nichts anderes zu schildern als einen guten Einfall. Aber wenn er dann davon spricht, das Thema entwickele sich von selbst und werde in ein System gebracht, dann läßt das doch darauf schließen, daß er in diesem Augenblick eher Zeuge denn Täter ist. Manchmal läßt sich der intuitive Augenblick etwas länger festhalten oder auch nach Belieben wieder einfangen – nicht nur durch Erinnern seiner wesentlichen Züge, sondern durch erneutes Herstellen der Bedingungen, unter denen man die Intuition empfangen hat. Viele von uns müssen sich einfach in die Stimmung des Vortages zurückversetzen, um kontinuierlich arbeiten zu können. Diese Fähigkeit sollte mit der weiteren Entwicklung unserer intuitiven Fähigkeiten wachsen.

Die Sprache der Intuition

Wie jeder Gedanke, so kann auch die Intuition in ganz verschiedenen Formen auftreten. Jede Sinnesmodalität hat entsprechende mentale Eigenschaften. So wird in der indischen Philosophie behauptet, jeder Gedanke besitze Eigenschaften, die jedem der Sinne assoziiert seien, so wie man jedes beliebige materielle Objekt sehen, hören, riechen, schmecken und fühlen könnte, wären unsere Sinne nur scharf genug ausgebildet.

Der Geist ist in jedem sensorischen Bereich gleichermaßen präsent – das zeigt unser Gedächtnis. Bringt man sich ein besonderes Ereignis in Erinnerung, dann kann man «im Geiste» eine Person sprechen oder eine Melodie erklingen hören; man sieht ein Gesicht oder eine Szene vor sich, riecht den Duft von Jasmin, spürt den Hauch des Windes oder die Berührung einer Hand. Auf die gleiche

Weise können Menschen sich etwas vorstellen, was sie niemals wirklich erfahren haben.

Der Geist wandert von einer Modalität zur anderen, so wie wir unsere Aufmerksamkeit von einer Sinneswahrnehmung zur anderen verlagern können. Wo die Aufmerksamkeit stehenbleibt, das hängt von der Situation und den Neigungen des Erfahrenden ab. Jeder scheint seine besondere Wahrnehmungsart zu bevorzugen. Der eine setzt alles in Bilder um, der andere in Töne oder Bewegungsabläufe. Auf einer Waldlichtung wird der eine Spaziergänger ganz gefangengenommen vom weichen Gefühl des Mooses unter seinen Füßen, während ein anderer nur entzückt den Tannenduft einatmet und wieder ein anderer nur Augen und Geschmack für die dort wachsenden Brombeeren hat.

Unsere Gedanken scheinen ähnlich zu funktionieren, und entsprechend die Form, die unsere Intuition annimmt. Es gibt Menschen, die neigen dazu, in Begriffen zu denken, während andere – offensichtlich die meisten – eher visuell ausgerichtet sind. Natürlich wechselt das auch von Situation zu Situation. Einer mag noch so visuell orientiert sein: Will er jemandem etwas klarmachen, wird er seine Vorstellungen in Worte fassen, während eine eher verbal orientierte Person sich sehr wohl «ein Bild machen» wird von der geplanten neuen Wohnungseinrichtung.

Oft heißt es, rationales Denken sei verbal, Intuition dagegen nichtverbal. Das stimmt bis zu einem gewissen Grad, ist jedoch so apodiktisch gefaßt übertrieben. Meine eigenen Intuitionen erlebe ich häufig in sprachlicher Form. Beim Schreiben taucht das richtige Wort oder der richtige Satz ganz spontan vor mir auf. Bei alltäglichen Formulierungen mag man das dem Gedächtnis zuschreiben – so als habe der Geist schnell eine Liste mit gespeicherten Vokabeln überflogen. Ist jedoch das Produkt ein ungewöhnlicher Satz oder eine phantasievolle Wortkombination, dann ist dies genauso intuitiv wie der gute Riecher bei einem Geschäft oder eine wissenschaftliche Entdeckung.

Als Samuel Taylor Coleridge mit der «genauen Erinnerung an den ganzen *Kubla Khan* erwachte», jenes berühmte unvollendete Poem, das sich gewissermaßen selbst in einem Traum erdichtete, «standen alle Vorstellungen als *Dinge* vor ihm», berichtete er, wobei er von sich selbst in der dritten Person sprach. Aber die Worte waren auch da. Coleridge meinte, es sei «eine parallele Produktion der entsprechenden Ausdrücke ohne Empfindung oder bewußte Anstrengung gewesen».

Aber nicht nur Schriftsteller berichten von inneren Stimmen, die in ganz präzisen Begriffen zu ihnen sprechen. Eine Psychotherapeutin erzählte mir, bei ihrer Arbeit mit einer Patientin sei immer wieder das Wort «Vater» in ihrem Kopf aufgetaucht, obwohl sie in dem Augenblick ein Problem erörterte, das mit dem Beruf der Patientin zusammenhing. Schließlich gab die Psychologin der beharrlichen inneren Stimme nach und sagte: «Erzählen Sie etwas über Ihren Vater.» Es stellte sich heraus, daß der Chef der Patientin diese an ihren Vater erinnerte, der sie vergewaltigt hatte, als sie noch ein Teenager war – ein ganz wichtiges Stück verdrängter Information.

Obwohl sie häufig nichtverbal ist, kann die Intuition also unsere Sprache sprechen, ohne dadurch ihren wesentlichen Charakter zu verlieren. Auch wir drücken uns ja oft ohne Worte aus. Psychologische Tests verwenden häufig Bilderfolgen, um unsere Assoziationsfähigkeit oder unsere Gefühlslage zu erforschen. Filme und Comic strips arbeiten ebenfalls mit strukturierten Bildfolgen, während ein Musikstück ganz auf seine Töne setzt, um etwas zu vermitteln. Und wenn wir tanzen oder uns bewegen, bedienen wir uns der Körpersprache.

Andererseits pflegt Intuition oft in Form von Bildern aufzutreten, vor allem wenn es der Sache angemessen ist – etwa bei künstlerischen oder technischen Entwürfen. Ein

Elektronikingenieur erzählte: «Während der Heimfahrt im Zug oder auch mitten in der Nacht sehe ich plötzlich in allen Einzelheiten ein Verkabelungsdiagramm vor mir, an dem ich an diesem Tage gearbeitet hatte. Manchmal werden wichtige Knotenpunkte nach hier und dort verschoben, wodurch ein Problem gelöst wird, das mich beinahe wahnsinnig gemacht hatte.» Dieser Bericht erinnert an Erfahrungen des Physikers Nikola Tesla, der unter anderem den Wechselstromgenerator und die Neonbeleuchtung erfunden hat. Tesla berichtet, er sei imstande gewesen, Einzelheiten mit derartiger Genauigkeit vor sich zu sehen, daß er tatsächlich «Tests» machen konnte, bei denen er im Geist Maschinen wochenlang laufen ließ, um sie dann auf Anzeichen von Abnutzung hin zu untersuchen.

Die Intuition von Wissenschaftlern kann genauso visuell sein wie die von Dichtern oder Malern. Einer der interessantesten Naturwissenschaftler mit visuellen Intuitionen war der britische Physiker Michael Faraday. Er entwickelte unter anderem den ersten Dynamo und den Elektromotor. Grundlage seiner Einfälle war eine Vision vom Universum, das er als eine Konstruktion aus gebogenen Röhren vor sich sah, in denen Energie strahlte. Faraday bereitete auch den Boden für die moderne Feldtheorie mit Ideen, die sich aus seinen bildhaften Vorstellungen von «Kräftelinien» entwickelten, die von Magneten und elektrischen Strömen ausgestrahlt wurden.

Ein anderes Beispiel ist Mendelejew. Er erwachte eines Morgens mit dem vollständigen Bild des Periodensystems der chemischen Elemente, wie es heute in allen Lehrsälen für Chemie an der Wand hängt. Erwähnenswert ist auch der berühmte Traum des deutschen Chemikers August Kekulé von Stradonitz:

Ich drehte meinen Lehnstuhl dem Feuer im Kamin zu

und döste vor mich hin ... Wieder tanzten die Atome vor meinen Augen herum, wobei die kleineren Gruppen sich diesmal bescheiden im Hintergrund hielten. Mein durch wiederholtes Schauen geschärftes geistiges Auge konnte jetzt Strukturen von mannigfachem Aufbau unterscheiden. Da gab es lange Reihen, die manchmal enger aneinandergekettet waren, alle wanden und verwickelten sich in schlangenartiger Bewegung. Aber schau! Was war das? Eine der Schlangen hatte ihren eigenen Schwanz zu fassen bekommen, und diese Form bewegte sich spöttisch vor meinen Augen hin und her. Wie vom Blitz getroffen, wurde ich munter ... Wir sollten lernen zu träumen, meine Herren.

Auf diese Weise machte Kekulé eine revolutionäre Entdeckung, die ein Eckpfeiler der modernen Chemie wurde: Die Moleküle gewisser organischer Verbindungen sind keine offenen Strukturen, sondern geschlossene Ringe (die Ringstruktur des Benzols).

Kekulés Vision macht außerdem auf einen interessanten Gesichtspunkt aufmerksam: Intuition ist oft symbolisch. C. G. Jung bezeichnet die sich in den Schwanz beißende Schlange als universales Symbol, das in verschiedenen Kulturen verschiedene Bedeutungen angenommen hat. Manchmal ist die Bedeutung des Symbols offenkundig, manchmal muß sie herausgearbeitet werden, was zusätzlichen intuitiven Input und auch Analyse erfordern könnte. Dies gilt nicht nur für visuelle Vorstellungen, sondern für jede beliebige intuitive Botschaft. Bei einem Test der Stanford University mußten Versuchspersonen in einem Labor beschreiben, wo sich eine bestimmte Person in diesem Augenblick weit entfernt aufhielt. Die Eingebungen waren bemerkenswert genau, wurden jedoch oft falsch interpretiert. So sagte der Proband zum Beispiel, er habe das Gefühl, es handele sich um ein «erhabenes» oder «feierliches» Gebäude, und es sei wohl eine Bibliothek, während es in Wirklichkeit eine Kirche war.

Gelegentlich werden auch verbale und visuelle Formen kombiniert. Coleridge sah die Bilder und hörte zugleich die Worte zu *Kubla Khan*. Als ich die Idee hatte, dieses Buch zu schreiben, stand mir das Bild eines umfangreichen Aktenordners vor Augen, der mit einer Unzahl von Notizzetteln und Kopien gefüllt war. Ich hatte schon eine Menge Material gesammelt, konnte aber immer noch nicht sagen, wie ich die Sache anpacken sollte. Als ich es dann schließlich wußte, sah ich diesen Ordner wieder vor mir und dabei nahm ich irgendwie das Wort *Intuition* wahr. Ich kann nicht einmal sagen, ob es ein Klang war – doch die Bedeutung war mir klar.

In einer vergleichenden Studie über Mathematiker schreibt Jacques Hadamard, daß die meisten von ihnen visuell denken – obwohl nicht unbedingt in mathematischen Symbolen –, und auch kinetisch. Einstein meinte dazu: «Die Wörter oder die Sprache, so wie sie geschrieben werden, scheinen in meinem Denkmechanismus keine Rolle zu spielen. Die physikalischen Entitäten, die als Elemente des Denkens zu dienen scheinen, sind gewisse Zeichen und mehr oder weniger deutliche bildliche Vorstellungen, die ‹absichtlich› reproduziert und kombiniert werden können . . . In meinem Fall sind die oben erwähnten Elemente teils visueller, teils muskulärer Art. Konventionelle Wörter oder andere Zeichen müssen erst in einem zweiten Stadium mühsam durchdacht werden.»

Das Wort «muskulär» ist ein deutlicher Hinweis darauf, daß auch ein kinästhetisches Element mitspielt, das vermutlich durch den Tastsinn vermittelt wird. Einstein fügte noch hinzu, das ungenaue «kombinatorische Spiel» mit diesen Elementen sei «das wesentliche Kennzeichen produktiven Denkens – bevor es irgendeinen Zusammenhang mit logischen Wortkonstruktionen oder sonstigen Zeichen gibt, die anderen übermittelt werden können».

Redewendungen wie «Ich spür das in den Knochen» oder «Ich hatte so ein komisches Gefühl in der Magengegend» lassen erkennen, daß Intuitionen häufig mit körperlichen Sensationen verbunden sind. Oft sind das Empfindungen, die in jeden Teil des Körpers ausstrahlen. Manche Leute sprechen von einem «brennenden Gefühl», einem «eiskalten Frösteln», «aufregenden Prickeln» oder einem «elektrischen Strom, der durch den ganzen Körper läuft». Manchmal lassen diese Empfindungen sich auch genau orten. Sie erinnern sich gewiß: Wenn ihm ein Vers einfalle, schrieb A. E. Housman, werde seine Haut ganz spröde. «Dieses besondere Symptom ist begleitet von einem Frösteln längs der Wirbelsäule. Es kann sich auch als Verengung in der Kehle äußern, wobei Wasser in die Augen tritt. Ein weiteres Symptom kann ich nur beschreiben, indem ich einen Satz aus einem der letzten Briefe von Keats zitiere. Da sagt er in bezug auf Fanny Brawne: ‹Alles, was mich an sie erinnert, geht wie ein Speer durch mich hindurch.› Sitz dieser Empfindung ist die Magengrube.»

Der Psychologe und Philosoph Eugene Gendlin erforschte das Verhalten von Leuten, die sich einer psychotherapeutischen Behandlung unterzogen haben. Die Ergebnisse veröffentlichte er in seinem Buch *Technik der Selbsthilfe bei der Lösung persönlicher Probleme.* Darin heißt es, daß jene Patienten am ehesten geheilt wurden, denen es möglich war, aus dem, was der eigene Körper hinsichtlich bestimmter Situationen oder Probleme erspürte, einen Sinn abzuleiten. Dieses «sonderbare, trübe Gefühl» scheint irgendwo in der Mitte des Körpers aufzutreten, zwischen Nabel und Kehle, am häufigsten im Magen. Möglicherweise hat es etwas mit den subtilen Energiezentren zu tun, die man *Chakras* nennt und die von der indischen Philosophie an sieben Stellen längs der Wirbelsäule lokalisiert werden. Auf jeden Fall scheint man

Erkenntnis nicht nur mit dem Kopf gewinnen zu können – so wie jener Zen-Mönch, der auf die Frage, wo er denke, auf seinen Magen zeigte.

Körperliche Empfindungen können auf verschiedene Weise mit Intuitionen zusammenwirken. Sie können nur grobe Daten sein, die Informationen über den Körper selbst liefern. Wer empfindlich auf Signale seines Körpers reagiert, kann vielleicht eine latente Unordnung seines Organismus intuitiv erfassen, bevor sie mit den üblichen Methoden diagnostiziert wird, oder er mag genau wissen, was ihm jetzt guttun würde zu essen oder zu trinken. Ein Geschäftsreisender wurde zum Beispiel von Zeit zu Zeit von einem stechenden Schmerz im linken Bein geplagt, vor allem wenn er saß. Auf dem Weg zu einem Arzt erkannte er plötzlich, worin sein Problem bestand: Er saß stets auf seiner Brieftasche, aus der seine Kreditkarten hervorstachen. Der skeptische Arzt untersuchte ihn gründlich, konnte aber nichts finden. Die Schmerzen hörten auf, nachdem der Patient seine Brieftasche anderswo untergebracht hatte.

Als Mittler zwischen der Umwelt und dem intuitiven Geist gibt der Körper vielleicht Verhaltensanweisungen. Eine plötzliche Muskelanspannung, ein schneller werdender Puls oder ein flatterndes Gefühl in der Magengegend können uns auf eine reale Gefahr aufmerksam machen – ähnlich etwa den Empfindungen «Glaub kein Wort von dem, was der Bursche sagt» oder «Nichts wie raus hier». Oft ist eine Botschaft nicht klar zu erkennen, sie äußert sich nur als starker körperlicher Drang, dem man kaum widerstehen kann. Eine leitende Angestellte berichtet: «Ich komme in die Lobby des Gebäudes und gehe zum Fahrstuhl. Ein Mann tritt unmittelbar hinter mich. Kurz bevor die Fahrstuhltür sich schließt, habe ich das unwiderstehliche Gefühl, unbedingt aussteigen zu müssen. Ich ging dann zu einer Telefonzelle, und während ich wählte, sah ich zufällig, daß auch der Mann wieder ausstieg. Da wurde ich zum ersten Mal wirklich mißtrauisch. Ganz bestimmt wartete der Kerl in der Vorhalle, bis eine andere Frau alleine den Fahrstuhl betrat. Als er festgenommen wurde, stellte sich heraus, daß er einschlägig vorbestraft war.»

Körperliche Empfindungen treten natürlich nicht nur als Warnzeichen auf, man kann zum Beispiel auch in Gegenwart einer bestimmten Person ein besonders positives Gefühl haben oder beim Hören einer eher neutralen Nachricht plötzlich freudige Erregung in sich aufsteigen spüren und dann genau «wissen»: Da kommt was Gutes auf mich zu.

Körperliche Sinneswahrnehmungen können außerdem Teil des Feedbacks sein, das uns eine besondere Intuition bewerten hilft. Eine Entscheidung, eine Problemlösung oder ein innerer Antrieb zum Handeln können von einer wahrnehmbaren körperlichen Veränderung begleitet sein. Stärke, Beharrlichkeit und Qualität dieses Gefühls können ein Hinweis darauf sein, wie ernst man seinen mentalen Inhalt nehmen sollte. Der Physiker Carson Jeffries sagte einmal, wenn eine plötzliche Erkenntnis, die sich als wahr erweist, ihn «überfällt», vermittle ihm das ein körperlich spürbares Vergnügen. Er könne daher genau sagen, ob eine Idee gut sei, «weil sie mich freudig erregt und glücklich macht».

Für die Deutung von körperlichen Empfindungen gibt es keine Regeln. Sie erfordert eine gewisse Sensibilität und ein gesundes Maß an Ich-Bewußtsein. Je besser beides entwickelt ist, um so präziser lassen sich die physischen Sensationen erkennen und interpretieren. Es handelt sich dabei um ganz individuelle Erfahrungen, die man nur durch Wiederholung – durch Training sozusagen – voneinander zu unterscheiden lernt. Die empfangenen Signale sind oft recht subtil und erreichen die Ebene des Bewußtseins erst, wenn sie eine bestimmte Intensitätsschwelle überschreiten. Leicht kann man ihnen auch zu große kognitive Bedeutung beimessen. Über die Zusammenhänge zwischen Intuition und Körper ist schon so viel gesagt und geschrieben worden, daß wir eher darauf achten sollten, hier nicht zu übertreiben. Einige Beobachter behaupten sogar: Intuition *ist* Körperbewußtsein, und *die* Methode, intuitiver zu werden, bestehe darin, «in Kontakt mit dem eigenen Körper zu kommen», als ob Fleisch und Blut die ausschließlichen Speicherräume von Weisheit seien. Natürlich ist es wichtig zu erkennen, daß der Körper Informationen besitzt und Botschaften übermittelt; doch sollten wir nicht jeden körperlichen Impuls als Emanation einer göttlichen Erscheinung emporjubeln.

In den bisher erörterten verbalen, visuellen und kinästhetischen Formen äußert sich eine Intuition am häufigsten, *wenn sie besonders lebhaft ist.* Meist bleibt es jedoch bei einem vagen Gedanken – «Es war nur so eine Idee» – oder einer diffusen Empfindung – «Es war nur so ein Gefühl». Das ist natürlich höchst unbefriedigend, und es wäre schon ganz gut, wenn wir fähig wären, unsere Erfahrungen etwas genauer zu beschreiben. Tatsache ist jedoch, daß Intuition *Denken* ist; und Denken ist oft nur ein schwaches, beiläufiges und undifferenziertes Abstrahieren, das man lediglich als Gefühl beschreiben kann.

Es gibt gute Gründe für die Annahme, daß Denken seinen Ursprung in einer abstrakteren, gefühlsähnlichen Form hat, um erst in einem darauffolgenden Stadium konkrete, symbolische Eigenschaften anzunehmen, vor allem wenn Kommunikation notwendig wird. Die Gefühlsebene ist der Quelle näher als die stärker greifbaren Manifestationen von Klang, Bild und Berührung. Das trifft offensichtlich für jede normale sprachliche Mitteilung zu: Zuerst weiß man etwas, und dann findet man die Worte, um dieses Wissen auszudrücken – oder auch nicht. Ein aufgeregter Schauspieler entschuldigte sich einmal für einen von ihm verkorksten Satz: «Sie hätten ihn hören sollen, *bevor* ich ihn sagte!» Vermutlich sind viele sich in irgendeiner Form manifestierende Intuitionen, vor allem verbale, in Wahrheit verfälschte Versionen des Originals, die ihren vollen Bedeutungs- oder Gefühlsgehalt bereits verloren haben.

Dessen sollte man sich stets bewußt sein. Oft versuchen wir, einen schwachen intuitiven Hinweis in eine sprachliche Form zu pressen, selbst wenn wir ihn dadurch entstellen, denn jene schwachen Empfindungen entspringen in Wirklichkeit oft einer tieferen und reineren Bewußtseinsebene als verbale, visuelle oder kinästhetische Formen. Ein Teil des «Intuitionstrainings» könnte daher darin bestehen, zu lernen, wie man sich auf frühere Entwicklungsstadien unserer Impulse einstellt, eine Anregung, auf die wir in den folgenden Kapiteln noch zurückkommen werden.

Gefühl und Erkenntnis

Das Wort «Gefühl» kann sowohl ein körperliches wie ein seelisches Geschehen bezeichnen. Vermutlich besteht ein starker Zusammenhang zwischen beiden Erfahrungsbereichen. Vielleicht werden beide durch den Tastsinn vermittelt. Wie körperliche Signale können auch Gefühlsinhalte Gegenstand von Intuitionen sein (oder von rationaler Analyse), als habe man erkannt, warum jemand traurig, ruhelos oder sentimental ist. Sie können auch Hinweise auf Daten über das Umfeld der Intuition sein: Man hat ein positives und angenehmes Gefühl angesichts eines Bewerbers um einen Arbeitsplatz und stellt ihn ein, obwohl er weniger qualifiziert ist als ein anderer, der uns unsympathisch war. Die Gründe, warum das Zusammensein mit diesem oder jenem Menschen uns ein unangenehmes Gefühl bereitet, kann man oft nicht näher bestimmen – bis man eines Tages entdeckt, daß er nicht aufrichtig ist.

Besonders interessant aber scheinen mir jene Gefühle zu sein, die als Gradmesser der Bedeutung oder Wahrhaftigkeit einer Intuition fungieren. Wissen vermittelt ein angenehmes Gefühl der Sicherheit, während Unwissenheit innere Spannungen angesichts der ungelösten Probleme erzeugt – samt den entsprechenden physiologischen und emotionalen Folgen. Findet man schließlich die Antwort auf noch offene Fragen, schließt sich der bis dahin unvollendete Kreis, dann stellt sich eine Freude ein, die sich bis zur Ekstase steigern kann, begleitet von einem Energieausbruch oder geschärfter Sinneswahrnehmung.

In seinem Buch *Die Psychologie der Wissenschaft* beschreibt Rollo May einen plötzlichen gedanklichen Durchbruch: «In diesem Augenblick der Erkenntnis erschien mir die Welt von unwahrscheinlicher Transparenz und Klarheit.» Ihm war ganz seltsam leicht zumute, «als sei eine schwere Last von meinen Schultern genommen», ein Glücksgefühl beherrschte ihn, ja durchdrang ihn völlig, «ganz unabhängig von der Arbeit, mit der ich mich gerade beschäftigte».

Obwohl nicht immer so eindrucksvoll, scheinen die emotionalen Korrelate genauer und wichtiger Intuitionen vor allem Gefühle von Glück, Harmonie und Schönheit zu sein. Oft heißt es, Leiden sei eine notwendige Voraussetzung für schöpferische Leistung. Die entsprechenden vielzitierten Geschichten von leidenden Künstlern zeigen jedoch bei näherer Untersuchung, daß Sorgen und Elend diese heimsuchten, wenn sie aus irgendeinem Grunde *nicht* schöpferisch tätig sein konnten. Bei ihrer Arbeit beherrschte sie ein Glücksgefühl, eine Art Ekstase der Erkenntnis. Mozart, der es bekanntlich auch nicht immer leicht hatte im Leben, schrieb über die intuitive Inspiration, daß sie seine Seele «beflügele» und «entflamme», und er meinte, ihm fehlten die Worte, um auszudrücken, «welch ein Entzücken das ist». Alles Erfinden und Erschaffen finde statt wie in einem «angenehmen, lebhaften Traum».

Ein zentrales Gefühl im Rahmen der Intuition und zugleich ein wichtiger Hinweis auf ihre Qualität ist das ästhetische Vergnügen. Keats drückte das so aus: «Schönheit ist Wahrheit, Wahrheit ist Schönheit.» Dieses Gefühl für Schönheit und Harmonie ist kennzeichnend für *jede* Intuition – nicht nur die künstlerische oder wissenschaftliche. Eine echte Intuition kann dieselbe Reaktion hervorrufen wie ein Gemälde, ein Lied oder eine gut erzählte Geschichte. Ihr ist eine gewisse Symmetrie und eine innere Kohärenz eigen, eine Art Ausgeglichenheit und Unausweichlichkeit. Ist eine Idee nicht wirklich stimmig, kann sie stören wie ein falscher Farbfleck auf einem Bild oder eine «schiefe» Formulierung in einem literarischen Werk. Das Ganze wird unharmonisch.

Auf die Frage, wie man eine außergewöhnliche von einer mittelmäßigen Intuition unterscheiden kann, erhält man immer wieder die Antwort: «durch ihre Schönheit». Paul Dirac, der die Existenz von Antimaterie postulierte, zwei Jahre, bevor sie nachgewiesen wurde, schrieb: «Es scheint so, als befinde man sich auf dem sicheren Weg zur Erkenntnis, wenn man von vornherein mit der Absicht arbeitet, Schönheit in seine mathematischen Gleichungen zu bringen.» In einem Artikel in der Zeitschrift *Newsweek* erinnert sich Horace Freeland, Dirac gefragt zu haben, wie er denn die Schönheit einer Theorie erkenne. «Das fühlt man einfach», antwortete Dirac. «Das empfindet man genauso wie die Schönheit eines Bildes oder Schönheit in der Musik. Man kann es nicht beschreiben – wenn man es nicht fühlt, dann muß man sich eingestehen, dafür eben nicht empfänglich zu sein. Erklären kann man das einem anderen nicht.»

Und Henri Poincaré war der Ansicht, besonders kreative Mathematiker «sind einer Intuition mathematischer Ordnung fähig, die uns verborgene göttliche Harmonien und Zusammenhänge erschließt». Wie auch andere Mathematiker sprach Poincaré von der Eleganz, geschaffen durch mathematische Entitäten, «deren Elemente so harmonisch angelegt sind, daß der Geist sie mühelos in ihrer Totalität erfassen kann».

Gegen alle Widerstände hielt Johannes Kepler an seinen revolutionären astronomischen Ideen fest: «Denn ich habe sie in meiner tiefsten Seele als wahr empfunden und betrachte ihre Schönheit mit ungeheurem, hingerissenem Entzücken.» Wie in der Kunst scheint Einfachheit der Schlüssel zur Ästhetik der Wahrheit zu sein. Ein Physiker unserer Tage, Richard Feynman, ist der Ansicht, wir könnten wissenschaftliche Wahrheit an eben diesen beiden Attributen erkennen: Einfachheit und Schönheit. «Was eigentlich ist es an der Natur, das uns die Möglichkeit schenkt, aus einem Teil zu schließen, was die anderen Teile tun werden? ... Ich glaube, es liegt daran, daß die Natur von großer Einfachheit und damit von großer Schönheit ist.» Aus diesem Grunde lernen Wissenschaftler, nach den einfachsten mit den Fakten übereinstimmenden Hypothesen zu suchen, denn – um noch einmal Poincaré zu zitieren –: «Die nützlichen Kombinationen sind auch die schönsten.»

Die Transzendenz – Prototyp der Intuition

Im vorigen Kapitel habe ich angeregt, Erleuchtung oder Transzendenz als einen Prototyp der vertrauteren Formen von Intuition anzusehen.

Wahrheitssucher, die sich für einen Weg in Stille und Abgeschiedenheit entscheiden, geben weltliche Angelegenheiten zugunsten eines klösterlichen Lebens auf, das als lange Inkubationszeit betrachtet werden kann. Wer eine etwas weniger radikale Variante vorzieht, baut Inkubationsperioden in seinen Alltag ein – tägliche Meditation, bestimmte Rituale, vorübergehendes Sich-Zurückziehen. Die der Inkubationszeit vorausgehende Phase bewußter Arbeit kann mit dem Gebet und dem Studium heiliger Texte eines Erleuchtung Suchenden verglichen werden. Die Erleuchtung, die Transzendenz selbst, könnte man vielleicht als die allerhöchste Inkubation bezeichnen, da sie sogar alle mentalen Aktivitäten im wahrsten Sinne des Wortes «aufhebt».

Soviel wir aus der Physiologie der Meditation wissen, ist Transzendenz ein Zustand geringster Anspannung, tiefen inneren Schweigens, gepaart mit höchster Wachsamkeit. Das entspricht der postulierten Physiologie der Inkubationszeit. Macht der Suchende Fortschritte, bleibt das innere Schweigen in Verbindung mit Nachdenken und Handeln erhalten. Das erinnert an den oben erwähnten inkubatorischen Zustand, der mit konzentrierter geistiger Tätigkeit einhergehen kann. Vielleicht verleiht uns irgendeine physiologische Struktur die Fähigkeit, den intuitiven Augenblick ebenso wie die Intensität der Erleuchtung zu verstärken.

Obgleich der spirituelle Weg vom Suchenden strengste Disziplin verlangt, kommt die Erleuchtung selbst mühelos und spontan. Sie geschieht einfach, sobald der Suchende entsprechend gerüstet ist. Oft wird sie auch als Gnade beschrieben – als göttliches Geschenk. Mit der Transzendenz ist es wie mit der künstlerischen Inspiration und der alltäglichen Vorahnung – sie wird durch bewußte Anstrengung nur verhindert, weshalb die Suchenden ermahnt werden, «sich ohne Mühe zu bemühen».

Wie die gewöhnliche Intuition besitzt auch die Erleuchtung eine paradoxe Eigenschaft: Sie ist ein «inneres» Geschehen und scheint dennoch wie eine Gabe von einer äußeren Quelle herabzusteigen. Je mehr der Suchende voranschreitet und das undifferenzierte und reine Selbst zunehmend erkannt wird, mag er das doppelte Gefühl haben, einerseits von seinen Gedanken und Handlungen getrennt zu sein, sie aber andererseits voll zu beherrschen. Er wird sowohl das sich wandelnde, begrenzte Ich als auch das universale, grenzenlose SELBST begreifen; er wird die Welt wahrnehmen als Teil seiner selbst und zugleich als etwas von ihm Getrenntes; er wird die Wirklichkeit als das Eine und das Viele sehen. Diese Paradoxa lassen sich nicht verstandesmäßig auflösen, sondern werden nur durch die intuitive Erfahrung der Erleuchtung miteinander versöhnt.

Das Ganzheitliche der Intuition – die Konzentration einer umfassenden Erkenntnis «auf den Punkt» eines einzigen Augenblicks – und das Einswerden mit dem Erkannten werden beide durch die Erleuchtung exemplifiziert. Es gibt kein *Objekt* des Erkennens als solches, doch ist der Erkennende in diesem Zustand eins mit allem, was ist. Bei sehr lebhafter Erfahrung haben Mystiker nach eigenen Berichten das Gefühl, «alles zu wissen», begleitet von einem Gefühl vollkommener Einfachheit (nichts könnte einfacher sein als das, was keinen Dualismus kennt) und verbunden mit von keinem Zweifel getrübter Gewißheit. Im *Paradiso* beschreibt Dante es folgendermaßen: «In seiner tiefen Unendlichkeit sah ich, eingesammelt und durch Liebe zu einem Strauß gebunden, die verstreuten Blätter des ganzen Universums.»

Über die Sprache der Erleuchtung läßt sich nicht viel sagen, da Transzendenz jenseits aller Begrifflichkeit und Sinneswahrnehmung liegt. Und doch ist immer wieder versucht worden, Ausdrucksformen für diese göttliche Offenbarung zu finden. Dieser Schritt von der reinen, ungeteilten, inhaltsfreien Erkenntnis zum notwendigerweise differenzierenden Ausdruck erfolgt auch bei einer gewöhnlichen Intuition, wenn man das wort- und bildlose Gefühl, die Ahnung, verbalisiert. Im Moment der Erleuchtung werden auch alle emotionalen Zustände transzendiert, werden in nie gekannter Intensität erlebt. Man kann diesen Effekt gewissen Eigenschaften des Absoluten zuordnen, die unterschiedlich als reine und nichtmanifeste Energie, konzentrierte universale Liebe, absoluter Frieden und *ananda* oder Glückseligkeit beschrieben werden.

Die Betonung solcher Parallelen soll die These stützen, man könne alle intuitiven Erfahrungen sozusagen als «Sonderfall» oder «Vorstufe» der höchsten Intuition, der mystischen Vereinigung, der Transzendenz betrachten.

Eine persönliche Überlegung

Wer das in diesem Kapitel Gesagte für sich persönlich fruchtbar machen will, möchte vielleicht gern über die untrüglichen Kennzeichen der Intuition im Lichte seiner eigenen Erfahrungen nachdenken. Denken Sie jetzt einmal an Ihre bemerkenswertesten Intuitionen zurück.

Traten sie eher in dem Moment auf, da Sie mit dem Gegenstand der Intuition befaßt waren, oder als Sie sich mit ganz anderen Dingen beschäftigten?

Traten sie während ruhiger Augenblicke der Entspannung auf?

Kamen sie spontan, als würden sie gewissermaßen bei Ihnen abgeliefert?

Waren sie hinsichtlich Inhalt, Form oder Zeitpunkt überraschend?

Haben Sie jemals *versucht,* intuitiv zu sein?

Hat es funktioniert?

Sind Ihre Intuitionen im allgemeinen blitzartig oder längerdauernd wie in einem Tagtraum?

Gehen sie ins Detail, oder vermitteln sie eher ein bestimmtes Gespür für das Ganze?

Denken Sie normalerweise in Begriffen oder in Bildern? Gleichen die meisten Ihrer Intuitionen einander?

Können Sie sich erinnern, ob mit den Intuitionen physische Wahrnehmungen und Emotionen verbunden waren?

5 Wer besitzt Intuition?

Die eindeutige Antwort auf diese Frage lautet: *jeder.* Wir sind alle intuitiv, und trotzdem sind einige es offensichtlich mehr als andere. Diese Menschen scheinen immer die richtige Entscheidung zu treffen und ein schwieriges Problem ohne viel Federlesen optimal zu lösen. Wenn jeder intuitiv ist, dann liegt es nahe, solche Begabungen «außergewöhnlich intuitiv» zu nennen.

«Wer ist intuitiv?» und vor allem: «Wann ist eine bestimmte Erfahrung überhaupt intuitiv?» – zwei wichtige, eng miteinander zusammenhängende Fragen. Intuitive Menschen sind von unschätzbarem Wert in Situationen, in denen Probleme nicht klar definiert sind und daher auch keine Lösungsmethode vorgegeben ist, Situationen, die auf der Grundlage unzureichender Informationen bewältigt werden müssen. Weston Agor, Professor für Verwaltungswissenschaft an der University of Texas in El Paso, ist der Ansicht, intuitive Entscheidungsträger hätten vor allem dann Erfolg, wenn sich neue Trends abzeichnen, wenn ein psychologisches Urteil notwendig ist oder wenn es darum geht, kühne Hypothesen zu formulieren oder anzuregen. Agor hat vorgeschlagen, daß solche intuitiven Menschen zur Lösung bestimmter Aufgaben zusammen mit eher analytisch veranlagten Kollegen ein Team bilden sollten, um auf diese Weise zum bestmöglichen Ergebnis zu gelangen.

Wahrscheinlich haben Sie sich selbst schon gefragt, ob Sie intuitiv sind, und am Ende dieses Kapitels sollten Sie der Antwort ein gut Stück näher sein – allerdings dürften einige Antworten Sie überraschen, und nach und nach werden Sie erkennen, daß die Frage gar nicht so leicht zu beantworten ist, nicht zuletzt deshalb, weil Selbsteinschätzung und Realität oft nicht übereinstimmen, wie die nachfolgenden Geschichten belegen.

Seit er während des Zweiten Weltkriegs Soldaten die Stiefel geputzt hatte, war George sein Leben lang selbständiger Unternehmer. In den vergangenen dreißig Jahren hat er, der zwar die höhere Schule besucht, aber nie eine Fachausbildung genossen hat, viele gute Geschäfte getätigt. Freunde hatten mir berichtet, George verlasse sich stets auf sein unheimlich gutes Gespür. Deshalb interviewte ich ihn im komfortablen Büro seines letzten erfolgreichen Unternehmens. Gleich zu Beginn des Gesprächs behauptete er, nicht besonders intuitiv zu sein. Als er mir dann jedoch erzählte, nach welchen Kriterien er Lizenzen vergibt – darum ging es bei seinem augenblicklichen Geschäft –, zeigte sich ein ganz anderes Bild.

«Wann bekommt ein Bewerber den Zuschlag?» fragte ich.

«Wenn er eine gesunde Finanzierungsgrundlage und etwas Managementerfahrung vorweisen kann.»

«Ist das alles?»

«Nein. Er muß auch ... nun, er muß das Zeug dazu haben.»

«Wie erkennen Sie das?»

«Ob der Bursche es hat oder nicht, kann ich in weniger als einer Minute sagen», antwortete George. Dann machte er eine Pause und sah mich fragend an: «Ist das Intuition?»

Nehmen Sie dagegen John. Als Mathematiker ist er für

seine präzisen, systematischen und untadelig logischen Argumente bekannt. Kollegen behaupten, wenn John bei einer Meinungsverschiedenheit auf der gegnerischen Seite stehe, dann habe man es schwer. Er war der letzte, den ich für intuitiv gehalten hätte. Und dennoch berichtete er mir: «Ich bin von jeher sehr intuitiv gewesen. Mein Verstand vollzieht die wildesten Sprünge, die sich stets als richtig herausstellen – die rationalen Argumente dazu fallen mir immer erst hinterher ein.»

Intuition kann Zufall sein

Ein Faktor, der das Bild trüben kann, ist die Voreingenommenheit in der einen oder anderen Richtung. Jack zum Beispiel mag an Intuition glauben und sie als legitimen und wertvollen Weg zur Erkenntnis akzeptieren. Er setzt seine Intuition ein, rühmt sich ihrer sogar. Jill dagegen, ganz von rational-empirischen Anschauungen bestimmt, mißt der Intuition nur wenig Wert bei. Während also Jack seine ausgeprägten intuitiven Fähigkeiten betont, setzt Jill auf ihre Fähigkeit, Daten logisch anzuordnen und zu analysieren. Jill sagt, sie habe sich etwas ausgerechnet; Jack sagt, die Erkenntnis sei ihm blitzartig gekommen. Und doch funktioniert beider Verstand im Grunde auf dieselbe Weise.

Zu beachten ist ferner die damit zusammenhängende Frage des gesellschaftlichen Umfelds. In gewissen Kreisen pflegt man sich nicht seiner Intuition zu rühmen, in anderen kann man gar nicht genug davon besitzen. Mehrere Wissenschaftler und Manager haben mir anvertraut, sie schätzten Intuition hoch ein, würden das im Kollegenkreis aber niemals erwähnen. «Bevor ich mich festlege, sammle ich alle Daten und beschreibe meine Entscheidung so, daß sie als logisch abgeleitet erscheint», erzählte mir einer. Während man sich in manchen spirituell oder künstlerisch angehauchten Zirkeln bemüht, ganz alltägliche Beobachtungen und Schlußfolgerungen so zu formulieren, als seien es tolle «Eingebungen».

Und noch etwas ist zu beachten. Wer in einem Bereich besonders intuitiv ist, muß es in anderen nicht sein. Der intuitive Arzt und begnadete Diagnostiker mag bei seinen finanziellen Transaktionen immer wieder falschen Ahnungen folgen. Der intuitive Personalchef, der nie die falsche Person einstellt, kann beim Urteil über Freunde katastrophal schiefliegen. Der intuitive Mathematiker, dessen geistige Höhenflüge ehrfürchtige Bewunderung hervorrufen, kann sich hinsichtlich seiner privaten Bedürfnisse und Motivationen empfindlich irren. Selbst spiritistische Medien sind oft nur auf einem Gebiet intuitiv. Sie diagnostizieren Krankheiten oder sagen die Zukunft voraus oder enthüllen Geschehnisse aus der Vergangenheit.

Individuelle und situationsbedingte Unterschiede lassen sich teilweise erklären durch Erfahrung, das heißt, in einigen Bereichen verinnerlichen wir gewisse Handgriffe oder Denkvorgänge so sehr, daß sie automatisch ablaufen. Neulinge müssen auf jede Einzelheit achten, so wie wir auf jeden Schritt achten müssen, wenn wir den ersten Tanzunterricht nehmen. Erfahrenen Personen ist dieser «Kleinkram» selbstverständlich geworden, darum ist ihr Geist frei für intuitive Sprünge.

Paul E. Johnson, Psychologe an der University of Minnesota, hat sich in diesem Zusammenhang mit Ärzten, Rechtsanwälten, Ingenieuren und Geschäftsleuten befaßt. Er fand heraus, daß sie zwar Probleme in ihren Fachbereichen schneller und besser lösen als Anfänger, in der Regel jedoch nicht erklären können, wie sie es tun. «Das fliegt mir einfach so zu», ist eine typische Antwort. Johnsons Untersuchung zeigte, daß Experten im Laufe der Zeit einen «Überblick aus großer Höhe» erwerben, der ihnen sagt, welche Informationen sie sammeln und welche sie unbeachtet lassen sollen. Außerdem hat noch jeder seine ganz speziellen «Tricks», um Informationen auf unkonventionelle Weise miteinander zu verknüpfen. Johnson ist der Ansicht, daß auf diesem Weg jene Art von Automatismus entsteht, die Kreativität begünstigt.

Der Faktor Erfahrung wird oft benutzt, um Intuition zu leugnen. Tatsächlich führt der vorhin erwähnte Unternehmer George sein erfolgreiches «Köpfchen» auf «lernen» und «Erfahrung sammeln» zurück. Damit ist jedoch nicht erklärt, warum zwei Menschen mit gleicher Erfahrung und derselben beruflichen Ausbildung sich in der Qualität ihrer Intuition und ihrer Neigung, diese zu nutzen, radikal unterscheiden.

Großes Fachwissen kann der Intuition sogar entgegenwirken, weil es uns von einem besonderen Bezugsrahmen oder einem schon eingespielten, orthodoxen Ansatz übermäßig abhängig macht. Erfahrene Fachleute leiden oft darunter, daß sie alle Probleme immer wieder so anpacken wollen, wie es in der Vergangenheit nun mal zum Erfolg geführt hat. Frische, noch nicht mit Gewohnheiten belastete Köpfe sind oft am innovativsten, weil sie es wagen, Behauptungen in Zweifel zu ziehen und neue Fragen zu formulieren.

Wie intuitiv wir erscheinen, kann auch von den jeweiligen Umständen abhängen. Die Intuition scheint am besten zu funktionieren, wenn wir sehr motiviert und zuversichtlich sind. Man wird eher eine intuitive Erkenntnis über den eigenen Ehepartner als über einen flüchtigen Bekannten haben, eher in bezug auf eine entscheidende geschäftliche Unternehmung als hinsichtlich eines gelegentlichen Hobbys. Denn schließlich beschäftigen wir uns innerlich ständig mit Menschen und Situationen, die für uns wichtig sind, und der intuitive Verstand wird durch die Wünsche und Zielsetzungen programmiert, die wir ihm übermitteln.

Außerdem gibt es Zeiten, in denen wir Intuitionen begrüßen und ihnen willig folgen, während wir uns bei anderer Gelegenheit zur Rationalität zwingen und unseren eigenen Impulsen mißtrauen. Dafür gibt es viele Gründe, vor allem: Der eigenen Intuition *vertrauen* heißt, bereit zu sein, gegenüber den nichtbeweisbaren Produkten unseres eigenen Verstandes *Risiken* einzugehen. Steht viel auf dem Spiel, wird jemand, der sonst oft intuitiv entscheidet, eher eine zögernde Strategie verfolgen und nach Fakten und Gründen suchen, bevor er handelt. Leider kann diese Haltung in extremen Fällen ins Gegenteil umschlagen und die Intuition dort unterdrücken, wo sie am dringendsten gebraucht wird, was uns dann in der Folgezeit veranlaßt, gar keinen Wert mehr auf Intuition zu legen, anstatt sie besonders zu pflegen.

Geschäftsleute haben festgestellt, daß ihre Bereitschaft, Intuitionen nachzugeben, von verschiedenen Punkten abhängt: Wieviel Geld steht auf dem Spiel, würde eine falsche Entscheidung sie ihren Job kosten oder das persönliche Ansehen lädieren, welche Auswirkungen hätte die Entscheidung auf andere Personen? Interessanterweise scheint Geld nicht so wichtig zu sein wie die beiden anderen Faktoren. Ralph Keyes, Autor eines Buches über die Risikobereitschaft der Menschen, kommt aufgrund seiner Untersuchung zu dem Schluß, den meisten Leuten gelte als größtes Risiko, daß sie nach einer Entscheidung dumm oder gedemütigt dastehen könnten. Er meint, Unternehmer sammelten Daten nicht in erster Linie als Entscheidungshilfen, sondern vielmehr als Absicherung einer intuitiven Idee und zur Rechtfertigung für den Fall, daß die Sache schiefläuft. Zu ganz ähnlichen Ergebnissen hat auch eine Untersuchung des Sozialpsychologen George Cvetkovich geführt.

Die potentiellen Auswirkungen der Intuition auf andere Personen könnten bei der Entscheidung pro oder contra jedoch der ausschlaggebende Faktor sein. Die meisten der von mir Befragten sagten, sie neigten dazu, sehr vorsichtig und streng rational vorzugehen, wenn ein guter Kollege oder ein Freund durch eine falsche Entscheidung mitbetroffen sein könnte.

Stil und Qualität einer Intuition

Wenn wir fragen: «Wer ist intuitiv?», was meinen wir dann eigentlich genau – wer funktioniert intuitiv, oder wessen Intuition ist die bessere? Diese Unterscheidung zwischen Stil und Qualität ist wesentlich.

Untersuchungen über Problemlösungen unterscheiden oft zwischen zwei Arten des Funktionierens: einer eher locker-flexiblen und einer methodisch-rationalen. Die Psychologen James McKenny von Harvard und Peter Keen von Stanford meinen, daß Menschen, die sie als systematische Denker bezeichnen, dazu neigen, mit der Definition eines Problems und einem Lösungsvorschlag zu beginnen, um diesen Plan dann sorgfältig weiterzuverfolgen, methodisch Daten zu sammeln und auf diese Weise nach und nach ihre Analyse «wasserdicht» zu machen.

Intuitive Problemlöser dagegen vermeiden es, sich an eine besondere Strategie zu halten. Sie handeln, ohne Prämissen oder Verfahren festzulegen, und genießen es, mit Unbekannten zu jonglieren, um ein Gespür dafür zu bekommen, was gefordert wird. Intuitive Denker haben, während sie mehrere Alternativen und Optionen gleichzeitig erwägen, stets das Gesamtproblem im Kopf. Sie folgen Gedankensprüngen und probieren etwas aus. Dann wechseln sie zu einer anderen Methode über oder formulieren eine neue Definition des Problems, wenn die bisherige nichts bringt.

Doch intuitiver *Stil* und intuitive *Qualität* sind zwei

verschiedene Dinge. Wer intuitiv funktioniert, kann auch nur ein schlecht informierter, fauler Denker sein, der wild drauflosrät. Andererseits kann jemand wie der vorhin erwähnte Mathematiker John ein Problem systematisch anpacken und dabei dennoch ein starkes intuitives Gespür zur Geltung bringen. Eine solche Person mag nichtintuitiv erscheinen, weil sie gelernt hat, die Ergebnisse ihrer Arbeit auf eine bestimmte «konservative» Weise zu vermitteln, weil sie Intuitionen eher negativ bewertet oder weil eine besondere Situation große Präzision verlangt.

Gültigkeit und Genauigkeit sind die einzigen Kriterien für die Qualität einer Intuition, obwohl auch Beständigkeit eine gewisse Rolle bei der Bewertung spielt. Denn die Intuition mancher Leute ist höchst sprunghaft – das eine Mal treffen sie genau ins Schwarze, während sie beim nächsten Mal wieder meilenweit danebenliegen.

Ganz wichtig für die Qualität einer Intuition ist, daß man den eigenen entsprechenden Fähigkeiten vertraut. Wer zum Beispiel in einen Kreis gerät, der intuitives Denken und Handeln schätzt, könnte daraufhin beginnen, seinen intuitiven Anlagen freieren Lauf zu lassen – und auf diese Weise mit der Zeit auch die Qualität seiner Intuition verbessern.

Psychiater haben entdeckt, daß der Glaube an etwas und der Wille zu etwas die Leistung eines Menschen entscheidend beeinflussen. Russell Targ und Harold Puthoff vom Stanford Research Institute führten mit anerkannten Medien Experimente durch hinsichtlich des Sehens über große Entfernungen hinweg. Dabei wollten sie auch herausfinden, wie normale Menschen im Vergleich zu den Medien reagieren. Es stellte sich heraus, daß nichtmedial veranlagte Personen sich nach kurzer Zeit genauso verhielten wie medial begabte. «Wichtig schien dabei die grundsätzliche Bereitschaft und Aufgeschlossenheit gegenüber dem Versuch, einige der schwachen, bildhaften Vorstellungen und Ahnungen genauer zu erforschen, die ganz plötzlich in unserem Geist auftauchen und die wir normalerweise als Hirngespinste oder als unwichtig abtun.»

Da es keinen definitiven Weg gibt, die Qualität einer Intuition zu bewerten, könnte ein gewisser Stil ein akzeptabler Maßstab sein, ebenso wie das Vertrauen, das man in die eigene Intuition setzt.

Intuition – angeboren oder anerzogen?

Bestimmte Typen oder Gruppen von Menschen werden oft für außergewöhnlich intuitiv gehalten: Frauen, Menschen aus Ländern mit dezidiert spiritueller Tradition und Angehörige nichtindustrieller Kulturen. Man könnte daher der Ansicht sein, es gäbe angeborene Unterschiede im Hinblick auf mentale Fähigkeiten. Genausogut könnte es aber ein kulturspezifisches Phänomen sein, das heißt eine Frage von Umwelt und Erziehung, denn wenn etwas positiv bewertet und entsprechend gefördert wird, entwickelt es sich natürlich auch stärker. Mir scheint die letztgenannte Theorie daher am plausibelsten. Bei uns ist es doch so, daß intuitive Menschen relativ machtlos, um nicht zu sagen unterdrückt sind, und sie werden oft behandelt wie – Kinder, die ja auch als besonders intuitiv gelten.

Das ist so, weil in unseren Breiten nach wie vor der rationale Empirismus bestimmt, wie man zu denken hat, und wer nicht diesem Schema gemäß handelt, wird als unterlegen oder minderwertig betrachtet – es sei denn, es handelt sich um die berühmte «weibliche Intuition», die sozusagen geschlechtsspezifische Variante der Intuition.

Nick und Nora lernen auf einer Party einige neue Leute kennen. Auf dem Heimweg sagt Nick: «Die Carters sind sehr nett, findest du nicht auch?»

«Sicher», meint Nora darauf. «Aber ihre Ehe scheint nicht ganz in Ordnung zu sein.»

«Unsinn, die beiden sind große Klasse. Vielleicht sollte ich mit Carter irgendwie ins Geschäft kommen.»

«Ich würde ihm nicht trauen», warnt Nora.

Später stellt sich heraus, daß sie in jeder Beziehung recht hatte. Durch solche und ähnliche Erfahrungen wird der uralte Mythos von der weiblichen Intuition weiter verstärkt.

Die Worte *weiblich* und *intuitiv* stehen oft als Definition unter dem alten taoistischen Symbol von *Yin,* das das Weiche, Nachgiebige, Rezeptive, Passive, die Innenseite der Natur repräsentiert. Unter dem Zeichen *Yang* für die harte, dynamische, aktive und dominierende Seite findet man die Worte *männlich* und *logisch.* Damit versucht man, dieser Etikettierung Authentizität zu verleihen, gibt ihr die Weihe von Alter, Würde und kosmischer Ordnung. Und tatsächlich besitzt die Intuition etwas Yin-Ähnliches. Sind also Frauen wirklich intuitiver als Männer? Und wenn – ist das biologisch determiniert oder kulturell erworben?

Diese Fragen lassen sich in gewisser Weise einfach nicht beantworten, weil Intuition so schwer zu messen ist. Was den Stil angeht, so wurden bei einigen Untersuchungen zum Thema «Lösung von Problemen» Frauen als intuitiver befunden, bei anderen machten dagegen die Männer das Rennen. Werfen wir daher zunächst einen Blick auf andere geschlechtsspezifische Leistungs- und Verhaltensunterschiede; vielleicht bringt uns das auch in Sachen Intuition weiter.

Einige Forschungsergebnisse weisen darauf hin, daß

Männer besser räumlich sehen können – beim Lesen von Landkarten, beim Zurechtfinden in Labyrinthen, beim Einschätzen dreidimensionaler Objekte – und daß sie bei mathematischen Berechnungen besser abschneiden, vor allem wenn es, wie in der Geometrie, um räumliche Organisation geht. Beim Lösen von Problemen sind Männer konzentrierter und weniger von situationsbedingten Variablen abhängig. Im Gegensatz dazu verlieren Frauen nicht so rasch den Gesamtzusammenhang aus den Augen. Sie greifen auch Informationen auf, die keine unmittelbare Beziehung zur gestellten Aufgabe haben. Sie verarbeiten Informationen schneller, begreifen nichtverbale Informationen leichter, sind sensibler im Erfassen von Mimikveränderungen und haben ein besseres Gespür für selbst geringe Modifikationen von Klängen und Düften.

Wenn, wie das Beweismaterial erkennen läßt, Frauen empfänglicher sind für periphere und unterbewußte Informationen, dann erwerben sie vielleicht auch mehr von dem Rohstoff, aus dem der Geist intuitive Erkenntnisse fabriziert. Die männliche Ausrichtung auf materielle Objekte, die schon in der frühen Kindheit zu beginnen scheint, könnte den Mann für einen rationalen, quantitativen Stil des Denkens prädisponieren. Das mag auch die vorhin erwähnte Party-Szene erklären. Intuitiv registrierte Nora subtile Hinweise, die Nick nicht einmal im Unterbewußtsein mitbekam.

Diese geschlechtsspezifischen Unterschiede sind jedoch eher gering, und vor allem entsprachen sie, statistisch gesehen, nur einem *Durchschnitt.* Im Durchschnitt schneiden Männer bei Tests besser in Mathematik, Frauen besser in Fremdsprachen ab, um ein weiteres Beispiel zu nennen. Aber damit ist natürlich nicht gesagt, daß alle Männer in Mathematik besser sind als alle Frauen, oder umgekehrt alle Frauen besser Fremdsprachen beherrschen als alle Männer, ebensowenig wie alle Männer größer gewachsen sind als alle Frauen. Außerdem sind die individuellen Unterschiede von Frau zu Frau bzw. von Mann zu Mann größer als die Unterschiede *zwischen* den Geschlechtern. Insgesamt liefern Verhaltenstests keine Beweise für höhere weibliche Intuition, bestenfalls eine Teilerklärung, *falls* das Phänomen überhaupt existieren sollte.

Niemand weiß, ob Verhaltensunterschiede zwischen den Geschlechtern naturbedingt oder anerzogen sind. Die Kontroverse darüber ist heftig und polemisch, wobei die Objektivität oft bestimmten politischen Zielen zum Opfer fällt. Zur Zeit dominiert noch die Ansicht, daß diese Unterschiede auf gesellschaftliche Konditionierung zurückzuführen sind. Wissenschaftler, die auf gegenteilige Indizien stoßen, riskieren, als Sexisten gebrandmarkt zu werden.

Da so wenig Beweismaterial vorliegt, wird das Problem wohl ein Dauerbrenner bleiben und vielleicht nicht eher gelöst werden als die Frage, ob das Huhn oder das Ei zuerst da war. Einige Forscher vermuten strukturelle Unterschiede zwischen dem männlichen und dem weiblichen Gehirn; doch auch dafür gibt es keine schlüssigen Belege.

Aber was ist nun mit den beiden Gehirnhälften? Der Versuch, in populärwissenschaftlichen Berichten über geschlechtsspezifische Unterschiede im Zusammenhang mit den Gehirnhemisphären Hilfe zu finden, kann nur in völliger Ratlosigkeit enden. Ich habe gelesen, bei Männern dominiere die linke und bei Frauen die rechte Gehirnhälfte, weil die Ratio überwiegend eine Funktion der linken, das Fühlen eine der rechten Seite sei. Doch habe ich auch das Gegenteil gelesen: Frauen seien linksseitig orientiert, weil sie sich vor allem durch Sprachfertigkeit auszeichnen, die in der linken Gehirnhälfte lokalisiert wird, während Männer aufgrund ihrer überlegenen räumlichen Wahrnehmung rechtsseitig orientiert seien. Auf eine entsprechende Frage reagierte der bekannte Biopsychologe Jerre Levy konsterniert. «Die Vorstellung, daß Mann und Frau jeweils nur eine Seite des Gehirns nutzen, ist töricht», sagte er. «Sie wird durch nichts belegt, auch nicht durch psychologische Daten.»

Bei beiden Geschlechtern weisen die Gehirnhälften die üblichen Funktionsunterschiede auf, doch neigen Männer dazu, sich stärker zu spezialisieren. Frauen können anscheinend leichter von der einen zur anderen Seite umschalten und lassen wahrscheinlich eher als Männer beide Seiten dieselben Aufgaben erledigen. Gehört, wie ich annehme, zur Intuition eine Art Synchronisierung der Hemisphären, könnte das die Vermutung stützen, Frauen seien intuitiver. Aber es ist eben nur eine *Vermutung;* und wenn es wirklich geschlechtsspezifische Unterschiede bei der Nutzung der Gehirnhälfte gibt, kann die Ursache dafür ohne weiteres soziokulturell bedingt sein – das heißt, der Gebrauch der Hemisphäre könnte von der jeweiligen gesellschaftlichen Rolle des einzelnen bestimmt werden.

Vielleicht sind Männer und Frauen gleichermaßen intuitiv, nur haben wir einfach «gelernt», es sei anders. Die traditionelle Mutterrolle «zwingt» eine Frau praktisch zu Sensibilität und Einfühlungsvermögen. Sie muß erkennen, ob jemand aufrichtig ist oder nicht, ob jemand krank ist, Angst hat, besorgt oder ärgerlich ist, um das menschlich Richtige und der Situation Angemessene zu tun. Wie Experten auf anderen Sachgebieten entwickeln sie vielleicht besonderen Scharfsinn für ihre Angelegenheiten und lernen, ohne langes Überlegen adäquat zu reagieren. Andererseits lernen Männer von klein auf, mit technischen Geräten und mathematischen Formeln umzugehen. Natürlich müssen auch sie eine gewisse Menschenkenntnis besitzen, aber meist nur im Zusammenhang mit pragmatischen Aufgaben. Zum traditionellen Bereich der Frau gehören die Gefühle und damit das intuitive Entscheiden, Urteilen und Planen. Wenn ein Manager anordnet: «Kaufen!», oder ein Innenarchitekt plötzlich eine großartige Idee hat, wie man in einer Küche mehr Platz schaffen kann, dann wird das von vornherein einer anderen Kategorie zugeordnet. Männer können genauso intuitiv sein wie Frauen; doch läßt sich ein großer Teil ihrer Intuitionen als Verstandesleistung erklären.

Die Situation wird noch durch kulturbedingte Ansichten kompliziert, die es den meisten Männern als wünschenswert erscheinen lassen, wenn man sie für «logisch denkend» hält. Intuition wird irgendwie mit Gefühlsbetontheit, Phantasie, Weltferne und – eben Weiblichkeit in Verbindung gebracht. Ein Mann jedoch, zumal einer, der beruflich ganz nach oben kommen will, muß objektiv und nur ja nicht gefühlsbetont sein. Männer lernen, logisch zu argumentieren, weil das zum anerkannten maskulinen Wertekanon gehört, von Eltern und Lehrern gefördert wird, und weil ihre traditionellen Aufgaben in der Gesellschaft eine gehörige Portion Rationalität erfordern.

Vielleicht sind Frauen sogar aufgrund ihrer Erziehung zu Geduld und Passivität besonders empfänglich für Intuition, denn ein für «Eingebungen» aufgeschlossener Geist ist schließlich die erste Voraussetzung für jedes «Gespür». Und außerdem gelten «Gefühle» auf jedem Gebiet ja als ausgesprochen «weiblich» und können entwickelt werden, ohne mit dem traditionellen Frauenbild zu kollidieren. Solange sie nicht in bis dato männliche Domänen eindringen, sind Frauen möglicherweise einfach weniger motiviert, sich analytische Fähigkeiten anzueignen, weil sie sie weniger brauchen.

Man könnte aber auch behaupten, Frauen *scheinen* nur intuitiver zu sein, weil sie nicht zögern, sich zu ihrer Intuition zu bekennen, und weil ihre gesellschaftliche Rolle nicht denselben Grad von Rationalität erfordert. Vielleicht sind beide Geschlechter gleichermaßen intuitiv, infolge verschiedener Interessen und Probleme auf verschiedenen Gebieten. Weibliche Intuition kommt vor allem im zwischenmenschlichen Bereich zum Tragen, und da heute die Rollenverteilung zwischen den Geschlechtern nicht mehr so starr ist, werden die offensichtlichen Unterschiede vermutlich geringer. Untersuchungen der Psychologin Judith Hall haben ergeben, daß Frauen nichtverbale Signale wie Mimik und Gestik genauer interpretieren als Männer. Doch zeigten sich fortschrittlich denkende Männer erfolgreicher bei dem Test als konservative, und konservative Frauen waren erfolgreicher als ihre emanzipierten Geschlechtsgenossinnen.

Eine Verbeugung vor dem östlichen Denken

Sind Menschen aus dem Osten und aus nichtindustriellen Gesellschaften intuitiver als wir Abendländer? Diese Frage ist genausoschwer zu beantworten wie die nach der dezidiert «weiblichen Intuition», und auch in diesem Fall läuft es wieder auf das Problem angeboren oder kulturell bedingt hinaus. Sind diese Menschen tatsächlich intuitiver, oder scheint es nur so?

Beim Erforschen dieses Aspekts der Frage «Wer ist intuitiv?» müssen wir uns vor Verallgemeinerungen und Stereotypen hüten, denn gerade Begriffe wie «abendländisch geprägt», «rassisch festgelegt» oder «Nationalcharakter» sind mit äußerster Vorsicht zu genießen. Sind Inder intuitiver als Japaner? Afrikaner intuitiver als Südamerikaner? Wenn es schon keine zuverlässige Methode gibt, Intuition beim einzelnen zu messen, dann ist es noch viel schwieriger, ganze Nationalitäten oder Kulturen dem Intuitions-Test zu unterwerfen.

In mancher Hinsicht scheint die Annahme richtig, daß in nichtabendländischen Kulturen die Zahl intuitiver Menschen größer ist, denn diese Kulturen haben per se mehr

Achtung vor den inneren Dimensionen, vor dem Nichtphysischen, der Weisheit der Symbole, vor Träumen und Ritualen, sie sehen in Priestern, Gurus und Schamanen Gefäße göttlicher Weisheit, öffnen sich stärker der Intuition, vertrauen ihr mehr und leben bewußter mit ihr. Auch ihr Lebensstil macht sie für Intuition empfänglicher. Es ist zum Beispiel gar nicht ungewöhnlich, daß indische oder japanische Geschäftsleute bestimmte Zeiten des Tages für eine kurze Meditation reservieren oder sich sogar einmal während ihres Arbeitslebens vorübergehend in ein Kloster zurückziehen. Sie «dürfen» auf ihre innere Stimme hören, weil der rationale Empirismus in ihrem Weltbild keine derart sakrosankte Stellung einnimmt wie bei uns. Darum werden diese Menschen auch ihre eigene Intuition vermutlich weniger manipulieren. Im Orient neigt man eher dazu, die Dinge geschehen zu lassen, das Zusammenwirken des Irdischen und des Göttlichen anzuerkennen und das Unsichtbare zu respektieren.

Intuition gilt ihnen als der einzige Weg zur höchsten Wirklichkeit. Doch auch hier hüte man sich vor Fehleinschätzungen. In einigen östlichen Kulturen nimmt Rationalität einen sehr hohen Stellenwert ein. Schließlich bedarf auch das Spirituelle verbaler und vor allem geistvoller Vermittlung. Es wäre völlig falsch zu glauben, zentrales Moment der östlichen Lehren sei es, man solle den Verstand über Bord werfen. Man soll zwar im Zuge bestimmter spiritueller Praktiken wie etwa der Meditation versuchen, das zielgerichtete, inhaltsbetonte Denken auszuschalten, aber das ist keine Vorschrift für den Alltag. Die Wissenschaftler aus diesen Ländern schätzen logisches Schließen und strenge Analyse ebenso wie ihre Kollegen im Westen. Einzelne Zweige der indischen Philosophie, beispielsweise *nyaya* und *sankhya,* bemühen sich sogar dezidiert um disziplinierte rationale Argumentation.

Und noch eins: Auch wenn Kulturen außerhalb des

Abendlandes von ihrer grundsätzlichen Geisteshaltung her für Intuitionen empfänglicher sein mögen, so folgt daraus nicht zwangsläufig, daß alle Menschen dort intuitiver sind – so wenig wie jemand, der Poesie liebt, deswegen gleich selbst ein guter Dichter ist. So wurde beispielsweise behauptet, einer der großen Vorteile von Japans Wirtschaft sei die Aufgeschlossenheit der dortigen Unternehmensleiter für Intuition – verbunden allerdings mit strikter Ordnungsliebe, Pünktlichkeit und was der «preußischen» Tugenden mehr sind. «Der Erfolg unseres Konzerns beruht auf der Übernahme westlicher Managementmethoden, kombiniert mit den spirituell intuitiven Aspekten des Fernen Ostens«, sagt Shigem Okada, Chef des größten japanischen Kaufhauskonzerns Mitsukoshi.

Weston Agor, dessen Untersuchungen obiges Zitat entnommen ist, verteilte Fragebogen an die Mitglieder der American Society for Public Administration. Er wollte dem «Gehirn-Stil», wie er es nannte, der Befragten auf die Spur kommen – ob sie intuitiv, rational oder integrativ denken. Aus 1679 zurückgesandten Fragebogen ergab sich, daß Manager asiatischer Abstammung mehr Punkte auf der intuitiven und integrativen Skala erzielten, womit allerdings noch nichts über die Qualität ihrer Intuition gesagt ist, sondern nur die Vorliebe für diesen Stil signalisiert wird. Natürlich waren, prozentual gesehen, nur relativ wenige der Manager, die den Fragebogen beantwortet zurückschickten, asiatischer Herkunft, doch scheinen mir die Ergebnisse interessant genug zu sein, um näher studiert zu werden, und man kann nur hoffen, daß demnächst weitere Untersuchungen folgen.

Auch die Behauptung, Kinder seien besonders intuitiv, kann noch keineswegs als gesichert gelten, enthält aber wohl ein Körnchen Wahrheit.

Gewiß, es mag viel Wunschdenken dabeisein – und romantisierende Sehnsucht nach der eigenen Kindheit –, wenn wir Kindern Fähigkeiten und Kräfte zuschreiben, die in Wirklichkeit vielleicht so gar nicht existieren. Viele Menschen glauben, Kinder hätten Zugang zu besonderen und ungewöhnlichen Formen des Erkennens, und selbst ansonsten kluge Köpfe wie zum Beispiel der Biologe und Philosoph Lyall Watson neigen da zu seltsamen Übertreibungen. So schreibt Watson in *Lifetide:* «Jedes fünfjährige Kind weiß alles, was es zu wissen gibt. Sobald die Kinder sechs Jahre alt werden, schicken wir sie in die Schule, und dann setzt die Fäulnis ein.» Jeder, der ein gesundes Mißtrauen hinsichtlich so manchen Irrwegen der Schulbildung hat, weiß, worauf diese Bemerkung abzielt. Doch ist ein solcher Lobgesang auf die «Weisheit der Kindheit» sicher überzogen.

Angesichts der Dichotomie Intuition/Rationalität bleibt festzuhalten, daß Kinder sicher intuitiver sind als Erwachsene, zumal sie die Fähigkeit zu formalem rationalen Denken ja schließlich erst ab einem gewissen Alter erwerben. Die apodiktische, verallgemeinernde Behauptung jedoch, daß Kinder per se intuitiver seien als Erwachsene, ist absurd.

Kognitive Entwicklung ist normalerweise ein Prozeß, in dem die Fähigkeit zu logischem Denken nach und nach entsteht. Einige beklagen, daß dabei angeblich angeborene intuitive Fähigkeiten zerstört werden und uns die Welt der Mythen und der Magie verlorengeht. Andere sehen in der Entwicklung des Menschen zu einem denkenden Wesen das eigentliche Humanum. So auch der bedeutende Schweizer Psychologe Jean Piaget, der sich wie wohl kein zweiter Wissenschaftler um die Erforschung der kognitiven Entwicklung des Menschen verdient gemacht hat. Er hat ihre Komponenten identifiziert, klassifiziert und etikettiert und sie in einen Gesamtzusammenhang gebracht.

Das Modell Piagets unterscheidet vier Stufen kognitiver Entwicklung. Auf der *sensorisch-motorischen* Stufe (von der Geburt bis zum Alter von eineinhalb bis zwei Jahren) leben Kleinkinder instinktiv, ohne bildliche Vorstellungen oder Symbole, ohne sich Vergangenheit und Zukunft bewußt zu sein. Darauf folgt das *prä-operationelle* Stadium (von etwa zwei bis sieben Jahren). In dieser Zeit stehen Symbole, Begriffe und bildliche Vorstellungen für reale Objekte und Geschehnisse; sie können beim Denken in noch recht bescheidenem Umfang verwendet werden. Piaget bedient sich tatsächlich des Wortes *intuitiv,* um diese beiden prä-operationellen Stufen zu beschreiben.

Im Stadium der *konkreten Operationen* (von sieben bis elf oder zwölf Jahren) beginnen die Kinder mit mentalen Konstruktionen. Sie wissen nun, daß die Kategorie «Pferde» umfassender ist als «schwarze Pferde». Das inzwischen weniger egozentrische Kind erkennt, daß es außerhalb seiner selbst Ursachen für beobachtete Geschehnisse gibt. Schließlich, im Stadium der *formalen Operationen* (irgendwann zwischen elf und fünfzehn Jahren), können die Heranwachsenden abstrakte Dinge und Zusammenhänge erfassen, die Gültigkeit einer Behauptung danach bewerten, wie ein Argument aufgebaut ist. Sie können auch über abstrakte Begriffe nachdenken, Hypothesen aufstellen, über das Denken nachdenken und Probleme systematisch lösen, indem sie planen, bevor sie handeln.

In jüngster Vergangenheit wurde Piagets Modell modifiziert, in einigen Punkten widerlegt, in anderen bestätigt.

Neuere Untersuchungen weisen darauf hin, daß Kinder in der prä-operationellen Phase vielleicht schon logischer sind, als Piaget glaubte – sie sind nur nicht in der Lage, was sie denken, auch verbal auszudrücken. Umgekehrt sind Heranwachsende und Erwachsene wahrscheinlich oft weniger logisch, als von Piaget postuliert wird. Untersuchungen in verschiedenen Kulturkreisen deuten außerdem darauf hin, daß das Stadium der formalen Operationen möglicherweise nicht universal ist, sondern ein Produkt unserer spezifischen Schulbildung. Bei aller Brillanz war Piaget eben auch einem rational-empirischen Modell des Geistes verhaftet. Für ihn stellte die Beherrschung formaler Operationen den Endpunkt der geistigen Entwicklung dar. Sein Werk hat keinen Platz für höhere Bewußtseinszustände, ebensowenig für die Möglichkeit, intuitive Fähigkeiten zu entwickeln.

Wie bei allen bisher diskutierten Fragen müssen wir uns auch in diesem Fall vor extremen Dichotomien hüten. Wir sehen formale Logik und nehmen daher das Fehlen von Intuition an; wir sehen das Fehlen formaler Logik und schließen daraus auf das Vorhandensein von Intuition. Sicherlich nutzen Erwachsene den Verstand mehr, als Kinder es tun, doch schließt das ein Vorhandensein von Intuition nicht aus. Schließlich ist Intuition ein integraler Teil des Denkens. Tatsächlich lassen sich einige Talente, die Piaget und andere zu den formalen Operationen zählen – Aufstellen von Hypothesen, Vorstellen neuer Möglichkeiten –, sehr gut auch auf Intuition zurückführen.

Die Betonung formalen Denkens während einer bestimmten Lebensspanne mag vielleicht den intuitiven Geist überschatten und/oder seine Entwicklung verzögern, kann ihn jedoch nicht ausschalten. Die Fähigkeit zur Intuition wächst weiter, wenn auch nicht zu ihrem vollen Potential – was ja die Rationalität ebenfalls nicht unbedingt tut. Formale Operationen können sogar als Unterstützung der Intuition fungieren, indem sie zusätzliche Informationen liefern, breitere Anwendungs- und Überprüfungsmöglichkeiten eröffnen. Die Intuition des Kindes beruht auf groben Sinneseindrücken und rudimentären bildhaften Vorstellungen und Symbolen. Es stimmt schon, daß ihre oft erstaunlich einsichtig wirkenden Gedankensprünge uns verblüffen, aber nur, weil sie von *Kindern* kommen. Eine lebhafte Einbildungskraft und einen gewissen Scharfsinn auf die Ebene der Weisheit zu heben wird weder Kindern noch Erwachsenen gerecht. Das ist so, als wolle man die Malprodukte von Kindern, die vergnügt mit Farben um sich gespritzt haben, den Werken Picassos gleichstellen.

Einige Autoren behaupten, intuitive Erkenntnis und unprogrammierte Wahrnehmungen von Kindern seien den entsprechenden Erfahrungen von Heiligen und Yogis vergleichbar. Schließlich sei die Kindheit ein Zustand des Einsseins mit der Umwelt und des Fehlens von Ich-Bewußtsein. Das klingt nach Transzendenz. Doch ist die Verwechslung kindlichen Bewußtseins mit kosmischem Bewußtsein tatsächlich eine Form dessen, was Ken Wilber, Autor von *The Atman Project* und Herausgeber der wissenschaftlichen Zeitschrift *Re-Vision,* einen «Prä/Trans-Trugschluß» nennt. Laut Wilber ist die Kindheit «die Zeit der Prä-Subjekt/Objekt-Unterscheidung, was bedeutet, daß das Kleinkind das Subjekt nicht vom Objekt unterscheiden kann. Die mystische Vereinigung dagegen ist Trans-Subjekt/Objekt, was bedeutet, daß sie Subjekt und Objekt transzendiert, während sie sich dieses konventionellen Dualismus durchaus bewußt ist.»

Der Prä/Trans-Trugschluß kann in zwei Richtungen wirksam werden: Er kann entweder der Kindheit den Status eines höheren Bewußtseins verleihen oder höhere Bewußtseinszustände als einen Zustand infantiler Regression herabwürdigen. Beide Fehldeutungen versäumen es, die Evolution des Bewußtseins in Betracht zu ziehen; Erleuchtung ist nicht einfach ein Wiedererlangen der Weisheit der Kindheit, sondern ein noch zu erreichendes Ziel, in dessen Richtung wir uns fortentwickeln.

Und doch ist etwas wahr an der Behauptung, daß die Intuition beim Erwachsenen an Gewicht verliert. Unsere herkömmlichen Erziehungsmethoden unterdrücken unsere intuitiven Fähigkeiten, darauf haben sogar viele Erzieher selbst hingewiesen. Man fordert dort nicht nur unerbittlich systematisches und logisches Denken, man ignoriert die Intuition, ja macht sie lächerlich. Wir sagen unseren Kindern auf die verschiedenste Weise, daß unsere innere Stimme nicht wert sei, gehört zu werden. Kinder besitzen ein intuitives Potential und – bis wir dazwischenpfuschen – gewisse natürliche Eigenschaften, die der Intuition behiflich sein können: Neugier, Aufgeschlossenheit und die Fähigkeit zu staunen. Kinder haben deshalb eine natürliche Art, sich der Erfahrung hinzugeben, und sind nicht durch den Zwang gehemmt, recht haben zu müssen. Diese Eigenschaften sind es wert, neu entdeckt und entwickelt zu werden, denn sie öffnen den Geist für Intuition und außerrationale Einsichten. In diesem Sinne würde es uns allen guttun, etwas kindlicher zu werden.

Die intuitive Persönlichkeit

Von allen einflußreichen Theoretikern der modernen Psychologie scheint C. G. Jung die Intuition am meisten ernst genommen zu haben. Für ihn war sie weder Sinneswahrnehmung noch Gefühl, noch intellektuelle Schlußfolgerung, obwohl sie auch in diesen Formen auftreten kann. Jung sagte, in einer Intuition präsentiere sich ein Inhalt ganz und vollständig, ohne daß wir erklären können, wie das geschieht. Intuition sei eine Art instinktives Begreifen.

Nach Jungs Theorie der psychologischen Typen lassen sich Persönlichkeit und Verhalten aufgrund folgender vier Funktionen definieren: Denken, Fühlen, Sinneswahrnehmungen und Intuition. Diese Funktionen werden dann in je zwei Gegensatzpaare aufgeteilt, mit Denken und Fühlen auf der einen Achse, Sinneswahrnehmungen und Intuition auf der anderen. Wir müssen übrigens darauf achten, daß wir die Terminologie von Jung nicht mit unserem alltäglichen Verständnis dieser Begriffe verwechseln. Normalerweise betrachten wir vielleicht Intuition und Denken als Gegensatz und verbinden Fühlen mit irgendeiner unserer Sinneswahrnehmungen, etwa Berühren, oder mit Intuition, wie in der Redewendung «Ich hab so ein Gefühl . . .». Um Jungs Modell zu begreifen, muß man auch seine Definitionen der Begriffe berücksichtigen. So versteht Jung unter Sinneswahrnehmungen alle Wahrnehmungen, vermittelt durch die Sinnesorgane; Denken entspricht bei ihm dem rein intellektuellen Erkennen und logischen Schlußfolgern; Gefühl ist für ihn eine Form subjektiver Bewertung; Intuition begreift er als Wahrnehmung durch das Unbewußte oder Wahrnehmen unbewußter Inhalte.

Diese vier Funktionen sind bei einem Menschen selten gleichmäßig vertreten, sondern wir tendieren grundsätzlich mehr nach der einen oder der anderen Seite hin. Eine bestimmte Richtung unserer Veranlagung ist höchstwahrscheinlich genetisch determiniert, und durch die dann logischerweise entsprechend häufige Anwendung der vorgegebenen Muster werden diese noch verstärkt. In dem von Jung gezogenen Rahmen findet jeder von uns an einem bestimmten Punkt auf jeder Achse und in einem der vier Quadranten seinen Platz (siehe Abb. 1).

Für die Anhänger von C. G. Jung sind Wahrnehmen und Intuition *Wahrnehmungsfunktionen*, Denken und Fühlen *beurteilende Funktionen*. Die Wahrnehmung bestimmt, was wir wissen; das Urteil bestimmt, was wir mit dem

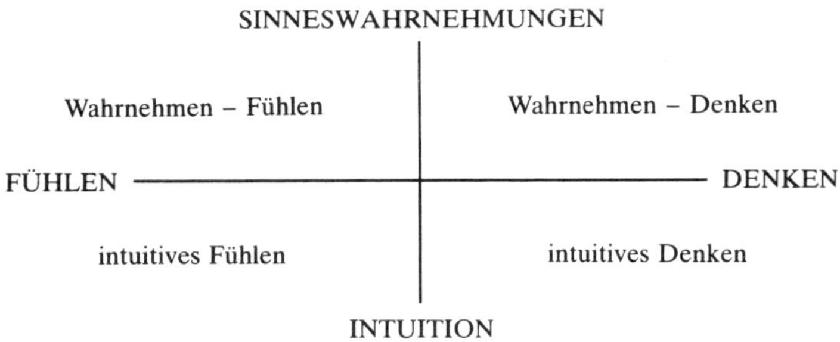

Abb. 1 Psychologische Typen (nach C. G. Jung)

Wissen anfangen. Auf der Achse der Sinneswahrnehmung nehmen wir die Dinge so wahr, wie sie uns erscheinen, wir sammeln Fakten und Informationen von außen. Die Intuition dagegen liefert Informationen von innen; sie erfaßt über das äußere Erscheinungsbild hinaus die inneren Bedeutungen, Zusammenhänge und Möglichkeiten.

Robert Hanson, ein Psychologe aus der Jungschen Schule, nennt jene, die sich vor allem auf Sinneswahrnehmungen stützen, «Experten der Beobachtung; sie neigen dazu, sehr praktisch und realistisch zu sein, ein gutes Gedächtnis zu haben und mit Objekten und Fakten zu arbeiten, also mit Werkzeugen, Maschinen, Daten, Mengen.» Ein solcher Mensch lebt ganz im Hier und Jetzt. Im Gegensatz dazu neigt laut Hanson die intuitive Person dazu, verschiedene Möglichkeiten, Bedeutungen und Zusammenhänge der Dinge wahrzunehmen. Wer mit Intuition begabt ist, besitzt eine starke Einbildungskraft, hat ständig neue Ideen, fühlt sich von diesem oder jenem inspiriert und genießt es, ungewohnte Probleme und bisher ungelöste Fragen anzupacken.

Wer vor allem auf seinen Verstand und seine Sinneswahrnehmungen setzt, der konzentriert sich auf praktische, konkrete und greifbare Wirklichkeiten, neigt vorgegebenen Methoden zu und fühlt sich nicht wohl, wenn er es mit komplexen und mehrdeutigen Sachverhalten zu tun hat. Im Gegensatz dazu wird der Intuitive von abstrakten Ideen und nicht so leicht durchschaubaren Zusammenhängen zwischen Dingen oder Begriffen angezogen. Er erledigt seine Aufgabe gern auf seine ganz persönliche Weise und interessiert sich für alles Unbekannte, nicht so leicht Durchschaubare und Neuartige.

Die beiden Wahrnehmungsfunktionen gehen Hand in Hand mit den Beurteilungsfunktionen – Denken und Fühlen –, die beide laut Jungscher Terminologie überlegte und bewußte Wege der Entscheidungsfindung sind. Wiederum verwendet Jung den Begriff «Fühlen» in besonderer Weise, nämlich im Sinne von «bewerten» – etwas ist angenehm oder unangenehm, gut oder schlecht, schön oder häßlich. Gefühls-Typen fällen Entscheidungen aufgrund persönlicher, subjektiver Faktoren – welches Gefühl sie angesichts einer Sache haben. Denk-Typen handeln dagegen logisch und objektiv. Isabel Briggs Myers, eine führende Vertreterin der Jungschen Psychologie, schrieb in diesem Zusammenhang: «Konzentriert sich jemand bei der Beurteilung dieser Ideen auf die Frage, ob sie richtig oder falsch sind, dann ist dies ein Denk-Urteil; überlegt er aber zuerst, ob ihm die Sache nun gefällt oder nicht, ob ihm die betreffenden Vorstellungen sympathisch sind oder anderen von ihm akzeptierten Ideen zuwiderlaufen, dann ist das ein Gefühls-Urteil.»

Im Rahmen dieses Modells pflegt ein intuitiver Mensch zuerst etwas intuitiv zu erkennen, um es dann zu beurteilen, und zwar entweder durch methodisch-rationales Vorgehen, wobei er nach Fakten und verifizierbaren Informationen Ausschau hält und sie objektiv durchdenkt (der *denkende* Typ); oder aber er handelt spontan, subjektiv und vielleicht sogar emotional, je nach seinen persönlichen Neigungen und Abneigungen (der *fühlende* Typ). Ersterer wäre dann ein intuitiver Denker, der seine Wertungen mit dem Verstand vornimmt; der andere wäre ein intuitiver Gefühlsmensch, der mit dem Herzen bewertet. Der erste würde ein einfallsreicher Problemlöser sein, der zweite ein inspirierter Lehrer oder Psychologe. Der erstgenannte Typ ist an Ideen und Wahrheiten interessiert, der zweite kümmert sich mehr um Menschen und innere Werte.

Jungianer haben dieses Typenmodell in einer ganzen Reihe von Szenarien benutzt. Vor über zwanzig Jahren entwarf Isabel Briggs Myers den sogenannten Myers-Briggs Type Indicator (MBTI), ein Instrumentarium zur Klassifizierung von Personen entsprechend der Jungschen Typenlehre. Dieser Indikator, der ziemlich kompliziert wirkt, zumal die vier Funktionen noch weiter unterteilt werden, sowie andere von ihm abgeleitete Schemata werden seither im Geschäftsleben, von Beratungsbüros und Erziehungseinrichtungen als Entscheidungshilfen eingesetzt. Die Firma Hanson, Silver & Associates hat ein Learning Preference Inventory («Fragebogen über Lernpräferenzen») entworfen, um den bevorzugten Lernstil eines Menschen herauszufinden. Dieser Fragebogen, der im Unterricht verwendet wird, um die Lehrmethoden den individuellen Unterschieden zwischen den Lernenden anzupassen, umfaßt 36 Items. Hier zwei davon als Beispiele:

Ich bevorzuge Fragen, die von mir fordern:
originelle Ideen zu entwickeln.
die Zusammenhänge zwischen bestimmten Vorstellungen zu erklären.
die richtige Antwort unter mehreren herauszufinden.
zu sagen, was ich gefühlsmäßig von einer Sache halte.

Wenn ich vor einer schwierigen Aufgabe stehe, möchte ich gern:

mit anderen sprechen, um dann zu entscheiden, was getan werden muß.

daß man mir genau sagt, was zu tun ist.

das Ganze alleine durchdenken, ehe jemand anders es mir zu erklären versucht.

neue oder andere Wege suchen, um die Aufgabe zu erledigen.

Nach Beantwortung aller 36 Items kann der Auswerter des Fragebogens den jeweiligen Probanden dann in einem der vier Jungschen Quadranten unterbringen. Im Hanson-Silver-Handbuch gilt ein intuitiver Gefühlsmensch als neugierig, verständnisvoll, phantasiebegabt und kreativ; er ist jemand, der zu träumen wagt, sich zu seinen Wertvorstellungen bekennt, für Alternativen offen ist und ständig nach ungewöhnlichen Wegen sucht, sich selbst auszudrükken. Intuitive Gefühlsmenschen werden durch ihr Interesse an den Dingen motiviert, sind für Schönheit empfänglich und innerlich unabhängig. Komplexität einer Sache schreckt sie nicht, sie vertrauen auf ihre Erkenntnis, ziehen es vor, produktive Umwege zu gehen und ungewöhnliche Wege zur Lösung von Problemen einzuschlagen. Flexibel, anpassungsfähig, nur scheinbar zerstreut und chaotisch, arbeiten sie vorzugsweise selbständig, mit möglichst wenigen Anweisungen von außen. Ihre ungewöhnlichen, einzigartigen und einfallsreichen Reaktionen haben über die unmittelbar vor der Nase liegenden Fakten hinaus stets den gesamten Kontext im Auge. Doch sind intuitive Gefühlsmenschen gelegentlich unrealistisch und nicht imstande, zu planen oder zu organisieren; manchmal sind sie von einer Sache so begeistert, daß sie mehr Projekte anfangen, als sie vollenden können.

Obwohl die intuitiven Denker vieles mit den intuitiven

Gefühlsmenschen gemeinsam haben, sind sie stärker theoretisch und intellektuell ausgerichtet. Ihr Urteil ist in der Regel analytischer, logischer, kritischer und objektiver. Sie können besser organisieren und arbeiten systematischer als die intuitiven Gefühlsmenschen. Bevor sie etwas in Angriff nehmen, pflegen sie erst zu planen und alles genau zu durchdenken. Sie diskutieren gerne – streng logisch argumentierend – und spielen mit Vorliebe den Advocatus Diaboli. Ihr Hauptinteresse gilt mehr dem Gesamtkonzept als dem Detail. Auch dieser Typ hat natürlich seine Schwächen: Er kann übermäßig kritisch sein, wenig Sinn für Gefühle haben, bei Meinungsverschiedenheiten intolerant werden und bei Unterhaltungen das Gespräch an sich reißen.

Auf den ersten Blick scheint der intuitive Denker nicht besonders intuitiv zu sein. Doch das täuscht. Gewiß mag der eine mehr Intuition bei sich zulassen als der andere, auf jeden Fall ist er deutlich zu unterscheiden von dem Typ, der ganz auf Sinneswahrnehmungen und vordergründige Ratio setzt, auf Systematik und konkrete, programmierte Bedingungen, auf Zahlen, Details und Fakten. Nimmt man die Fühlen/Denken-Dimension hinzu, dann läßt sich das Jungsche Modell durch weitere Unterteilung der intuitiven Typen noch ausweiten.

Natürlich muß man auch Jungs Schema – wie den meisten psychologischen Tests – mit Vorbehalt begegnen. Es handelt sich da um Selbsteinschätzungen, die höchstens Hinweise auf Neigungen und Beobachtungen unseres eigenen Verhaltens geben, zumal in «Fragebogen-Situationen» aus ganz verschiedenen Gründen oft anders reagiert wird als im täglichen Leben. Außerdem sagt uns das Jungsche Modell nur etwas über den *Stil,* nichts jedoch über die *Qualität* der Intuition eines Menschen, außer daß intuitive Menschen dazu neigen, ihre Intuition zu nutzen und deshalb auch weiterzuentwickeln.

Mit der gebotenen Vorsicht eingesetzt, können die Jungschen Tests jedoch einiges zu einem besseren Selbstverständnis beitragen. Man kann sie bei der Berufswahl, der Zuteilung von Jobs, der Einstellung von Personal sowie im Rahmen von Lehrgängen anwenden. Es kann dadurch jemand seine Vorliebe für intuitives Vorgehen entdecken und erkennen, daß er diese Neigung bisher verdrängt hat, aus welchem Grund auch immer.

Inzwischen wurde eine Vielzahl weiterer, verschiedenen Situationen und Problemstellungen entsprechende Fragebogen entworfen bzw. der MBTI mit anderen Daten verbunden. Auch Weston Agor hat MBTI-Fragen in seinem neuesten Buch *Intuitives Management* verwendet.

Westcotts Skala für intuitive Problemlösungen

Die umfassendste empirische Forschungsarbeit zum Thema Intuition wurde von Malcolm Westcott mit einer Untersuchungsreihe durchgeführt, die ein ganzes Jahrzehnt umspannte und in den späten 1960er Jahren beendet wurde. Westcott, der zur Zeit an der York University in Toronto lehrt, versuchte, intuitive Menschen nicht nur durch ihren Verhaltensstil zu definieren, sondern auch durch ihre tatsächliche Leistung. Um die entsprechenden Daten zu gewinnen, benutzte er standardisierte Persönlichkeitstests.

Er ließ seine Versuchspersonen Probleme lösen, die unter anderem verbale und numerische Reihen und Analogien umfaßten. Für jedes Problem gab es nur eine einzige richtige Antwort, die für den, der über sämtliche Hinweise verfügte, deutlich erkennbar war. Der Proband mußte etwa die fehlende Verhältniszahl einsetzen – 16:?. Um ihm auf die Sprünge zu helfen, wurden auf Verlangen – in der angegebenen Reihenfolge – diese Beispiele genannt: 4:2,

9:3, 25:5, 100:10, 64:8. Die Antwort auf 16:? lautet natürlich 4.

Westcott interessierte sich dabei vor allem für zwei Dinge: 1. Wie viele Hinweise braucht der Proband, bevor er in der Lage ist, eine verbindliche Antwort zu geben? 2. Wie richtig sind seine Schlußfolgerungen? Nach den gleichen Maßstäben beurteilen wir im allgemeinen intuitive Menschen, sagt Westcott. Danach gelten jene als intuitiv, die schneller zu konkreten Schlußfolgerungen gelangen als normalerweise erwartet werden kann. Aufgrund seiner Testergebnisse bei elf Untersuchungen teilte Westcott seine 1097 Versuchspersonen (197 Männer und 900 Frauen, alles Studenten) in folgende vier Gruppen ein:

1. Intuitive Denker; wenige Informationen, sehr erfolgreich beim Finden von Lösungen.
2. Wilde Rater; wenige Informationen, aber meist erfolglos.
3. Vorsichtige Erfolgreiche; sehr viele Informationen und höchst erfolgreich.
4. Vorsichtige Versager; erfolglos trotz sehr vieler Informationen.

Durch Anwendung einer Vielzahl ganz verschiedener Persönlichkeitstests und Interview-Schemata fanden Westcott und seine Mitarbeiter heraus, daß intuitive Menschen zu folgendem neigen:

> Sie sind unkonventionell und fühlen sich wohl dabei; sie haben Selbstvertrauen (bei den Tests waren sie sich ihrer Antworten von vornherein sicherer als die Probanden, die zusätzliche Hinweise erbaten);
> sie sind selbständig (ihre Identität beruht nicht auf der Zugehörigkeit zu einer bestimmten gesellschaftlichen Gruppe);

sie sind bei abstrakten Problemen emotional beteiligt, sowohl hinsichtlich intellektueller Inhalte als auch in bezug auf menschliche Werte;
sie sind bereit, Unbekanntes zu erforschen, und haben keine Angst vor Zweifeln;
sie sind bereit, sich Kritik und Herausforderungen zu stellen, Kritik anzunehmen oder, wenn notwendig, Kritik zurückzuweisen;
sie sind gewillt, andere, neue Wege einzuschlagen, wenn sie es für richtig halten;
sie sind nicht außengelenkt;
sie sind innerlich unabhängig, vorausschauend und spontan.

Es gab eindeutige Persönlichkeitsunterschiede zwischen intuitiven Menschen und Leuten, die einfach raten, obwohl beide Gruppen einen intuitiven Stil zu haben scheinen, da sie wenige Hinweise erbaten. Die wilden Rater – die beim Problemlösen nicht gut abschnitten – waren egozentrisch, zynisch und in hohem Maße anfällig für körperliche und emotionale Störungen. Eine klare Unterscheidung zeigte sich auch zwischen intuitiven Denkern und den vorsichtig Erfolgreichen, die zwar richtige Antworten gaben, jedoch sehr viele Informationen dafür benötigten. Die Letztgenannten zeichneten sich aus durch ihre Vorliebe für Ordnung, Gewißheit, Kontrolle und Autoritätsgläubigkeit. Da sie konservativer sind, funktionierten sie am besten in Situationen, in denen die Erwartungen klar vorgezeichnet waren. Diese Unterschiede entsprechen der üblichen Unterscheidung zwischen intuitiven und rationalen Stilen.

Die Ergebnisse der Untersuchungen von Westcott darf man allerdings nur mit großer Vorsicht verallgemeinern. Seine Versuchspersonen in höchst künstlichen Situationen – eben unter «Laborbedingungen» – waren Studenten ohne größere Motivation. Außerdem testete Westcott nur eine bestimmte Form der Intuition – wenn das tatsächlich *Intuition* war. Sie ist jedoch kaum vergleichbar jener Intuition, die innovativen Durchbrüchen, kreativer Inspiration, einschneidenden persönlichen Erkenntnissen oder spiritueller Erleuchtung assoziiert ist. Auch war die ganze Anordnung der Tests ausgesprochen wirklichkeitsfremd: Für jedes Problem gab es nur eine richtige Antwort, die für die Probleme und ihre Lösung benötigten Hilfen waren klar definiert, und die Antworten hätte man auch durch reine Deduktion finden können.

Die aus Westcotts Untersuchungen resultierenden Persönlichkeitsbilder sind in seinem Buch *Toward a Contemporary Psychology of Intuition* dokumentiert. Sie entsprechen trotz der angeführten methodischen Mängel ziemlich genau den Daten, die C. G. Jung über den intuitiven Typ erarbeitet hat, dessen charakteristische Kennzeichen sind: Selbstsicherheit, stark motivierter Nonkonformismus, die Fähigkeit, Komplexität, Wandel und Ungewißheit tolerieren und auch ertragen zu können, mal töricht zu erscheinen oder Unrecht zu haben.

Auf die Frage «Wer ist intuitiv?» gibt es nun mal keine leichten Antworten. Bei vorsichtiger Anwendung können die verfügbaren Tests und Persönlichkeitsbilder uns aber helfen, intuitive Menschen zu erkennen. Erfordert eine bestimmte Situation einen intuitiven Ansatz, dann könnten die den herausgearbeiteten Kriterien nach intuitiven Personen hierfür geeigneter sein als andere. Es gibt zwar keine Garantie, jedoch Chancen dafür, daß unabhängige, flexible und zuversichtliche Menschen ihre Intuition besser nutzen als andere. Wahrscheinlich besitzen sie diese Eigenschaften auch deshalb, weil sie einmal gelernt haben, ihrer inneren Stimme zu vertrauen.

Wer diese Eigenschaften nicht besitzt, wird in schwierigen Situationen versuchen, streng regel-gerecht vorzugehen, oder sich an die oft trügerische Sicherheit von Statistiken halten. Er wird wahrscheinlich Probleme auf vereinfachende Weise definieren, Informationen allein aus Quellen einholen, die jedermann zur Verfügung stehen, und nur todsichere, vorhersagbare Wege wählen. Der intuitive Verstand kann so natürlich nicht wirksam funktionieren. Wer jedoch das Unbekannte, Neue genießt oder zumindest toleriert und dazu noch anpassungsfähig und geistig unabhängig ist, wird der eigenen Intuition ausreichend Spielraum zur Entfaltung geben.

Jemand, der intuitiver zu werden wünscht, könnte nun versucht sein, den Stil einer intuitiven Persönlichkeit zu imitieren. Da ist jedoch Vorsicht geboten. Es kann sehr gefährlich sein, äußere Verhaltensweisen zu übernehmen in der Hoffnung, dadurch innerlich verändert zu werden. Der Streß, den der Versuch mit sich bringt, etwas anderes zu sein, als man in Wahrheit ist, kann für Intuition ein größeres Hemmnis darstellen als eingefahrene Verhaltensweisen. Gewisse Aspekte der intuitiven Persönlichkeit und des intuitiven Stils können jedoch ohne größere Schwierigkeiten oder Aufopferung individueller Eigenarten übernommen werden und sich durchaus positiv auf die Entwicklung der Intuition auswirken. Wir werden in Kapitel 8 darauf zurückkommen.

Sind Sie intuitiv?

Bezieht diese Frage sich auf die Qualität der Intuition, dann läßt sie sich nur durch sorgfältige Überprüfung der eigenen Erfahrungen beantworten. Das kann systematisch anhand der in Kapitel 10 beschriebenen Anweisungen geschehen. Zunächst soll jedoch ein Fragebogen Ihnen helfen, Ihren persönlichen *Stil* beim Anpacken von Problemen und Entscheidungen einzuschätzen. In eben dem

Maße, in dem es eine Entsprechung zwischen intuitivem Stil und der Qualität der Intuition gibt, könnte das von Ihnen hier erzielte Ergebnis auch Rückschlüsse auf die Qualität ihrer eigenen Intuition zulassen. Bei jedem der aufgeführten Items wählen Sie jene Antwort, A oder B, die Sie am ehesten als für sich persönlich zutreffend halten.

1. Wenn ich nicht sofort eine Antwort parat habe, neige ich dazu:
   A. mich in Geduld zu fassen.
   B. mich in meiner Haut nicht wohl zu fühlen.
2. Wenn ich mit Unbekanntem konfrontiert werde:
   A. gerate ich aus dem Tritt.
   B. behalte ich meine Ruhe.
3. Wenn meine Intuition nicht mit den Fakten übereinstimmt:
   A. vertraue ich meinem Gefühl.
   B. wähle ich den logischen Weg.
4. Wenn eine Situation besondere Anforderungen stellt, bin ich sehr motiviert und ganz und gar bei der Sache:
   A. meistens.
   B. selten.
5. Wenn ich an einem schwierigen Problem arbeite, neige ich dazu:
   A. mich auf die gesuchte Lösung zu konzentrieren.
   B. mit allerlei Möglichkeiten zu spielen.
6. Wenn ich mit anderen nicht übereinstimme, neige ich dazu:
   A. ihnen das zu sagen.
   B. das für mich zu behalten.
7. Ganz allgemein gesprochen:
   A. ziehe ich den sicheren Weg vor.
   B. gehe ich gerne Risiken ein.

8. Bei der Arbeit an einem Problem wechsle ich die Strategien.
   A. selten.
   B. oft.
9. Ich habe es gern, wenn man mir sagt:
   A. wie ich es genau machen soll.
   B. nur was unbedingt getan werden muß.
10. Wenn die Dinge sich komplizieren:
   A. werde ich erst richtig munter.
   B. werde ich unsicher.
11. Stellt man mir eine Aufgabe, dann:
   A. mache ich normalerweise zuerst einen Plan.
   B. stürze ich mich sofort darauf.
12. In den meisten Fällen:
   A. machen Veränderungen mich nervös.
   B. sind mir unerwartete Veränderungen willkommen.
13. Mein Lesestoff besteht aus:
   A. einer Vielfalt von Themen, einschließlich Science-fiction.
   B. überwiegend arbeitsbezogener Fachliteratur.
14. Wenn ich anderer Ansicht bin als die Experten:
   A. halte ich gewöhnlich an meiner Meinung fest.
   B. mache ich vor der Autorität einen Rückzieher.
15. Wenn ich mehrere Aufgaben zu erledigen habe:
   A. packe ich alle gleichzeitig an.
   B. erledige ich eine nach der anderen.
16. Wenn ich etwas Neues lerne:
   A. eigne ich mir zuerst die theoretischen Grundlagen an.
   B. beginne ich gleich und lerne das Theoretische nach und nach.
17. Bei meiner Arbeit ziehe ich es vor:
   A. einem bereits vorliegenden Schema zu folgen.
   B. ein eigenes Schema zu entwickeln.

18. Beim Unterricht war (bin) ich besser bei:
    A. leichten Fragen.
    B. Fragen, die eine kurze Antwort erfordern.
19. Im Grunde bin ich:
    A. ein Idealist.
    B. ein Realist.
20. Wenn ich einen Fehler gemacht habe, neige ich dazu:
    A. die Sache noch mal zu überdenken.
    B. die Sache zu vergessen und weiterzumachen.
21. Folgende Feststellung trifft am ehesten auf mich zu:
    A. ich kann gewöhnlich genau erklären, warum ich etwas weiß.
    B. oft kann ich nicht beschreiben, warum ich etwas weiß.
22. Wenn ich etwas beschreibe oder erkläre, verlasse ich mich eher auf:
    A. Analogien und Anekdoten.
    B. Fakten und Zahlen.
23. Man kann mich gewöhnlich überzeugen durch:
    A. einen Appell an die Vernunft.
    B. einen Appell an mein Gefühl.
24. Bin ich im Unrecht, dann:
    A. gebe ich es ohne weiteres zu.
    B. verteidige ich mich.
25. Für mich würde ich die Bezeichnung vorziehen:
    A. ideenreich.
    B. praktisch veranlagt.
26. Angesichts eines schwierigen Problems werde ich vermutlich:
    A. um Rat fragen.
    B. die Sache selbst anpacken.
27. Unberechenbare Leute sind:
    A. ärgerlich.
    B. interessant.

28. Bei einer Verabredung für die folgende Woche sage ich vermutlich:
    A. «Legen wir die genaue Zeit gleich jetzt fest.»
    B. «Rufen Sie mich am Tag vorher an.»
29. Werden meine Planungen über den Haufen geworfen, dann:
    A. rege ich mich auf.
    B. mache ich in aller Ruhe einen neuen Plan.
30. Auf eine Vorahnung reagiere ich gewöhnlich:
    A. mit Begeisterung.
    B. mit Mißtrauen.
31. Die meisten Freunde und Kollegen:
    A. glauben an den Wert von Intuitionen.
    B. sind gegenüber Intuitionen skeptisch.
32. Man kennt mich als:
    A. eine Person mit Ideen.
    B. eine Person, die gerne ins Detail geht.

Berechnung der Punkte

Notieren Sie für sich jeweils einen Punkt, wenn Sie bei den folgenden Items mit A geantwortet haben: 1, 3, 4, 6, 10, 13, 14, 15, 18, 19, 22, 24, 25, 30, 31, 32.

Geben Sie sich jeweils einen Punkt für die Antwort B bei diesen Items: 2, 5, 7, 8, 9, 11, 12, 16, 17, 20, 21, 23, 26, 27, 28, 29.

Liegt die Gesamtzahl der Punkte bei 24 oder darüber, dann neigen Sie sehr zum intuitiven Anpacken von Problemen und Entscheidungen. Sie vertrauen weitgehend Ihrer Intuition, was Sie auch ruhig tun sollten, da diese vermutlich in hohem Maße zutreffend ist.

Haben Sie zwischen 16 und 23 Punkten erreicht, neigen Sie dazu, den Stil zu wechseln, sind jedoch mehr intuitiv als analytisch oder systematisch. Ihre Intuition ist wahrscheinlich häufiger richtig als falsch.

Bei einer Punktzahl zwischen 8 und 15 neigen Sie

ebenfalls dazu, den Stil zu wechseln, verlassen sich jedoch eher auf Analysen und rationales Denken. Ihre Intuition ist wahrscheinlich sprunghaft und unberechenbar.

Bei weniger als 8 Punkten neigen Sie ganz erheblich zum systematischen, rationalen Angehen von Problemen und Entscheidungen. Offensichtlich trauen Sie Ihrer Intuition nicht sehr, vielleicht aufgrund früherer Erfahrungen, bei denen Sie damit falschgelegen haben.

Man sollte die Ergebnisse dieses Tests aber nicht als definitiven Maßstab für die eigenen intuitiven Fähigkeiten betrachten. Denn erstens gibt es keine allgemein akzeptierten Normen für ein derartiges Urteil, da bisher noch kein systematischer Versuch zur Bestimmung von Intuition – Stil und/oder Qualität – über einen längeren Zeitraum gemacht und für gültig erklärt worden ist. Und zweitens haben wir gesehen, daß man nicht unbedingt intuitiv an sich sein muß, sondern je nach Situation es mal mehr, mal weniger sein kann. Eine hohe Punktzahl auf dem Fragebogen gibt jedoch einen guten Hinweis auf positives, intuitionsförderndes Verhalten. In diesem Sinne können die Fragen auch als Mittel zur Selbstbeobachtung und Weiterentwicklung der Intuition dienen.

6 ... und wie funktioniert sie?

In den vergangenen Jahren wurde in Zeitungsartikeln und sogar in einigen wissenschaftlichen Fachpublikationen die falsche Behauptung aufgestellt, der Sitz der Intuition sei in der rechten Gehirnhälfte. Seit Roger Sperry, der für seine Forschungen über die Funktionen des zweigeteilten Gehirns den Nobelpreis erhalten hat, wurde auf diesem Gebiet intensiv weitergearbeitet, und die entsprechenden neueren Ergebnisse enthalten möglicherweise den Keim dessen, was eines Tages eine neurologische Beschreibung der Funktionsweise der Intuition werden könnte. Bis heute rechtfertigt jedoch nichts die Schlußfolgerung, daß Intuition allein in der rechten Gehirnhälfte anzusiedeln ist.

Früher einmal galt die rechte Gehirnhälfte als die «schweigende» oder «weniger wichtige» Hemisphäre. Dann hieß es, die rechte Seite tue Dinge, die die «dominierende» linke nicht tut, womit die einleitend erwähnte Theorie erste Risse bekam. Im Jahre 1977 veröffentlichte Daniel Goleman in der Zeitschrift *Psychology Today* eine nüchterne Bestandsaufnahme unter dem Titel «Split-Brain Psychology: Fad of the Year» (Die Psychologie des gespaltenen Gehirns: Modetorheit des Jahres). Darin schreibt er, solche Modetorheiten könnten sowohl neue und bedeutende Untersuchungen als auch irreführende Popularisierungen inspirieren. Im Falle des gespaltenen

Gehirns ist beides geschehen. Die Torheit bestand darin, deutliche Dichotomien – beispielsweise analytische und intuitive Menschen – kurzerhand in ein Zwei-Hemisphären-Modell zu zwängen. Und obwohl man sich in wissenschaftlichen Kreisen schon längst von den anfänglichen Übertreibungen distanziert hat, wird die Öffentlichkeit weiter mit Entstellungen und Vereinfachungen der komplexen Materie bombardiert. Bei manchen gilt es schon als schick, nicht mehr nach dem Tierkreiszeichen des anderen zu fragen, sondern nach seiner Gehirnorientierung.

Was sich rechts tut – und was sich links tut

Was genau wissen wir über die beiden Hirnhemisphären? Zum jetzigen Zeitpunkt läßt sich unter Berufung auf Fachleute mit Sicherheit sagen, daß die linke Seite einen klaren Vorteil im Hinblick auf verschiedene Aspekte der Sprache hat – Sprechen, Begreifen grammatischer Regeln, Erfassen von Wortbedeutungen, Kategorisieren.

Die rechte Hemisphäre scheint mehr für räumliche Aufgaben zuständig zu sein, etwa wenn es darum geht, sich geistig ein Bild von etwas zu machen, den Weg durch ein Labyrinth zu finden oder sich in einer unbekannten Gegend zu orientieren. Sie scheint auch für Gefühle empfänglicher zu sein und hilft, sie auszudrücken oder bei anderen zu erkennen. Und sie spielt eine relativ wichtigere Rolle als die linke Hälfte, wenn es darum geht, wahrnehmungsbedingte Unterscheidungen zu treffen, etwa Gesichter auseinanderzuhalten.

Nach Sally Springer und George Deutsch, den Autoren von *Left Brain, Right Brain,* deutet auch einiges darauf hin, daß die «Arbeit» der linken Hemisphäre eher mit den Begriffen «nacheinander» und «linear» zu verbinden ist, während der rechten Seite das Etikett «gleichzeitig», «ganzheitlich» und «nichtlinear» verliehen wird. So weit ist alles wissenschaftlich dokumentiert. Wie aber steht es um die anderen Polaritäten, die manche Zeitschriften, fein säuberlich in tabellarische Übersichten gebündelt, als neues Credo verkünden? Die sind auf jeden Fall mit größter Vorsicht zu genießen, da es sich dabei lediglich um Mutmaßungen und Deduktionen aufgrund der allgemein akzeptierten Unterschiede zwischen den Hemisphären handelt. Auf Befragen haben zahlreiche einschlägig informierte Psychologen und Gehirnforscher ausnahmslos erklärt – gelegentlich mit beträchtlicher Verärgerung –, die meisten Dichotomien würden den tatsächlichen Sachverhalt grob vereinfachen und einige von ihnen seien auch schlichtweg falsch. Richard Davidson, Direktor des Laboratory for Cognitive Psychology an der State University of New York in Purchase, erklärte, es sei in höchstem Maße simplifizierend – und damit unrichtig –, Intuition als eine Funktion der rechten Hirnhemisphäre zu bezeichnen; das sei ein Versuch, für eine aller Wahrscheinlichkeit nach außerordentlich komplizierte Sache eine einfache Antwort zu finden.

Es läßt sich jedoch leicht begreifen, warum man die Intuition der rechten Hemisphäre zugeordnet hat. Einige mit ihr verbundene Eigenschaften entsprechen nämlich verblüffend genau den der rechten Hirnhälfte zugeschriebenen Funktionen. Intuitive Erkenntnis kann diffus und «sprachlos» sein, während rationale Erkenntnis sich gewöhnlich verbal artikuliert und eine genaue Kategorisierung von Symbolen und Begriffen vornimmt. Intuition ist eine unmittelbare, umfassende Erfahrung, die Bedeutungsstrukturen zusammenfügt, und die rechte Gehirnhälfte scheint Informationen auf gleichzeitige oder parallele Weise zu verarbeiten. Uns gilt Intuition als eine Fähigkeit, die Erkenntnisse über die verborgenen Absichten und wahren Gefühle anderer Menschen vermittelt, und die rechte Gehirnhälfte scheint besser für die Unterscheidung und den Ausdruck von Emotionen geeignet.

Linke Hemisphäre	*Rechte Hemisphäre*
abendländisch	östlich
objektiv	subjektiv
intellektuell	emotional
deduktiv	induktiv
konvergent	divergent
zeitgebunden	zeitlos
realistisch	phantasievoll
wissenschaftlich	künstlerisch
bewußt	unbewußt
wach	träumend
Verstand	Herz
Logik	Intuition
rational	intuitiv

Alles jedoch, was wir bis heute sagen können, ist: Zu intuitiven Erfahrungen gehören kognitive Eigenschaften, die der rechten Hemisphäre assoziiert zu sein scheinen, was nicht ganz dasselbe ist, als wenn man sagt, sie seien eine *Funktion* der rechten Hemisphäre oder hätten dort ihren *Sitz*. Denn wir nutzen die Intuition ja bei Tätigkeiten, die angeblich von der linken Hälfte bestimmt sind, etwa wenn wir intuitiv den Sinn eines Satzes oder eines Begriffs erfassen. Wie wir in Kapitel 4 gelesen haben, kann eine Intuition auch verbal wahrgenommen werden.

Dazu kommt noch folgendes: Während das logische Funktionieren der linken Hemisphäre als Gegensatz zur Intuition beschrieben wird, muß jene Seite des Gehirns zumindest eine wichtige Rolle bei der Verarbeitung von Informationen spielen, die sich später als – richtige – Ahnung oder Erkenntnis artikuliert. Wir halten Intuition, entsprechend dem augenblicklichen Forschungsstand, für eine nichtlineare, holistische Form des Erkennens. Bestimmt ist die linke Hemisphäre an den verbindenden und verarbeitenden Prozessen beteiligt, die der Erkenntnis vorausgehen, wenn nicht gar am intuitiven Augenblick selbst.

Außerdem kann die rechte Gehirnhälfte nicht völlig unlogisch sein. Das Raum-Denken, das ja ihre Domäne ist – Lesen von Landkarten, Orientierung in unbekannten Gegenden, Erkennen geometrischer Formen –, kommt oft auch zum Einsatz, wenn wir uns der angeblich in der linken Hälfte angesiedelten Vernunft bedienen. Mathematiker spielen im Kopf visuell-räumliche Konfigurationen durch, Manager pflegen sich die aufeinanderfolgenden Produktionsvorgänge und die dazugehörigen Maschinen räumlich vorzustellen, selbst Träume und Phantasien, die einige Wissenschaftler der rechten Hemisphäre zuordnen, besitzen gelegentlich eine eigene Logik und Folgerichtigkeit. Schließlich kann das Erahnen von Gefühlen, angeblich eine Funktion der rechten Hirnhälfte, strenge Analyse erfordern, wie jeder klinische Psychologe bestätigen wird.

Die Funktionen der Gehirnhälften werden mit räumlichen oder sprachlichen Tests untersucht, deren Ergebnisse gewöhnlich den Schluß nahelegen, daß die verschiedenen Aufgaben jeweils in der rechten bzw. linken Hälfte verarbeitet werden. Daraus folgt jedoch zwangsläufig, daß visuelle Aufgaben intuitiv und verbale rational angepackt werden. Man legt beispielsweise einer Versuchsperson die bildliche Darstellung einer komplexen geometrischen Form vor und fordert sie auf herauszufinden, wie viele Kanten diese hat. Der Proband kann dann das Problem sowohl verbal als auch mental analysieren. Wird in einem ähnlichen Fall eine Frage gestellt (etwa «John ist größer als Paul, John ist kleiner als Sam; wer ist der Größte?»), dann könnte die Versuchsperson sich das bildlich ausrechnen, indem sie die drei Männer im Geiste nebeneinanderstellt, oder sie kann die Antwort blitzartig intuitiv erfassen.

Wer sich mit der Forschung über die Funktionen der Gehirnhemisphären befaßt, muß sich fragen, ob eine Verallgemeinerung der Ergebnisse überhaupt gerechtfertigt ist. Vieles von dem, was wir über das zweigeteilte Gehirn wissen, beruht auf Untersuchungen an Patienten, deren Gehirn durch neurochirurgische Operationen im wahrsten Sinne des Wortes geteilt, gespalten wurde. Das waren zum Beispiel Epileptiker, bei denen die Nervenverbindungen zwischen den Hirnhemisphären durchtrennt wurden oder bei denen man sogar eine ganze Hirnhälfte entfernt hat. Bei anderen war das Gehirn durch Tumore, Wunden oder Schläge auf den Kopf schwer geschädigt. Sind solche Personen dann nicht imstande, bestimmte Dinge zu tun, wird angenommen, daß die jetzt lädierten Bereiche in einem gesunden Gehirn für eben diese Funktionen zuständig sind.

Nun kann man aber hirngeschädigte Menschen kaum als «typisch» bezeichnen; es bleibt daher die Frage: Können wir anhand ihrer Situation gewonnene Erkenntnisse ohne weiteres auf den Menschen im allgemeinen übertragen? Die meisten Naturwissenschaftler sind nicht dieser Ansicht. Springer und Deutsch betonen «die auffallende Anpassungsfähigkeit des Gehirns» und schließen daraus: »Es ist nicht möglich, allein aus dem, was wir aufgrund von Operationen an geschädigten Hirnen wissen, linear auf die Arbeitsweise des normalen Gehirns zu schließen.»

Bei der Erforschung der Gehirntätigkeit gesunder Menschen hat man mit Hilfe einer ganzen Reihe einfallsreicher Methoden versucht, das Verhalten jeder einzelnen Hemisphäre isoliert zu betrachten und so herauszufinden, welche Hälfte bei speziellen Tätigkeiten die dominierende ist. Da werden zum Beispiel Informationen nur dem einen Ohr oder dem einen Auge angeboten, da jedes ja sein

Wissen lediglich an die entgegengesetzte Seite des Gehirns weiterleitet. Oder man beobachtete die Bewegung der Augen bzw. die Haltung des Kopfes bei der Lösung einer schwierigen Aufgabe. Verschiedene EEGs (Elektroenzephalogramme) wurden angewandt, um herauszufinden, welche Teile des Gehirns wann und wie lange aktiver sind.

Im allgemeinen stützen diese Untersuchungen die Ergebnisse hinsichtlich räumlicher und sprachlicher Unterschiede, die man bei der Forschungsarbeit mit hirngeschädigten Personen gewonnen hat. Der Harvard-Psychologe Howard Gardner wies jedoch darauf hin, daß «bei einigen dieser Untersuchungen Nervenreize auf ungewöhnliche Weise erzeugt werden; schließt man aus dementsprechenden Reaktionen auf normale Vorgänge, kann das durchaus zu Irrtümern führen». Wie andere Kollegen äußerte auch Gardner sich besorgt darüber, daß die Ergebnisse vieler Experimente sich bei Wiederholungen nicht verifizieren ließen. Springer und Deutsch schreiben dazu, daß Untersuchungen, bei denen die Ergebnisse derselben Versuchspersonen bei verschiedenen Tests zur Überprüfung derselben Funktion verglichen werden, selten große Übereinstimmung zeigten. Das läßt vermuten, daß die Tests das postulierte Ziel nicht erfüllen, das heißt, eben *nicht* dasselbe messen. Die beiden Autoren betonen auch, «daß wiederholtes Testen derselben Personen nicht immer die gleichen Ergebnisse bringt».

EEGs haben – so nützlich und wichtig sie oft sein mögen – häufig zu verwirrenden und widersprüchlichen Ergebnissen geführt. Sie analysieren den Grad der Aktivität in der Großhirnrinde mit dem Hintergedanken, daß die aktiveren Regionen des Gehirns die größte Verantwortung für die zum jeweiligen Zeitpunkt ausgeübte Tätigkeit tragen. Doch sind Unterschiede in der Aktivitätsintensität zwischen beiden Hemisphären gewöhnlich gering, wenn überhaupt feststellbar. Keine Seite ist während einer speziellen

Tätigkeit ganz an- oder ausgeschaltet. Vielmehr zeigen alle derartigen Untersuchungen, daß viele Bereiche des Gehirns gleichzeitig mitwirken, selbst bei ganz einfachen Verrichtungen. Außerdem mögen in den weniger aktiven Bereichen Dinge vor sich gehen, die wir zur Zeit noch nicht begreifen. Angesichts der Komplexität des Gehirns und des riesigen Terrains unerforschter Regionen darin, bedeutet ein EEG wahrscheinlich nicht mehr als ein Kratzen an der Oberfläche – sowohl bildlich gesprochen wie auch im wahrsten Sinne des Wortes.

Wir müssen uns auch fragen, wie sinnvoll es ist, tatsächlich intuitive Erfahrung mit dem zu vergleichen, was im Zuge von Laboruntersuchungen über die Tätigkeit der Gehirnhälften erforscht wird. Zu Beginn der meisten Experimente wird die Versuchsperson zerebral stimuliert und dann aufgefordert, darauf zu reagieren. Dabei geht es gewöhnlich nur um einfache Sinneswahrnehmungen, und die Reaktionen erfolgen unmittelbar. Die Tests zeigen, wie die Hirnhemisphären auf eintreffende Informationen reagieren. Es erübrigt sich wohl die Feststellung, daß eine Menge mehr passiert, wenn jemand eine Vorahnung hat oder einen starken inneren Impuls spürt, auf ganz bestimmte Weise zu handeln, oder wenn jemanden die Antwort auf ein ihn bedrängendes Problem plötzlich «überfällt». Was in intuitiven Augenblicken zusammenkommt – frühere Erfahrungen, verdrängte Inhalte, vielleicht sogar Außersinnliches –, kann von jeder der beiden Großhirnhälften beigesteuert worden sein, vielleicht auch von Bereichen außerhalb der Großhirnrinde.

Es könnte in der Tat unkorrekt sein, den Hemisphären eine Arbeitsteilung zuzuschreiben. Wir wissen noch nicht einmal sicher, wie streng wir die Etiketten verbal/nichtverbal anwenden können. Die rechte Hälfte besitzt nämlich eine ganze Menge sprachlicher Kompetenz, auch wenn sie nicht unmittelbar am Sprechen beteiligt ist. Offensichtlich behalten Patienten, deren rechte Gehirnhälfte beschädigt ist, ihre Sprachfähigkeit, wenn die linke Hälfte intakt bleibt; doch verlieren sie die Fähigkeit, Metaphern, subtile Nuancen impliziter Bedeutungen und emotionale Untertöne zu erfassen. Wir wissen auch, daß die linke Hälfte bei gewissen Verhaltensformen mitwirkt, die nichtverbal und räumlich sind, beispielsweise bei motorischen Aktivitäten. Alan Gevins von der University of California in San Francisco beobachtete die Gehirnwellen von Versuchspersonen, die mit dem Erkennen von Mustern und Formen beschäftigt waren. Laut einem im *Science Digest* vom Oktober 1981 erschienen Artikel fand Gevins heraus, «daß sehr einfache numerische oder räumliche Urteile tatsächlich mehrere Bereiche auf beiden Seiten des Gehirns einbeziehen. Mit diesen Urteilen verbundene komplexe Strukturen von Gehirnelektrizität änderten sich sehr schnell – jede Sechstelsekunde wurde eine ganz andere Anordnung sichtbar.»

Die Existenz der analytisch/holistischen Dichotomie, die wohl ursprünglich dafür verantwortlich war, die Intuition der rechten Hirnhälfte zuzuordnen, wird mittlerweile ebenfalls in Zweifel gezogen. Justine Sergent von der McGill University hat Beweise dafür gefunden, daß hemisphärische Unterschiede von Umfang und Menge der Nervenreize abhängen können, wobei die rechte Hälfte umfassendere, nicht ins Detail gehende Informationen bevorzugt. Laut *Brain/Mind Bulletin* erklärte Sergent, frühere Untersuchungen, die eine analytisch/ganzheitliche Arbeitsteilung behaupteten, «beruhten vielleicht darauf, daß nicht die richtigen Fragen gestellt wurden, was zu nicht gerechtfertigten Schlußfolgerungen geführt hat». Die Wissenschaftlerin entdeckte, daß beide Gehirnhälften Gesichter erkennen und lesen können; die Unterschiede beziehen sich nur auf die Größe der Buchstaben und das Ausmaß der Ähnlichkeit zwischen den Gesichtern. Justine Sergent behauptet in ihrer Studie, daß beide Hemisphären analysieren und Ganzheiten wahrnehmen, doch interpretiere die rechte Hälfte ungenaue Inputs, während die linke detaillierte Informationen gut verarbeite. Das ist ein weiterer Beleg dafür, daß hemisphärische Unterschiede mehr damit zusammenhängen, wie jede Hälfte mit den eintreffenden Daten umgeht, als mit der komplexen Umstrukturierung, die zu Intuition führt.

Schließlich muß hervorgehoben werden, daß alle bisher entdeckten Unterschiede zwischen den Hemisphären gradueller Art sind; es sind *durchschnittliche* Unterschiede. Keine Seite des Cortex funktioniert jemals unter Ausschluß der anderen. Jerre Levy, der zusammen mit dem Pionier der Hirnforschung, Roger Sperry, vieles von dem, was wir über die beiden Hirnhälften wissen, erarbeitet hat, hebt hervor, daß die funktionalen Unterschiede keineswegs so starr oder absolut sind, wie es oft dargestellt wird. «Beim normalen Menschen befinden sich die Hemisphären in ständiger aktiver Integration und enger Zusammenarbeit», schreibt Dr. Levy. «Fast nichts, was ein normaler Mensch tun könnte, hängt nur von einer Hälfte ab. Würde man eine ganz einfache Aufgabe stellen, sich immer wiederholend, monoton, dann könnte ein normales Gehirn sie vielleicht asymmetrisch verarbeiten. In dem Augenblick jedoch, in dem man den Schwierigkeitsgrad der Aufgabe steigert, würde das eine Beteiligung beider Gehirnhälften in Gang setzen.»

Die hinsichtlich der Intuition zwar maßlos überschätzte Theorie vom zweigeteilten Gehirn hat jedoch nichtverbale und nichtlogische Formen des Erkennens legitimiert, was zu einem besseren Verständnis der Neurobiologie der Intuition führen könnte. Vielleicht wird die künftige Forschung sich nicht nur, wie die gegenwärtige, mit Sinneswahrnehmungen befassen, sondern darüber hinaus mit Situationen, die die Funktion der Intuition im täglichen

Leben eher erfassen. Man könnte Malcolm Westcotts Tests nutzen, um herauszufinden, welche Gehirnhälfte an welchem Punkt des geistigen Prozesses dominiert und ob es zwischen intuitiven und nichtintuitiven Personen signifikante Unterschiede hinsichtlich der Hirntätigkeit gibt. Man könnte auch die Gehirnstrukturen von intuitiv bzw. systematisch arbeitenden Menschen studieren, ebenso die von Vertretern der verschiedenen Kategorien der Jungschen Typenlehre.

Vielen Wissenschaftlern erscheinen die Ähnlichkeiten und Entsprechungen von Funktionen beider Hemisphären auffallender als die Besonderheiten. Sobald uns mehr Daten zur Verfügung stehen, werden wir sehr wahrscheinlich sehen, daß komplexe Funktionen wie Intuition und Vernunft stets beide Hemisphären beanspruchen. Es könnte sich zeigen, daß jede Spezialisierung durch die Sache bestimmt wird, mit der man sich gerade beschäftigt, durch dabei auftretende Intuitionen sowie durch individuelle Unterschiede zwischen Menschen, von denen einige besser als andere in der Lage sind, jede der Hemisphären wechselseitig zu nutzen. Trotz des vielen Geredes über die «rechte» und die «linke» Persönlichkeit haben wir immer noch nur ein Gehirn.

Einstweilen sollten wir uns jedoch davor hüten, die Intuition einfach in der rechten Gehirnhälfte zu lokalisieren. Der Gedanke, daß irgendein dieser Gehirnhälfte assoziiertes Merkmal auch für die Intuition gelten könnte, ist gefährlich. Noch gefährlicher allerdings sind die fragwürdigen Selbsthilfeverfahren. Ganz Voreilige nehmen bereits an, durch Stimulierung der rechten Gehirnhemisphäre könne man jede intuitive Funktion verbessern, angefangen bei der Entwicklung des richtigen Körpergefühls bis zur Erkenntnis Gottes. Selbst wenn es gesichert wäre, daß Intuition ein Spezifikum der rechten Gehirnhälfte ist, wäre es fahrlässig zu versprechen, wir könnten unsere Intuition weiterentwickeln, indem wir uns «auf die rechte Hirnhemisphäre einstimmen», was immer das bedeuten mag.

Da rät beispielsweise jemand zu folgendem Verfahren der Entscheidungsfindung: Man stelle die linke Gehirnhälfte durch Meditation oder Hypnose ruhig; dann frage man die Intuition der rechten Hälfte, welchen Weg man einschlagen soll; anschließend läßt man die linke Seite entscheiden, was nun geschehen soll. Erhält man sich widersprechende Antworten von den beiden Hemisphären – etwa eine rational und eine intuitiv abgeleitete –, dann verschiebe man die Entscheidung. Unter Zeitdruck vertraue man am besten der Hälfte, die in der Vergangenheit die erfolgreichsten Tips gegeben hat. Wie man nun wissen soll, von welcher der beiden Gehirnhälften die jeweilige Botschaft kommt, ist mir allerdings ein Rätsel.

Bis jetzt beruhen die meisten Methoden, auf die «richtige Gehirnhälfte» zu setzen, auf groben Extrapolationen aus der Gehirnforschung. Sie im Namen einer verbesserten Intuition zu befürworten, erscheint mir unverantwortlich. Soweit mir bekannt ist, wissen wir noch nicht einmal, ob diese Methoden mit den Untersuchungen über die Gehirnfunktionen korrelieren, geschweige denn mit den Untersuchungen über Intuition.

Auf dem Weg zu einem komplexen Verständnis des Gehirns

Eine neurologische Theorie der Intuition muß vor allem die ungeheure organisatorische Komplexität des Gehirns berücksichtigen sowie die Erkenntnisse der Systemtheorie, damit sie ihre Erklärungen nicht nur aufgrund der Spezialfunktionen der einzelnen Gehirnregionen formuliert, sondern in erster Linie auf Art und Weise des Zusammenwirkens dieser Regionen abhebt (siehe

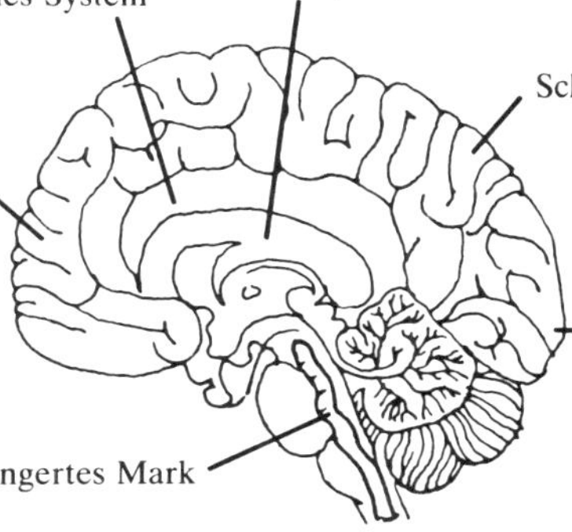

Abb .2 Querschnitt der rechten Gehirnhälfte

Abb. 2). Die Forschung sieht mittlerweile in immer stärkerem Maße das Gehirn als eine Ganzheit, das heißt, selbst eine so relativ einfache Aufgabe wie das Sehen scheint Zellen in Bereichen des Gehirns zu aktivieren, die weit von dem Teil entfernt liegen, den man bislang als visuelles Zentrum betrachtet hat. Während Neuronen in visuellen Zentren anscheinend auch von Klängen und Berührungen aktiviert werden.

Die Integration der beiden Hemisphären ist im Hinblick auf das Funktionieren komplexer Intuitionen bedeutsamer als jede Besonderheit für sich betrachtet. Da die Natur stets sehr ökonomisch arbeitet, soll der erstaunliche Mechanismus, den sie für die Übermittlung einer Information von einer Hemisphäre zur anderen geschaffen hat, zweifellos auch genutzt werden. Das *corpus callosum,* der Balken im Gehirn, der die beiden Hälften der Großhirnrinde miteinander verbindet, enthält etwa 200 Millionen Nervenfasern. Laut dem Psychologen Bernard Baars kann jede Faser im Durchschnitt vierzig, bei großer Aktivität sogar fast eintausend Impulse pro Sekunde abgeben. In jeder Sekunde wandern etwa zwei Milliarden Informationen durch den Balken, was auf einen Grad von Kooperation zwischen den Hemisphären schließen läßt, den richtig einzuschätzen wir noch nicht einmal angefangen haben. Bei der Erforschung der Transzendentalen Meditation hat man beispielsweise einen hohen Grad an Kohärenz der Gehirnwellen zwischen den Hirnhälften entdeckt – Wellen, aufgezeichnet in verschiedenen Gehirnbereichen, die sich in zeitlich geordneten Strukturen bewegen (zu den sich daraus ergebenden Implikationen siehe folgendes Kapitel).

Die Großhirnrinde, die das übrige Gehirn wie eine Kappe umschließt und ein Viertel seines Volumens ausmacht, hat viele funktionale Abteilungen, nicht nur eine rechte und eine linke Hemisphäre. Bei der weiteren Erforschung der Gehirnhälften wäre es daher sinnvoll, nach unterschiedlichen Aktivierungsmustern in verschiedenen Teilen jeder Hemisphäre zu suchen. So könnte zum Beispiel der vordere Bereich der linken Hemisphäre zur gleichen Zeit aktiviert werden, da die rückwärtigen Bereiche eine Aktivierung der rechten Hemisphäre signalisieren. Solche Muster sind tatsächlich bereits entdeckt worden. Möglicherweise verläuft die seitliche Nutzung des vorderen Gehirns anders als die des rückwärtigen Teils. Das würde auch Sinn ergeben, da Vorder- und Rückseite unterschiedliche Funktionen haben.

Der vordere Hirnlappen, der sich in Richtung der beiden Hemisphären hinter der Stirn und den Schläfen gabelt, scheint eine besonders wichtige Rolle bei der Bestimmung unseres Gespürs für die Zukunft zu spielen. Hier scheint der Bereich zu liegen, in dem wir planen. Menschen mit geschädigtem vorderen Hirnlappen sind in gewissem Sinne an die Vergangenheit gebunden; ihre Handlungen beschränken sich im allgemeinen auf einmal erlernte Verhaltensweisen. Sie können nicht vorausdenken und in die Zukunft gerichtete Strategien entwerfen. Es gibt auch Hinweise darauf, daß die Aktivität gewisser Gehirnwellen im Zustand der Erwartung – man nennt sie

«Erwartungswellen» – im vorderen Gehirnlappen zunimmt. Vielleicht leistet die Stirnregion einen bedeutsamen Beitrag zur Intuition, vor allem im Hinblick auf ihre voraussagende Funktion.

Wir müssen darüber hinaus auch Gehirnregionen außerhalb der Großhirnrinde berücksichtigen, beispielsweise das verlängerte Mark und das limbische System. Das verlängerte Mark enthält ein Netz von Nervenfasern, das sich vom Gehirnstamm bis zum Mittelhirn erstreckt und viele Regionen des Gehirns miteinander verbindet. Oft als «Alarmglocke des Gehirns» bezeichnet, kann dieses Nervenfasersystem die Großhirnrinde «wachrütteln», damit sie ankommende Informationen aufnimmt. Durch Erfahrung lernt dieses System, selektiv zu funktionieren; es paßt sich individuellen Erfordernissen an und alarmiert die Großhirnrinde nur, wenn es dies für erforderlich hält. Sobald der Alarm gegeben ist, arbeitet das System weiter und sorgt für Wachsamkeit, solange es notwendig ist. In dem Maße, in dem eine Intuition von ankommenden Informationen subtiler, vielleicht unbewußter Art abhängig ist, wird das Nervenfasersystem schon in früheren Stadien einbezogen. Es kann auch eine Rolle bei der Aktivierung der in Frage kommenden Gehirnbereiche spielen, wenn es mit einem Reiz aus der Umwelt konfrontiert ist, der intuitive Zusammenhänge auszulösen vermag. Schließlich bestimmt dieses System den Grad der Alarmierung des Nervensystems, was insofern von Bedeutung ist, als der Zustand niedriger Reize bei hoher Alarmbereitschaft günstig für Intuitionen ist.

In der Form eines stilisierten und künstlerisch gestalteten großen C umhüllt das limbische System den oberen Teil des Gehirnstamms. Dieses sogenannte alte oder primitive Gehirn besteht aus einer zusammenhängenden Gruppe von Strukturen und ist offensichtlich der Sitz der Gefühle. Es scheint das zu haben, was Charles Hampden-Turner in seinem Buch *Modelle des Menschen* als «Intelligenz des Empfindens» bezeichnet hat. Es ist durchaus möglich, daß die emotionalen und ästhetischen Komponenten der Intuition – die Freude am Entdecken, das Lustgefühl, das mit dem Erkennen verbundene Gefühl von Ganzheit und Schönheit – mit dem limbischen System verknüpft sind. Das System könnte auch eine Rolle bei Veränderungen der Stimmung, der Motivierung und der Aufmerksamkeit spielen. Da Zuversicht, innere Beteiligung und Aufgeschlossenheit wichtige Variable beim intuitiven Denken sind, könnte diese Funktion von Bedeutung sein. Schließlich könnte man aus der Plazierung des limbischen Systems – dicht unterhalb der denkenden Großhirnrinde und in Richtung der beiden Hemisphären ausgabelnd – schließen, daß es irgendwie mit verschiedenen Hirnregionen, die am Zustandekommen der Intuition beteiligt sind, zusammenarbeitet oder sie koordiniert.

Eugene d'Aquili, Psychiater und Philosoph an der University of Pennsylvania, vertritt eine Theorie der Transzendenz, die auf der Interaktion des limbischen Systems mit den beiden Hemisphären beruht. Seiner Ansicht nach läßt sich dadurch eine Vielfalt intuitiver mystischer Erfahrungen erklären. In seinem weithin akzeptierten Modell kommuniziert die eine Seite des Gehirns mit der anderen über den Balken. D'Aquili glaubt, daß in Zuständen gesteigerten Bewußtseins Botschaften von der rechten Hemisphäre ausgehen, deren «ganzheitliche Wahrnehmungen» die Offenbarung der Einheit des Absoluten einschließen. Von da aus fließen sie durch den rechten Scheitellappen (der zum Hinterkopf verläuft, wo der Schädelknochen sich krümmt) hinunter zum limbischen System.

«Die meisten Mitteilungen der rechten Hemisphäre werden durch die linke in deren eigene verbale, analytische Sprache umgewandelt», schreibt d'Aquili. «Wirkt jedoch das limbische System mit, dann wandert der

Gedanke unzensiert von der rechten zur linken Gehirnhälfte, weil Emotionen als Triebkraft dahinterstehen. Tatsächlich ist es so, daß *Gestalt*-Wahrnehmung und ein gleichzeitiger Emotionsschub die linke Hälfte davon überzeugen, daß die Wahrnehmung echt ist.» Daher auch die lebhafte, offenbarende Qualität des «kosmischen» oder «ozeanischen» Bewußtseins und die unerschütterliche Überzeugung, die gewöhnlich mit Erfahrungen des Einsseins einhergehen.

Mir scheinen d'Aquilis Vermutungen etwas weit hergeholt. Sie vertrauen zu sehr jenem Postulat der unflexiblen Arbeitsteilung, das schon andere Interpretationen der Forschungsergebnisse über die Aufteilung des Gehirns in zwei Hälften beeinflußt hat, wobei die beiden Hemisphären als miteinander streitende und konkurrierende Herrscher dargestellt werden. Er scheint den üblichen Fehler zu machen, die Ganzheit der Transzendenz für ein Phänomen der rechten Hemisphäre zu halten, weil diese Gehirnhälfte die Informationen alogisch verarbeitet. Doch die Transzendenz geht mit Informationen nun mal nicht in der üblichen Weise um. Außerdem scheint es unsinnig, etwas zu lokalisieren, was im Grunde eine Erfahrung der Grenzenlosigkeit ist. Die vorhin erwähnten Forschungsergebnisse weisen ja darauf hin, daß die beiden Hälften gerade während transzendenter Erfahrungen am stärksten zusammenarbeiten. Dennoch mag d'Aquili auf der richtigen Fährte sein, wenn er das Zwei-Hemisphären-Modell auch für andere Teile des Gehirns gelten lassen will.

Die Stirnlappen, das Aktivierungssystem für die Nervenfasern und das limbische System sind einige Unterabteilungen des Gehirns, die möglicherweise beim komplexen Vorgang der Intuition mit den Hemisphären zusammenarbeiten. Vielleicht animiert diese Vermutung einige Wissenschaftler, die sich für das Phänomen Intuition interessieren, in der Richtung weiterzuforschen.

Auf die Frage, ob sich das Gehirn eines Genies von dem anderer Menschen unterscheide, antwortete der Neurochirurg Irving S. Cooper: «Ich bin sicher, daß es da etwas gibt . . . Den Ausdruck ‹Genie› gebrauche ich übrigens nur in sehr eingeschränktem Sinne. Ich denke dabei an Leute wie Newton oder Einstein – also an jemanden, der die Antwort auf ein Problem intuitiv kennt, lange bevor er weiß, warum sie so lauten muß. Auf jeden Fall arbeitet ein solches Gehirn schneller als ein normales. Da werden Milliarden von Verbindungen hergestellt – chemischer wie elektrophysiologischer Art.»

Intuitive Menschen scheinen diese Verknüpfungen rascher und besser herstellen zu können. Daher darf eine befriedigende Theorie der Intuition sich nicht nur mit der gewöhnlichen funktionellen Organisation des Gehirns befassen, sie muß auch die großartige Mikrostruktur berücksichtigen, in der die Verbindungen hergestellt werden.

Im Gehirn gibt es etwa einhundert Milliarden Zellen. Ein Zehntel davon sind die *Neuronen,* die wir für die Nervenzellen halten. Ein Neuron ist mit einem kleinen Computer verglichen worden, und jedes dieser Mini-Wunderwerke kann mit Tausenden anderen seinesgleichen via 100000 Meilen von Verästelungen kommunizieren, die wir *Dendriten* nennen. Deren Netzwerk ist so riesig, daß sich ein Telefonnetz dagegen wie ein System von vereinzelten Rauchzeichen ausnimmt. Wollen Dendriten der einen Zelle Kontakt mit denen einer anderen aufnehmen, dann schicken Chemikalien, die man Überträgersubstanzen nennt, Botschaften über die synaptischen Spalten. Computer können Verbindungen mit unglaublicher Geschwindigkeit herstellen, jedoch immer nur eine nach der anderen. Das Gehirn kann viele voneinander unabhängige

Prozesse auf einmal erledigen, und eine Veränderung in einer Zelle kann, wie Nobelpreisträger John Eccles sagt, sich innerhalb von zwanzig Millisekunden hunderttausend anderen Zellen mitteilen.

Die an dieser labyrinthartigen Mikrowelt interessierten Wissenschaftler haben sich im Rahmen ihrer Arbeit bislang vor allem auf die Struktur der Nervenzellen konzentriert. Doch jetzt werden allmählich auch andere Komponenten sichtbar, die von größerer Bedeutung zu sein scheinen, als man bisher angenommen hat. Die Übertrágersubstanzen und verschiedene Gehirnhormone scheinen zum Beispiel eine wichtige Rolle zu spielen beim kognitiven Verhalten. Das läßt einige Forscher fragen, ob das Gehirn nicht eher eine endokrine Drüse ist als ein Computer. Überträgersubstanzen scheinen auch bei Gefühlen mitzuwirken, weil im Zuge emotionaler Erfahrungen einige dieser Chemikalien freigesetzt werden. Wissenschaftler, die diese Ergebnisse jetzt überprüfen, halten den Vorgang für außerordentlich komplex. So überträgt zum Beispiel derselbe chemische Stoff verschiedene Mitteilungen, je nachdem in welchen Teil des Gehirns die Information geschickt wird.

An jedem Dendriten gibt es Hunderte oder sogar Tausende von wulstartigen Fortsätzen, die sogenannten *Axone.* Francis Crick, der zusammen mit James Watson die Doppelhelix – die Struktur des DNS-Moleküls – entdeckte, ist der Ansicht, diese zahllosen Axone könnten eine wichtige Rolle beim Lernprozeß spielen. Eine andere, bisher übersehene Unterstruktur, die sich eines Tages als hilfreich erweisen könnte, kognitive Erfahrungen wie die Intuition zu begreifen, sind die *Gliazellen,* von denen hundert Milliarden die Neuronen umgeben. Bis vor kurzem nahm man an, diese nichtverästelten Zellen dienten nur als Schutz für die informationsübertragenden Neuronen. Heute weiß man, daß die Gliazellen ihrerseits elektrisch reagieren und in stärkere kognitive Aktivitäten integriert sind, als man bisher angenommen hatte. Ihre genaue Funktion ist noch unbekannt. Einige Forscher meinen, Gliazellen können schwache elektrische Signale verstärken oder den chemischen Austausch zwischen den synaptischen Spalten fördern.

Mit zunehmender Einsicht in die wahre Komplexität des Gehirns wird wohl die alte Vorstellung von einem aus Neuronen bestehenden elektrischen Relais-System modifiziert werden müssen. Die wenigen hier erwähnten Elemente der Mikrostruktur werden eines Tages sicher sehr viel mehr darüber enthüllen, wie der Verstand mit so unglaublicher Geschwindigkeit einzelne Informationsteilchen zusammenführen kann, die nur ganz entfernt in einem zeitlichen und bedeutungsmäßigen Zusammenhang stehen, um daraus diese plötzliche Ahnung oder das «gewisse» Gefühl zu erzeugen, das wir Intuition nennen. Diese Milliarden von Zellen und Myriaden chemischer Stoffe leisten ständig eine enorme Arbeit – ist doch das Gehirn imstande, bis zu einer Quadrillion Informationseinheiten zu speichern.

Da immer noch nicht bekannt ist, wie das Gehirn selbst bei den einfachsten sensorisch-motorischen Aktivitäten arbeitet, wird es wohl noch eine Weile dauern, bis wir wissen, was geschieht, wenn wir uns etwa an eine Telefonnummer erinnern, und es wird noch länger dauern, bis wir etwas über die Neurophysiologie der Intuition sagen können. Die Gehirnforschung ist von der Annahme ausgegangen, man könne den Verstand begreifen, wenn man herausfindet, welcher Teil des Gehirns was tut – als wäre das Gehirn eine kleine Fabrik, bei der die verschiedenen Arbeitsgänge verschiedenen Abteilungen eines protoplasmischen Fließbands übertragen sind. Diese mechanistische Anschauung wurde noch ergänzt durch die traditionelle reduktionistische Vorstellung, eines Tages würden wir das Gehirn und seine Funktionsweise verstehen, indem wir seine gesamte Tätigkeit auf elementare elektrische und chemische Geschehnisse reduzieren.

Diese Aussicht erscheint einigen Leuten als Triumph, anderen als Niederlage. Ist denn alles, was wir Geist und Erkenntnis nennen, zu demselben «Nichts als»-Schicksal verdammt, das nach einigen Theorien das Leben zu bloßer Biochemie reduziert hat? Meines Erachtens werden Materialisten wie Romantiker noch ihr blaues Wunder erleben. Ich denke da an jenes Fazit, das Wilder Penfield am Ende seiner erfolgreichen Arbeit als Gehirnforscher zog: «Es wird immer unmöglich bleiben, den Geist auf der Grundlage von Aktionen der Nervenzellen im Gehirn zu erklären.»

Der Reduktionismus – also die Vorstellung, wir könnten alles begreifen, wenn wir die Eigenschaften der Teile entdecken, aus denen jedes Ding sich zusammensetzt – beruht auf einer öden mechanistischen Auffassung vom Universum und von der Materie. Seltsamerweise gelangt der Reduktionismus jedoch unvermeidlich an einen Punkt, wo er sein eigenes Weltbild im Stich läßt. Die Naturwissenschaftler haben reduziert und reduziert, bis sie den physikalischen Bereich und den der Materie weit hinter sich ließen. Materie, das sind heute nicht mehr feste kleine Moleküle fester kleiner Atome. Sie ist vielmehr ein kompliziertes Gewebe eines abstrakten, vibrierenden, nichtphysikalischen Etwas, das wir bisher Energie genannt haben.

Denselben Weg werden zweifellos die Gehirnforscher einschlagen. Wenn die Naturwissenschaft sich damit zufriedengibt, die der Funktionsweise des Gehirns zugrunde liegende Biochemie zu begreifen, dann wird sie in die atomare Ebene eintauchen und danach in die bizarre subatomare Welt der Quantenmechanik, in der das, was wir für fest halten, zum größten Teil leerer Raum ist, in dem Elementarteilchen wild umherschwirren, die nicht wirklich Teilchen, sondern Wellen sind. Es gibt bereits Theoretiker, die quantenmechanische Modelle des Bewußtseins postulieren. So hat beispielsweise der Physiker Lawrence Domash behauptet, in höheren Bewußtseinszuständen könne das Nervensystem sich verhalten wie ein superleitendes Metall, das bemerkenswerte Eigenschaften aufweist – beispielsweise einen elektrischen Strom, der ständig ohne Widerstand fließen kann –, dank der perfekten Kohärenz seiner Atome. Domash meint, eine ähnliche Kohärenz in den Atomen der Nervenzellen könne Transzendenz und höheres Bewußtsein erklären.

Und noch etwas. So wie das Universum nach den Worten von James Jeans mehr einem Gedanken als einer Maschine gleicht, wird auch unser Denkapparat weniger einer Maschine, weniger einem Computer und mehr dem Geist gleichen. Dann werden wir dem Verständnis der Intuition einen Schritt näher sein.

Das ketzerische holographische Gehirn

Der augenblickliche Wissensstand über das Gehirn und seine Funktionsweise ist vielversprechend und stellt zugleich eine Herausforderung dar. Um Intuition erklären zu können, müssen wir uns jedoch über das Nachweisbare hinaus auf Spekulationen einlassen. Beginnen wir mit der holographischen Theorie von Karl Pribram, die eine der interessantesten und anregendsten Arbeitshypothesen der Neurowissenschaft ist, vor allem auch wegen ihrer physikalischen und metaphysischen Implikationen.

Seit vielen Jahren sucht die Wissenschaft nach jenem Ort im Gehirn, wo die Informationen gespeichert werden. Es wurde angenommen, daß jede noch so kleine Information eine Gedächtnisspur hinterläßt, klar erkenn- und lokalisierbar, der man den Namen *Engramm* gab. Nun stellt sich heraus, daß es ein solches Engramm wahrscheinlich doch nicht gibt und «Gedächtnis» ein über eine breite Fläche verteiltes und nicht punktuell fixierbares Geschehen ist. Karl Lashley, ein Pionier der Gehirnforschung, entdeckte das als erster, als er Ratten darauf trainierte, ein Labyrinth zu durchlaufen, und danach systematisch Teile ihres Gehirns zerstörte. Natürlich wurden die Leistungen der Ratten dadurch beeinträchtigt, doch nicht *welche* Teile des Gehirns entfernt wurden, war für die Verhaltensänderung von Bedeutung, sondern nur *wie viel* Gehirnmasse überhaupt wegoperiert wurde. Lashley schrieb 1959: «Es ist unmöglich, irgendwo im Nervensystem eine isolierte Gedächtnisspur nachzuweisen. Bestimmte Regionen mögen für das Lernen oder Beibehalten spezieller Aktivitäten wesentlich sein, doch sind die Teile innerhalb einer solchen Region funktionell gleichwertig.»

Natürlich können wir nicht Gehirne lebender Menschen sezieren. Doch aufgrund der Erfahrungen mit Patienten, deren Gehirn bei einem Unfall geschädigt wurde, hat sich herausgestellt, daß zwar Verhaltensweisen durch die Zerstörung von Gehirngewebe selektiv verändert werden, das Gedächtnis jedoch nicht. Würde das Gehirn funktionieren wie ein Computer, könnte man ein solches Ergebnis nicht erwarten. Man zerstöre eine Kabelverbindung in einem Computer, und sein Gedächtnis – sein Informationsspeicher – wird sich signifikant verändern oder vielleicht sogar ganz verlorengehen. Ein nichtlokalisierbares Gedächtnis ist eine Anomalie, somit etwas, das konventionelle Voraussetzungen in Frage stellt.

Der an der Stanford University lehrende Neuropsychologe Karl Pribram ist fasziniert von der Frage, wie sich das Gedächtnis über das Gehirn verteilt, und von den damit zusammenhängenden Problemen. Wie zum Beispiel gelingt es uns, Objekte zu erkennen, auch wenn ihr äußeres Erscheinungsbild durch Entfernung oder Perspektive verändert wird, oder wie übertragen wir Fertigkeiten eines Körperteils auf andere? Pribrams neue Theorie hat eine Vielzahl von Denkanstößen gegeben und unsere Vorstellungen vom Gehirn grundlegend revidiert. Die «zündende» Idee kam Pribram, als er Gehirn und Hologramm in eine Beziehung zueinander brachte. Das Hologramm ist ein von Dennis Gabor erfundenes Verfahren, bei dem durch die Interaktion zwischen Lichtwellen und einer fotografischen Platte dreidimensionale Bilder entstehen. So wie das Gehirn durch die Verarbeitung von Licht- und Schallwellen sieht und hört, kann es vielleicht auch intuitiv oder per Resonanz mit den ankommenden Informationswellen erkennen.

Zum Verständnis der Hologramme und des holographischen Gehirns muß man etwas über Wellenmechanik wissen. Ein Beispiel: Wirft man drei Kieselsteine in einen Teich, dann lösen diese drei kreisförmige Kräuselwellen aus, die sich gleichmäßig nach allen Seiten hin ausbreiten und aufeinander einwirken. Wellenberge, die aufeinandertreffen, verstärken sich; ebenso ist es mit Wellentälern. Diesen Vorgang nennt man *konstruktive Interferenz.* Zu einer *destruktiven Interferenz* kommt es, wenn Wellenberge auf Wellentäler treffen und sich gegenseitig auslöschen. Die Gesamtheit aller konstruktiven und destruktiven Interferenzen bildet ein *Interferenzmuster,* in dem im Grunde alles aufgezeichnet ist, was geschieht, sobald die Kieselsteine die Wasseroberfläche berühren.

Könnten wir das Wasser blitzartig gefrieren lassen, würde das Gewirr scheinbar zufälliger Schnörkel auf dem Eis uns in die Lage versetzen, die Herkunft jeder kleinen Welle bis zu dem Punkt zurückzuverfolgen, an dem der Kieselstein ins Wasser tauchte. Würden wir darüber hinaus diese Eisfläche auseinanderbrechen, wären wir imstande, jedes Bruchstück zu analysieren und so das genaue Muster der Wellen zu rekonstruieren. Im wesentlichen enthält jeder Teil des Interferenzmusters alle Informationen, die man braucht, um das Ganze zu rekonstruieren.

Beim Hologramm werden die Wellenmuster durch Licht erzeugt. Man arbeitet mit Laserstrahlen, die sich ohne Ablenkung in kohärenten – zusammenhängenden – Wellen ausbreiten. Die Wellenberge und -täler bilden eine Reihe wie Teelöffel in einem Besteckkasten (siehe Abb. 3). Dagegen sind Wellen, die von einer normalen Glühbirne ausgehen, inkohärent, zusammenhanglos.

Beim Erzeugen eines Hologramms wird der Laserstrahl in zwei Hälften gespalten. Die eine Hälfte, der sogenannte *Referenzstrahl,* wird direkt auf die fotografische Platte gerichtet, während die andere Hälfte, der *Kontrollstrahl,* die Platte erst erreicht, nachdem er von einem Objekt reflektiert wurde. Auf der Platte entsteht ein Interferenzmuster, ein Gewimmel von Strichen, das Peter Russell in seinem Buch *Der menschliche Computer* mit dem Fell eines Zebras vergleicht. Das Muster entspricht den gerippten Wellen auf der oben erwähnten Eisfläche. Sobald das Interferenzmuster auf der fotografischen Platte vom Laser bestrahlt wird, erscheint im leeren Raum ein dreidimensionales Bild des Objekts aufgrund einer exakten Neuschöpfung seines Lichtfeldes, was nur durch die kohärenten Laserwellen möglich ist (bei gewöhnlichem Licht sieht man lediglich ein Chaos von Linien). Jedes Bruchstück der Platte ermöglicht die Rekonstruktion des gesamten Bildes. Und nur wenn das Fragment sehr klein ist, geht einiges an Klarheit und Detailschärfe verloren.

Das holographische Modell verhält sich zu unserem früheren Konzept vom Gehirn wie ein Hologramm zu einem gewöhnlichen Foto. Es gibt keinen Punkt für Punkt nachweisbaren Zusammenhang zwischen den Objekten «da draußen» und dem Bild auf der Platte; und es gibt keinen im einzelnen nachweisbaren Zusammenhang zwi-

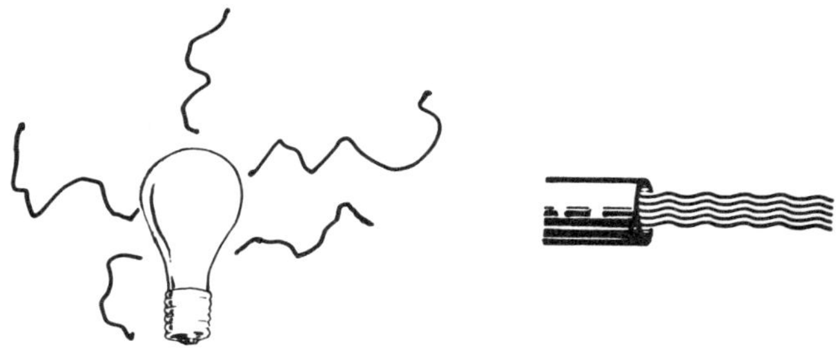

Abb. 3 Inkohärente Wellen einer Glühbirne (links) und kohärente Wellen eines Lasers

schen der menschlichen Erfahrung und den Einprägungen im Gehirn. Die holographische Theorie besagt, das Gehirn nehme die von außen in Form von Wellen ankommenden Informationen auf und speichere sie etwa so, wie eine fotografische Platte ein holographisches Bild speichert. Jüngste Forschungsergebnisse bestätigen, daß das Gehirn Informationen tatsächlich als Wellen empfängt: Die Kodierung durch die Sinne ist eine Form von Wellenanalyse.

Durch Veränderung des Winkels der fotografischen Platte und der Frequenz des Laserstrahls lassen sich Tausende von Bildern aufzeichnen und danach als Hologramme wieder erschaffen. Das Gehirn mit seiner gewaltigen Kapazität zur Aufnahme und Speicherung von Informationen tut vielleicht etwas ähnliches: Beim Lernen oder Erinnern entschlüsseln wir Wellen und verschlüsseln andere neu, so wie bei einer Fernsehübertragung Bilder in Wellen und diese dann wieder in Bilder umgewandelt werden. Vielleicht funktionieren unsere Aufmerksamkeit, Wünsche oder Bedürfnisse oder eine unbeantwortete Frage ähnlich wie der «Rekonstruktionsstrahl», der das holographische Bild erzeugt, wenn er auf das Interferenzmuster gerichtet wird. Als Ergebnis kann dann im Geist ein Bild oder eine Idee wiedergeschaffen werden, oder – über die gegenwärtigen Fähigkeiten des Hologramms hinausgehend – es entsteht ein ganz neues Bild oder ein neuer Gedanke, das/der Elemente aus dem gespeicherten Bestand von Interferenzmustern miteinander verbindet.

Unser Instrument des Erkennens – mögen wir es Gehirn oder Geist nennen – fängt an, einem oszillierenden Resonanzboden zu gleichen, der Schwingungen auffängt, verarbeitet und weiterleitet. Es ist vielleicht schwierig, sich das vorzustellen. Dagegen erleichtert die holographische Theorie das Verständnis dafür, wie verschiedene Muster, zwischen denen kein erkennbarer Zusammenhang besteht, sich ohne lineare Aufeinanderfolge einzelner Schritte gleichzeitig zu einer neuen Erkenntniseinheit vermischen können.

Arbeitet das Gehirn wie ein Hologramm, indem es Informationen so speichert, daß jedes winzige Bit in jedem seiner Teile verfügbar ist, dann ist Erkenntnis möglicherweise nicht von einer Sequenz neuronaler Verknüpfungen in Zeit und Raum abhängig. Das könnte auch das oft Überraschende, die Plötzlichkeit einer Intuition erklären. Vielleicht entschlüsselt und vereinfacht der Geist unsere Erfahrungen so, wie Mathematiker komplexe Wellenmuster auf einfache zusammengesetzte Wellen reduzieren. Ist dem so, dann wäre laut Pribram «alles, was wir brauchen, das Speichern einiger weniger Regeln anstelle riesiger Mengen von Details». Auf diese Weise ließe sich auch verstehen, wie es dem Geist möglich ist, Prinzipien, Gesetze, einfache Wahrheiten oder bevorstehende Ereignisse aus einem ganzen Komplex von Eindrücken oder gar mehreren Konstellationen unbewußt zu erfassen. Die Holographie ist eine höchst effiziente Methode des Verschlüsselns; ihre Grundsätze lassen sich möglicherweise auf etwas so Leistungsfähiges wie den intuitiven Verstand anwenden.

Natürlich hat Pribrams Theorie kontroverse Reaktionen ausgelöst. Sie widerspricht total dem mechanistischen Bild der Wirklichkeit, das das abendländische Denken in den vergangenen Jahrhunderten beherrscht hat. Viele konservative Wissenschaftler lehnen die Theorie rundweg ab, wobei sie vor allem daran Anstoß nehmen, daß Pribram ihrer Meinung nach zu sehr verallgemeinert. Pribram stellt dazu fest, daß Physiker und Wissenschaftler anderer Disziplinen gewöhnt sind, die physikalische Welt als aus Wellen bestehend zu interpretieren, und daher seine Gedanken durchaus nicht für so absonderlich halten. Denn die Welt der Quantenphysik ist genau das: ein Universum ineinander verschlungener Wellen, die auf unendlich vielfache Weise erstarren und dabei das bilden, was wir als Materie und als Einzelobjekte wahrnehmen.

Von anderen Wissenschaftlern wurde das neue holographische Modell begeistert begrüßt. Einige von ihnen akzeptieren es nicht nur als Hypothese, sondern als Tatsache und nehmen es eher wörtlich als metaphorisch. Es wird sich vielleicht herausstellen, daß dieses Modell weit mehr ist als nur eine provokative Analogie, doch scheint es im Augenblick das beste zu sein, es einfach für eine solche zu halten. Möglicherweise wird die Theorie bald modifiziert oder durch eine andere ersetzt, die zweifellos ein weiterer Schritt in Richtung eines weniger mechanischen und mehr metaphysischen Verständnisses der Wechselwirkung zwischen Geist und Welt sein wird.

Der Neurobiologe Oliver Sacks äußert sich zu diesem Thema in nahezu mystischer Weise: «Unser Bewußtsein ist wie eine Flamme oder eine Quelle, die aus unendlichen Tiefen aufsteigt. Wir selbst übermitteln nur und sind nicht die erste Ursache. Wir sind Behälter oder Trichter für etwas, was jenseits von uns liegt. Wir spiegeln im eigentlichen Sinne die Natur wider, die uns gemacht hat.» Letztlich wird jede Theorie über die Intuition den Geist in Zusammenhang bringen müssen mit dem, «was jenseits von uns liegt».

Mit dem holographischen Modell haben einige Denker den ersten Schritt dazu getan.

David Bohm, ehemaliger Kollege Einsteins und Professor für theoretische Physik an der University of London, ist der Ansicht, die uns vertraute Welt von Ursache und Wirkung, voneinander getrennter Objekte und Formen – die er die *entfaltete Ordnung* nennt – entstamme einer Sphäre jenseits von Raum und Zeit. Außerhalb des Geltungsbereiches der Sinneswahrnehmungen und des naturwissenschaftlichen Apparates ist Bohms *eingefaltete Ordnung* in die entfaltete «eingefaltet» und konstituiert ein einheitliches Ganzes. Wie im Hologramm enthält jeder Teil des eingefalteten Bereichs das Ganze, und der menschliche Geist hat Zugang zu diesen Informationen. Man könnte sich unser Universum als ein riesiges Interferenzmuster vorstellen, zu dem jedes Geschehnis und jeder Gedanke etwas hinzufügen wie Kieselsteine, die in einen Teich geworfen werden. Trifft diese Analogie zu, dann würde der Verstand jedes einzelnen alle Informationen enthalten, die es jemals im Universum gegeben hat. Dann wären wir alle in der Tat Fragmente einer alles umfassenden fotografischen Platte.

Solche Gedanken lassen hoffen, daß wir eines Tages wissen werden, wie der intuitive Verstand weiß, was er weiß.

7 Das intuitive Bewußtsein

«Erkenntnis ist eine Funktion des Seins. Auf eine Veränderung im Sein des Erkennenden folgt eine entsprechende Veränderung in Art und Umfang der Erkenntnis.» Diese Feststellung Aldous Huxleys enthält eine sehr wichtige praktische Botschaft: Die Qualität der Intuition verändert sich entsprechend dem Bewußtseinszustand des Erkennenden. Damit ist auch die Kernaussage der grundlegenden Texte der Philosophia perennis, der «ewigen Philosophie», formuliert, jenem Herzstück der Weisheit in den mystischen Überlieferungen der ganzen Welt. Diese Texte, die oft nur als Mythologie oder religiöse Spekulationen betrachtet werden, sollte man eher als Abhandlungen verstehen, abgefaßt von Wissenschaftlern der Antike, die das Bewußtsein damals so erforschten, wie moderne Wissenschaftler heute Informationen über die materielle Wirklichkeit sammeln. Meines Erachtens entmystifizieren sie bestimmte zentrale Fragen, die wir Abendländer erst gar nicht richtig zur Kenntnis genommen haben. Zumindest bieten sie Hypothesen und theoretische Modelle an. Meine Hauptquellen sind die indischen Veden und die Schriften von Maharishi Mahesh Yogi, dessen schlechtes Image in unseren Medien leider verhindert hat, daß seinem bedeutenden Beitrag zur Erforschung des Bewußtseins die gebührende Anerkennung zuteil wurde.

Im *Rigweda* wird das Grundthema dieses Kapitels mit charakteristischer Kargheit folgendermaßen ausgedrückt: «Erkenntnis ist strukturiert als Bewußtsein.» Das kann auf verschiedene Weise verstanden werden. Zum Beispiel, daß Erkenntnis eine Funktion des Bewußtseins ist, oder, anders ausgedrückt, daß wir nur erkennen können, weil wir unser selbst bewußt sind. In dieser Hinsicht formulierte Descartes seinen berühmten Satz «Ich denke, also bin ich». Er spannte den Karren vor das Pferd. Richtig sollte es heißen: «Ich bin, also denke ich», oder «Ich bin, also erkenne ich».

Alles, was wir wissen, wissen wir nur im Rahmen unseres individuellen Bewußtseins. Selbst unsere Sinneswahrnehmungen sind nur das geistige Gewahrwerden des Endergebnisses der Verschlüsselung und Entschlüsselung von Wellen, die unseren Organismus treffen. Was wir dabei erkennen, ist von Erkennendem zu Erkennendem verschieden. Ein Botaniker wird eine Blume so, ein Liebender anders und ein Misanthrop wieder anders sehen; und ein Poet wie William Blake würde «einen Himmel in einer wild wachsenden Blume» entdecken.

Was wir erkennen und wie wir erkennen, das variiert jedoch nicht nur von Mensch zu Mensch, sondern auch entsprechend den Veränderungen in der individuellen Bewußtheit. Beim morgendlichen Erwachen wandeln sich Art und Qualität unseres Erkennens spürbar gegenüber dem, was sie im Schlaf oder im Traumzustand des Bewußtseins waren, und diese Veränderungen setzen sich fort. Sobald wir den Schlaf aus den Augen gerieben und etwas frische Luft geschnappt haben, steigern sich Denkgenauigkeit und Auffassungsvermögen. Im Verlauf eines Tages erfahren wir Schwankungen der Bewußtheit und somit unserer Fähigkeit, wahrzunehmen und zu erkennen. Die Unterschiede hängen von den strukturellen Bedingungen ab, die unseren Bewußtseinszustand beeinflussen.

Diese einfachen Grundsätze gelten für Erkenntnisse jeder Art, vielleicht jedoch ganz besonders für Intuitionen, da diese weniger durch die Denkgewohnheiten abgeschirmt werden, die unseren Verstand beherrschen. Die Form einer Intuition, die Klarheit der Erfahrung und das Ausmaß, in dem sie die Wirklichkeit widerspiegelt, wandeln sich mit gewandeltem Bewußtsein. Ganz gewiß wirken eigene Erfahrungen, Neigungen und Konventionen auf die Qualität der Intuition ein. Im allgemeinen ist jedoch der Bewußtseinszustand des Erkennenden die entscheidende Variable, und der wird durch den Gesamtzustand des Nervensystems bestimmt. Da die Physiologie des Bewußtseins ein verhältnismäßig neues Gebiet ist, wissen wir noch nicht genau, wie ein der Intuition günstiger Bewußtseinszustand beschaffen sein sollte. Betrachten wir jedoch die bisher bekannten Daten und die intuitive Erfahrung, wie sie allgemein beschrieben wird, zusammen, dann können wir folgendes postulieren: Intuition wird normalerweise durch eine Kombination von niedrigem Reizzustand der Nerven und hoher Wachsamkeit begünstigt – durch einen ruhigen und aufnahmebereiten Geist bei relativ geringen äußeren mentalen Störungen, die den intuitiven Input beeinträchtigen könnten.

R. K. Wallace, David Orme-Johnson und andere haben die Transzendentale Meditation erforscht, und ausgehend von ihren Ergebnissen können wir außerdem postulieren, daß EEG-Kohärenz – eine Korrelation zwischen Gehirnwellen aus verschiedenen Regionen des Gehirns – eine wichtige Komponente sein könnte. Es scheint einen Zusammenhang zu geben zwischen Kohärenz und der Erfahrung der Transzendenz, die den Höhepunkt schweigender Aufnahmebereitschaft darstellt. Kohärenz wurde mit Kreativität, kognitiver Flexibilität und anderen geistigen Leistungen verbunden, an denen Intuition wahrscheinlich beteiligt ist. Betroffene berichten, daß Personen mit transzendenten Erfahrungen vermutlich intuitiv im wahren Sinne des Wortes sind. Es ist durchaus denkbar, daß Kohärenz ein Indikator für eine gewisse methodische Interaktion verschiedener Regionen des Gehirns ist. Es kommt darauf an, welche Bereiche jeweils von der besonderen Intuition einbezogen werden. In Verbindung mit Messungen grundlegender physiologischer Stabilität, etwa galvanischer Reaktionen der Haut, könnte Kohärenz im EEG den Schlüssel zu einer empirischen Beschreibung des Idealzustandes für Intuition liefern. Dieselben Parameter könnten, wenn sie gefunden werden, auch für die Physiologie der Inkubation gelten.

Sollte sich die Superleiter-Analogie von Lawrence Domash als richtig erweisen, würde vielleicht ein kohärentes Nervensystem Informationen ohne elektrischen Widerstand weiterleiten, sowohl aus der Umwelt wie aus dem Inneren. Kohärenz ist ein besonders verführerisches Kriterium angesichts des holographischen Modells des Geistes. So wie die Holographie von der Kohärenz des Laserstrahls abhängt, könnte die Intuition von der Kohärenz des Nervensystems abhängig sein. Auf diesen Gedanken werden wir später noch einmal zurückkommen.

Tiefes Nachdenken

Intuition kann verstanden werden als ein Augenblick, in dem der Geist sich selbst zugewandt ist und das Ergebnis von Vorgängen erfaßt, die außerhalb der Bewußtheit stattgefunden haben. Ein kohärentes Nervensystem könnte Material angemessener verarbeiten und gedankliche Strukturen formen, die den Wünschen und Bedürfnissen des Individuums entsprechen. Ein besser geordnetes System würde die Aufmerksamkeit des Erkennenden auch zum richtigen Zeitpunkt auf den richtigen Punkt innerhalb des Verstandes lenken und Zugang zu einer breiteren Informationsgrundlage haben.

Man stelle sich den Geist vor als einen Ozean (siehe Abb. 4). Das Wellengekräusel an der Oberfläche stellt das normale, bewußte Denken dar, turbulent und sich ständig wandelnd, ein konstanter Fluß von verschiedenen, ja einzigartigen Gedanken und Sinneswahrnehmungen. Darunter liegt eine Schicht, die die nichtbewußten Vorgänge und Strukturen umfaßt. Allem jedoch zugrunde liegend und alles durchdringend ist das absolute, reine Bewußtsein, das unwandelbare, grenzenlose, universale SELBST.

Innerhalb des Geistes ähnelt die jeweils tiefere Schicht zunehmend dem reinen Bewußtsein, nimmt mehr von dessen Eigenschaften an, so wie nahe einem Feuer befindliche Objekte zunehmend wärmer und leuchtender werden. Jede tiefere Ebene wird stabiler, universaler, weniger durch Raum und Zeit begrenzt und steht der Wahrheit näher, da das reine Bewußtsein schweigend, alles-durchdringend, jenseits von Raum und Zeit sowie ewig ist. Jede Ebene umfaßt die darüber liegenden Ebenen, unterstützt, ordnet und lenkt sie, so wie im physikalischen Bereich die molekularen Strukturen umfassender sind als die materiellen Objekte, die sie aufbauen, wie Atome universaler sind als Moleküle usw., so hat auch der Geist auf den tieferen Ebenen mehr gemeinsam mit anderen geistigen Formen – er ist weniger individualisiert.

Am Ende des vorigen Kapitels habe ich die Möglichkeit dargestellt, daß der individuelle Geist Teilen einer universalen holographischen Platte vergleichbar sein könnte. Jeder Mensch hat Zugang zu einer Art von kosmischem Interferenzmuster oder vielleicht mehren Interferenzmustern, die aus Informationswellen bestehen. Jedes Geschehnis, ja, jeder Gedanke, erzeugt eine Welle, die sich ins Unendliche ausbreitet und an jedem Punkt des Universums eine Spur hinterläßt, jeden individuellen

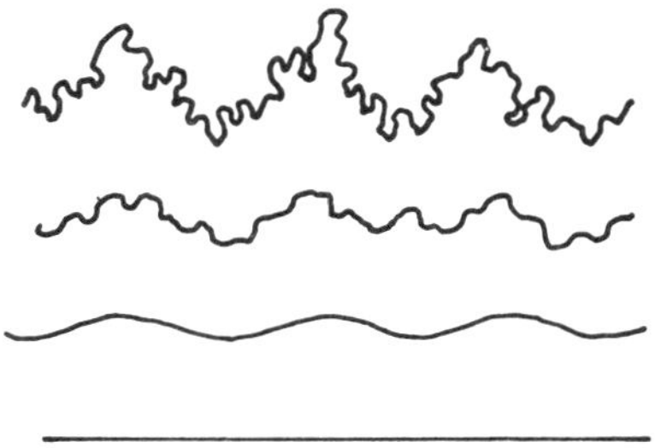

Bewußtes Denken

Zunehmende Universalität, Ordnung und Kohärenz des Denkens

Absolutes, reines Bewußtsein

Abb. 4 Hierarchisches Modell des Geistes

menschlichen Geist eingeschlossen. Die Oberflächenebenen des Geistes enthalten Informationen über die einzigartigen Erfahrungen jedes Individuums. Auf den tieferen Ebenen werden die zum Interferenzmuster beitragenden Wellen zunehmend universaler, bis sie schließlich im allumfassenden Absoluten den Höhepunkt erreichen.

Wir können postulieren, daß die Qualität der Intuition proportional ist zum Grad des Zugangs unserer Bewußtheit zu den tieferen Geistesschichten. Da der wiederum von unserem Bewußtseinszustand abhängig ist, bestünde auch ein unmittelbarer Zusammenhang zwischen Eigenschaften des Nervensystems – seiner *Kohärenz* – und dem Zugang zu den Tiefen des Geistes, wo die universalen Impulse der Informationen angezapft werden können.

Um aus dem im Grunde chaotischen Wellengewirr aus der fotografischen Platte ein Hologramm zu formen, muß der zusammenhängende Strahl eines Lasers darauf gerichtet werden. Er holt die entsprechende Information heraus und strukturiert sie auf sinnvolle Weise. Winkel und Frequenz des Rekonstruktionsstrahls bestimmen die Natur des projizierten Bildes. Man stelle sich die Aufmerksamkeit des Menschen als ein Unterseeboot vor, das imstande ist, in den ozeangleichen Geist einzutauchen und einen Strahl von Bewußtheit auf jeden beliebigen Punkt um sich herum und über sich zu lenken, jedoch nicht unter sich. Der Bewußtseinszustand eines Menschen gleicht der Tiefe, die das U-Boot Aufmerksamkeit erreichen kann, und diese Tiefe steht in Beziehung zur Kohärenz. Bei höheren Bewußtseinszuständen ist die Aufmerksamkeit in der Lage, sich in tieferen Geistesschichten aufzuhalten, von wo aus sie kohärente Strahlen auf einen breiteren Bereich des kosmischen Fundus an Informationen richten kann.

Man könnte postulieren, daß die Aufmerksamkeit, sobald die entsprechende Anordnung von Erkenntnissen erreicht ist, durch eine Art von Resonanzwirkung auf den richtigen Punkt im Geist gelenkt wird. Ist sie in der Lage, die notwendige Tiefe und Kohärenz zu erreichen, dann wird der Geist in sich selbst eintauchen und eine Intuition erzeugen.

Damit haben wir unsere ursprüngliche Bemerkung – daß die Qualität der Intuition vom Bewußtseinszustand abhängt – auf andere Weise ausgedrückt, nämlich in Begriffen von Schichten des Geistes und der holographischen Metapher. Intuitive Erfahrung würde demnach darin bestehen, daß man die Aufmerksamkeit strahlenförmig auf einen Teil der sich ständig verändernden holographischen Platte richtet, die wir Geist nennen. Was dabei herauskommt, ist abhängig vom Winkel und der Frequenz des Strahls, die beide durch Verlangen, Absicht und Bedürfnis des einzelnen bestimmt werden. Je tiefer man taucht, desto kohärenter der Strahl, desto breiter der Umfang der verfügbaren Informationen und desto genauer und klarer unsere Intuition. Auf dem Höhepunkt der Kohärenz könnte die ganze Breite des Ozeans durchquert werden, und es käme zur Erleuchtung durch Transzendenz.

Unterhalb des bewußten Gewahrwerdens wird eine Vielfalt von Elementen neu gruppiert, um jene Muster entstehen zu lassen, die zu Intuitionen werden, wenn die Aufmerksamkeit darauf gelenkt wird. Es ist anzunehmen, daß dicht unter der Oberfläche Schichten vergangener Eindrücke lagern, einzelne Erinnerungen an körperliche und geistige Geschehnisse. Dort sind vermutlich auch Deduktionen und Schlußfolgerungen verschlüsselt, abstrahiert aus Vorstellungen, Kategorien und Klassifizierungen, die wir im Laufe unseres Lebens vornehmen und verändern und die uns in die Lage versetzen, späteren Erfahrungen einen Sinn zu geben. Derartige gespeicherte Elemente wären Teil der Informationen, die mit erworbenen Daten über eine besondere Situation oder ein besonderes Problem kombiniert werden.

Wir sollten auch Raum lassen für das Freudsche Unbewußte, jene Ablagerung verdrängter Gefühle, deren Einfluß auf unser Denken und Verhalten inzwischen allgemein anerkannt wird. Einige Psychologen, vor allem Eric Berne in den dreißiger Jahren, haben das Unbewußte direkt mit Intuition in Verbindung gebracht, besonders wenn es um Urteile über andere Menschen geht. Aus dieser Sicht prägen Urinstinkte und frühkindliche Erfahrungen alles, was wir wahrnehmen und denken. Eine streng freudianische Interpretation der Intuition hat jedoch ihre Grenzen und endet unweigerlich mit einem Prä/Trans-Trugschluß, der alle nichtrationalen Vorgänge auf *subrationale* Prozesse reduziert und Offenbarungen und Inspirationen gern als Neurosen, Halluzinationen oder Projektionen erklärt. Auf diese Weise werden Mystiker mit Schizophrenen, Transzendenz mit Trance, Erleuchtung mit Selbsttäuschung verwechselt. Dennoch muß das Freudsche Unbewußte in jede Betrachtung nichtbewußter Vorgänge einbezogen werden. Bei der Bewertung intuitiver Erfahrungen ist ferner die grundlegende Freudsche Vorstellung zu beachten, daß Abwehrmechanismen und verdrängte Bedürfnisse unsere Gedanken auf eine Weise beeinflussen, der wir uns gar nicht bewußt sind.

Wir müssen jedoch über die individuelle Erfahrung hinausgehen und dem intuitiven Geist ein breiteres Fundament geben. Das holographische Modell, nach dem jeder individuelle Geist Zugang zum ganzen universalen Muster hat, liefert uns ein konkretes Bild und erleichtert es, sich unser Teilhaben an Information vorzustellen. Phänomene wie Telepathie und Hellsehen werden so verständlicher, da sie nicht mehr von Elementarteilchen oder Energieformen abhängig sind, die Raum und Zeit durchqueren müssen. Statt dessen wird alles, was im Universum geschieht, die Gedanken eingeschlossen, gleichzeitig und überall verschlüsselt. Diese Vorstellung stimmt mit den Lehren der Philosophia perennis überein und steht den Thesen der modernen Physik nicht fern. In der Tat hat David Bohm seine «eingefaltete Ordnung», in der eine holographische Struktur des Universums postuliert wird, aus seiner Erforschung der Quantenmechanik abgeleitet.

Nach der Quanten- und Relativitätstheorie ist die Welt nicht die uns vertraute Welt separater Formen und Strukturen. Die Wirklichkeit der Materie wird vielmehr als ein Gewebe innerlich zusammenhängender Energieströme betrachtet. Fritjof Capra schreibt in seinem Buch *Das Tao der Physik:* «Die subatomaren Teilchen sind dynamische Strukturen, die nicht als isolierte Einheiten existieren, sondern als integrierte Teile eines unauflöslichen Netzwerks von Wechselbeziehungen. Diese Wechselwirkungen stellen einen unaufhörlichen Fluß von Energie dar, die sich als Austausch von Teilchen manifestiert ... Die Teilchenwechselwirkungen lassen die stabilen Strukturen entstehen, die die materielle Welt aufbauen, die wiederum nicht in Ruhe bleiben, sondern in rhythmischen Bewegungen oszillieren. Das ganze Universum befindet sich somit in endloser Bewegung, in einem ständigen kosmischen Tanz von Energie.»

Die tiefen Ebenen der materiellen Schöpfung sind also untereinander verbunden, und da das Gehirn aus demselben Stoff besteht wie Felsen und Sterne, ist es nicht weiter schwierig, diese Sicht so auszuweiten, daß sie auch das menschliche Bewußtsein umfaßt. Die meisten Wissenschaftler wehren sich dagegen, doch gilt es in den überlieferten nichtabendländischen Philosophien als selbstverständlich, daß Geist und materielle Wirklichkeit miteinander verknüpft sind. Beide werden als unterschiedliche Manifestationen derselben grundlegenden Wesenheit, des Bewußtseins, angesehen.

Die der subatomaren Wirklichkeit assoziierten Phänomene lassen die Behauptung plausibler erscheinen, der Geist habe Zugang zu ungewöhnlichen Informationsquellen: Elementarteilchen reisen rückwärts in der Zeit; Elektronen treten gleichzeitig an mehreren Orten auf; Elektronen «untertunneln» abgrenzende Barrieren, indem sie sich in einen nichtmanifesten «Vakuumzustand» auflösen und auf der anderen Seite der Schranke in der alten Form wiederauferstehen.

Das ungewöhnlichste Phänomen ist vielleicht der EPR-Effekt, benannt nach Einstein und seinen Kollegen Podolsky und Rosen. Danach können zwei Elementarteilchen, die einmal in Wechselbeziehung zueinander standen, im selben Augenblick auf Veränderungen in einem der beiden Partikel reagieren, selbst wenn sie in Raum und Zeit Lichtjahre voneinander getrennt sind.

Rätsel wie der EPR-Effekt (der inzwischen von John S. Bell als Bells Theorem formuliert und experimentell bestätigt wurde) haben provokative Spekulationen bei Physikern und Philosophen ausgelöst. Da wurde unter anderem die These aufgestellt, Gedanken könnten schneller sein als das Licht. Nicht weit entfernt von dieser Ketzerei und in mehr als einer Hinsicht befriedigender ist die Annahme, daß die beiden Elementarteilchen in Bells Theorem irgendwie miteinander verbunden sind, obwohl sie weit voneinander entfernt sind. Diese Prämisse wäre in einem holographischen Universum akzeptabel, in dem die Vielfalt der gewöhnlichen Wirklichkeit zu einem nahtlosen, ungeteilten Ganzen verschmilzt – nach Bohms Worten «eine einzige Struktur untrennbarer Verknüpfungen». In einem solchen Universum ist alles miteinander verbunden, und Raum und Zeit bilden keine Schranken. Das menschliche Bewußtsein wäre ein Teil dieses Gewebes und kann, wenn es in der richtigen Weise eingestimmt wird, mit jedem beliebigen Teil des Universums «mitschwingen».

Ein solches Universum vorausgesetzt, wäre es denkbar, daß der intuitive Geist Quellen anzapft, die den Sinnen nicht verfügbar und nicht auf den einzelnen beschränkt sind. Im abendländischen Denken weiß man hierüber sehr wenig; doch haben einige Gelehrte eine Verbindung zwischen dem individuellen Geist und einem größeren, umfassenderen Bereich von Informationen und Intelligenz postuliert. Der Jesuit und Philosoph Teilhard de Chardin beispielsweise hat sich eine – von ihm so genannte – *Noosphäre* vorgestellt, die zusammengesetzt sei «aus Partikeln des menschlichen Bewußtseins und . . . geprägt von inneren Erfahrungen der Menschheit». Doch war es wohl in der Hauptsache der große C. G. Jung, der den individuellen Geist mit universalen Existenzbereichen verknüpfte.

Das kollektive Unbewußte

In Abweichung von den Lehren Freuds behauptete C. G. Jung, das Unbewußte sei «keine bloße Schutthalde der Vergangenheit», sondern auch voll von künftigen Eindrücken und Vorstellungen. Für Jung ist das Unbewußte eine selbständige Entität mit einer eigenen Realität, die in einem kompensatorischen und komplementären Verhältnis zum Ichbewußtsein steht. Inhalte, deren sich das Individuum niemals bewußt war, können aus der Tiefe des Unbewußten aufsteigen, und das keineswegs nur im Traum. Motiviert durch den grundlegenden Drang nach Selbstverwirklichung, reagiert das Unbewußte auf bewußte Geschehnisse und übernimmt die Führung.

Jung unterscheidet zwei Arten des Unbewußten: das persönliche und das kollektive Unbewußte.

> Eine gewissermaßen oberflächliche Schicht des Unbewußten ist zweifellos persönlich. Wir nennen sie das *persönliche Unbewußte.* Dieses ruht aber auf einer tieferen Schicht, welche nicht mehr persönlicher Erfahrung und Erwerbung entstammt, sondern angeboren ist. Diese tiefere Schicht ist das sogenannte *kollektive Unbewußte.* Ich habe den Ausdruck «kollektiv» gewählt, weil dieses Unbewußte nicht individueller, sondern *allgemeiner* Natur ist, das heißt, es hat im Gegensatz zur persönlichen Psyche Inhalte und Verhaltensweisen, welche überall und in allen Individuen cum grano salis dieselben sind. Es ist, mit anderen Worten, in allen Menschen sich selbst identisch und bildet damit eine in jedermann vorhandene, allgemeine seelische Grundlage überpersönlicher Natur.
>
> Seelische Existenz wird nur erkannt am Vorhandensein *bewußtseinsfähiger Inhalte.* Wir können darum nur insofern von einem Unbewußten sprechen, als wir

Inhalte desselben nachzuweisen vermögen. Die Inhalte des persönlichen Unbewußten sind in der Hauptsache die sogenannten *gefühlsbetonten Komplexe,* welche die persönliche Intimität des seelischen Lebens ausmachen. Die Inhalte des kollektiven Unbewußten dagegen sind die sogenannten *Archetypen* (C. G. Jung).

Das kollektive Unbewußte bezieht sich auf Inhalte, die jedermann vertraut sind, auf uralte und universale Denkformen der Menschheit. Jung sah in den Archetypen so etwas wie einen kognitiven instinktmäßigen Apparat, ebenso Gefühl wie Gedanke, der einen mächtigen Einfluß ausübt, und zwar nicht nur symbolisch. Vielmehr regt er zum Handeln und originellen Denken an. Die Archetypen sind nicht in dem Sinne vererbt, daß ein Mensch sich ihrer bewußt erinnert oder über Vorstellungen verfügt, die seine Ahnen gehabt haben. Vielmehr handelt es sich dabei um Dispositionen oder Möglichkeiten, die Welt zu erfahren und auf sie zu reagieren.

Kreativität und Intuition erfordern eine direkte Verbindung zwischen dem bewußten Geist und tiefen archetypischen Strukturen. Dank der Archetypen lassen sich Erfahrungen sinnvoll interpretieren und in eine vorgegebene Situation eigene Impulse und Gedankenformationen einbringen. Jung behauptet, intuitive Menschen könnten die inneren Prozesse wahrnehmen und gewisse Daten hinzufügen, die von allergrößter Bedeutung sind, um zu begreifen, was in der Welt vor sich geht. Sie könnten auch neue Möglichkeiten mehr oder weniger deutlich voraussehen und voraussagen, ebenso Ereignisse, die später wirklich eintreten. Jung verweist in seinen Schriften auf eine Vielfalt intuitiver Erfahrungen, die er alle dem kollektiven Unbewußten zuschreibt.

Über das kollektive Unbewußte hat der Geist jedes Individuums teil an einer Informationsgrundlage, die nicht durch die Grenzen des normalen Gedächtnisses, der Sinneswahrnehmungen oder von Raum und Zeit beschränkt ist. Vor kurzem hat der britische Biologe Rupert Sheldrake eine provokative und umstrittene Hypothese aufgestellt, mit der er mentale und physische Phänomene in einer einzigen Theorie des Wandels verknüpft. Er spricht von einem «formativen Kausalprinzip», das dem Quellenmaterial, mit dem der intuitive Geist arbeitet, noch einiges hinzufügt.

Sheldrake behauptet, das Verhalten aller Systeme – physikalischer, chemischer und biologischer Art – würde durch unsichtbare Organisationsfelder reguliert, die er «morphogenetische Felder» nennt. Diese Felder, die Zeit und Raum durchdringen, besitzen angeblich keine Masse oder Energie und sind daher natürlich schwer nachweisbar.

Früher unerklärbare Phänomene werden durch das formative Kausalprinzip begreifbar. Um nur ein Beispiel zu bringen, das Sheldrake selbst anführt, sei hier das Rattenexperiment des Harvard-Psychologen William McDougall zitiert:

1920 hatte McDougall eine Gruppe von Ratten dazu gebracht, durch ein Wasserlabyrinth zu schwimmen. Die Tiere lösten diese Aufgabe – die einen rascher als die anderen, wie das wohl so bei allen Tieren (und Menschen) der Fall ist. Und gewissenhaft notierte der Psychologe die Anzahl der Fehler, die jede Ratte beging, bis sie die Aufgabe gemeistert hatte.

McDougall führte sein Experiment fort, züchtete von seinen Labyrinth-Ratten über zwanzig Generationen und stellte allen Nachkommen die gleiche Aufgabe. Es zeigte sich, daß die späteren Rattengenerationen allmählich immer *besser* lernten, durch das Labyrinth zu schwimmen; tatsächlich gelang es der letzten Generation zehnmal so schnell wie der Stammgruppe. Da Ratteneltern ihre Kinder nicht in eine Schule für Labyrinthschwimmen schikken, sind McDougalls Ergebnisse wirklich verblüffend.

Aber die Geschichte geht noch weiter. In Schottland und Australien wiederholten andere Wissenschaftler McDougalls Untersuchungen. Und erstaunlicherweise gelang es in beiden Fällen gleich der ersten Generation Ratten, das Labyrinth fast so schnell zu durchschwimmen wie McDougalls letzte Generation. Manche Ratten machten nicht einen einzigen Fehler!

Wie lassen sich derartig merkwürdige Resultate – Sheldrake berichtet noch von einigen anderen – erklären? Das ist mit konventionellen Mitteln nicht möglich, aber Sheldrakes Hypothese bietet eine Erklärung: Er meint, daß McDougalls erste Rattengeneration ein morphogenetisches Feld für dieses Verhalten errichtete. Dieses Feld hat dann das Verhalten der späteren Ratten «geleitet», in einem Prozeß, den Sheldrake «morphische Resonanz» nennt und der bewirkt, daß die Aufgabe schneller bewältigt wird.

Sheldrakes Grundidee ist, daß durch die Errichtung eines solchen Feldes infolge des ursprünglichen Verhaltens dasselbe Verhalten durch «morphische Resonanz» später bei anderen gefördert wird.

Diese Argumentation erinnert an die bekannte Geschichte vom «hundertsten Affen», deren Wert weniger in ihrer wissenschaftlichen Echtheit besteht – die im Gegenteil eher anzuzweifeln ist –, als vielmehr in ihrer mythischen Qualität. Es geht dabei darum, daß sich unter den Affen auf einer japanischen Insel eine neue Verhaltensweise – nämlich Kartoffelwaschen – etablieren konnte (die dann auch von den Affen auf den umliegenden Inseln übernommen wurde), nachdem ein imaginärer «hundertster Affe» das neue Ritual praktiziert hatte. Wahrscheinlich war gar nichts anderes nötig, um ein «morphogenetisches Feld» zu schaffen, das stark genug war, Innovation in Gewohnheit zu verwandeln. Der hundertste Affe repräsentierte die kritische Masse, die ausreichte, um die Eßgewohnheiten der Affen in dieser Region zu verändern.

Sheldrake weitet seine Theorie auch auf das menschliche Gedächtnis und den Lernprozeß aus, indem er den individuellen Geist mit einem Feld, an dem auch andere teilhaben, verbindet. Trifft seine Hypothese zu, dann können Ereignisse aus der Vergangenheit Muster erzeugen, die ähnliche Konstellationen in der Gegenwart beeinflussen, wie groß die Entfernung in Raum und Zeit auch sein mag. «Organismen», meint Sheldrake, «stimmen sich auf ähnliche Organismen in der Vergangenheit ein, und je ähnlicher sie sind, desto spezifischer erfolgt dieses Einstimmen. Im allgemeinen pflegt auf einen Organismus in der Gegenwart die spezifische morphische Resonanz einzuwirken, die aus seinen *eigenen* vergangenen Zuständen herrührt. Daher brauchen Erinnerungen nicht als Spuren oder Eindrücke im Nervensystem gespeichert zu werden; sie entstehen vielmehr durch morphische Resonanz direkt aus eigenen vergangenen Zuständen.»

Vielleicht geraten einige Intuitionen deshalb blitzartig in unser Bewußtsein, weil andere Menschen die gleichen oder ähnliche Gedanken hatten, die sie in einem morphogenetischen Feld ablagerten, wo sie sich dann mit unseren eigenen Gedankengängen mischen. Wir stellen vielleicht eine Resonanz her mit jenen Elementen des Feldes, die uns biologisch am nächsten stehen sowie unseren Wünschen und Bedürfnissen besonders nahekommen. Holographisch ausgedrückt, könnten wir postulieren, daß Aspekte des kosmischen Interferenzmusters, die dem individuellen Erbe und Interesse am ehesten entsprechen, sehr wahrscheinlich die Aufmerksamkeit auf sich ziehen. Sie würden auch auf die besondere Frequenz dieser Aufmerksamkeit oder den Rekonstruktionsstrahl reagieren.

Die menschlichen Erfahrungen sind so verschieden und der menschliche Geist so komplex, daß die Übertragung von Sheldrakes Theorie auf die Frage nach Wesen und Funktionsweise der Intuition gar nicht so leicht ist. Zu viel von dem, was intuitiv erfahren wird, betrifft allein den einzelnen und ist ohne universale Relevanz. Vielleicht bezieht morphische Resonanz sich eher auf Prinzipien, Vorstellungen und kognitive Regeln, nicht jedoch auf bestimmte Fakten oder genau festgelegte Verhaltensweisen wie das Waschen von Kartoffeln. Es ist durchaus möglich, daß sich unsere eigenen vergangenen Gedanken und die anderer Menschen, mit denen wir harmonieren, mit neuen Erfahrungen verbinden, um neue, originelle Gedankenstrukturen zu bilden. Die erleben wir dann vielleicht als Intuition mit ganz konkreten, einzigartigen Anwendungsmöglichkeiten. Etwas dieser Art könnte den schöpferischen Funken erklären, der ein morphogenetisches Feld initiiert – ein Punkt, der in Sheldrakes Theorie bisher fehlt.

Die Ideenlehre Platons

Jungs Archetypen und Sheldrakes morphogenetische Felder erinnern an Platons Ideen, nur daß Platon sogar noch einen Schritt weiterging. Er verknüpfte seine Archetypen sowohl mit der materiellen Sphäre als auch mit dem Unbewußten. Für Platon waren materielle Objekte nur unvollkommene, vergängliche Abbilder transzendenter ewiger Idealbilder – der Ideen. Während materielle Strukturen relativ wandelbar, individualisiert, lokalisiert und mit Mängeln behaftet sind, beschreibt er die Ideen als universale, absolute, allgegenwärtige und perfekte Modelle. Es gibt kosmologische Ideen wie das Eine und das Viele, mathematische wie die gerade Linie und den Kreis, aber auch Ideen menschlicher Eigenschaften wie Mut oder Ideen in bezug auf Prinzipien und Begriffe. In Platons Schöpfungsbericht sind die Ideen der Elemente – Feuer, Erde, Luft und Wasser – die frühesten Manifestationen, die aufgrund mathematischer Gesetze in Resonanz schwingen, um daraus die Welt der Objekte zu erzeugen.

Laut Platon besitzt der Geist latente, angeborene Vorstellungen von diesen abstrakten Ideen, wodurch alle Sinneswahrnehmungen und Erkenntnisse erst möglich werden. Erkennen bedeutet für ihn im Grunde Erinnern. Wenn wir wahrnehmen und denken, erinnert sich der Geist jener tiefen, eingeborenen Bilder, die in verschiedenen Kombinationen und Modifikationen die Prototypen all dessen sind, was überhaupt erkennbar ist. Wir sind der Ideen als solcher nicht gewahr, doch machen sie unsere verschieden gestalteten Erfahrungen verständlich. Dieses Konzept wurde dann von den Rationalisten übernommen, die der Ansicht waren, der Geist sei bei der Geburt des Menschen kein unbeschriebenes Blatt, sondern trete mit bestimmten angeborenen Dispositionen ins Leben, die das strukturieren, was wir wahrnehmen und erkennen – A-priori-Orientierungen wie etwa Ursache und Wirkung, Raum und Zeit oder die Axiome der euklidischen Geometrie. Ob derartige angeborene Strukturen tatsächlich existieren, ist nach wie vor eine philosophische Streitfrage, doch weisen jüngste Forschungsergebnisse darauf hin, daß Kinder eines weitaus differenzierteren kognitiven Verhaltens fähig sind, als man bisher angenommen hat, welches sie jedoch kaum erlernt haben können.

So können zum Beispiel Babys Gesichtsausdrücke nachahmen, bevor sie sich je selbst im Spiegel gesehen haben oder auch nur wissen, daß sie ein Gesicht haben wie jene, die sich über ihre Wiege beugen. Eine Untersuchung von Barbara Landau und zwei Kollegen an der University of Pennsylvania ergab, daß Kinder und Erwachsene, denen man die Augen verbunden hatte, ja sogar ein von Geburt an blindes zweieinhalbjähriges Kind, in der Lage waren, den genauen Weg zwischen zwei Objekten zu finden, einen Weg, den sie vorher noch nie gegangen waren, da sie sich von einem dritten Punkt aus zu jedem der Objekte hinbegeben hatten. In ihrem Bericht in der Zeitschrift *Science* (11. Sept. 1981) kamen die Forscher zu dem Schluß, «daß dieses blinde Kind etwas über die metrischen Eigenschaften des Raumes weiß, vermutlich sogar über die euklidische Geometrie» – und so Winkel und Entfernungen berechnen konnte. Nach Ansicht der Psychologen könnte angeborenes Wissen eine mögliche Erklärung für diese Fähigkeiten liefern.

Platons Ideen fügen dem universalen Interferenzmuster einen dauerhaften, unwandelbaren Aspekt hinzu. Sheldrakes morphogenetische Felder werden von vorausgegangenen Geschehnissen abgeleitet, sind also eher das Ergebnis von Gewohnheiten denn von zeitlosen Eigenschaften. Sie befinden sich ständig in Fluß und werden durch neue Erfahrungen modifiziert. Die beiden Positionen lassen sich jedoch leicht in Einklang miteinander bringen: Warum nicht wandelbar *und* unwandelbar? Vielleicht werden Sheldrakes Felder durch wiederholte Erfahrungen innerhalb der Spezies geschaffen, während tiefere Strukturen – ewige Archetypen – permanent in die Matrix der Natur eingebettet sind. Vielleicht liefern sie teilweise die Regeln und Prinzipien, die die Gestaltung der vergänglicheren Komponenten des Hologramms bestimmen. Veränderliche, evolutionäre Felder ohne Beziehung zu noch tieferen, fundamentaleren Gesetzen, die ihre Erzeugung und Entwicklung lenken, wären sinnlos.

Wie Jung hat auch schon Platon behauptet, Erkennen

und Handeln würden effektiver sein, wenn der individuelle Geist sich auf die Archetypen einstellte. Platon geht sogar noch einen Schritt weiter und nähert sich der Philosophie der Veden, wenn er hinzufügt, die Ideen seien der Erkenntnis zugänglich, das heißt, der Mensch könne die grundlegenden Eigenschaften der Natur unmittelbar erfassen, ja, das Erkennen der Ideen bildet laut Platon die einzig reelle Grundlage für Erkennen jeder Art. Und der Philosoph Jonathan Shear ist der Ansicht – im Gegensatz zu vielen seiner Kollegen –, daß Platon damit gemeint habe, die Ideen könnten *nicht* durch normale Sinneswahrnehmung oder durch die Vernunft erkannt werden.

«Er hat ausdrücklich unterschieden zwischen dem dialektischen und dem diskursiven Verstand, wie wir ihn kennen, vor allem sind nicht jene Verstandesformen angesprochen, die in der Mathematik, Physik und bei philosophischen Streitgesprächen benutzt werden.» Shear verweist auf Sätze wie «den Geist in die entgegengesetzte Richtung wenden» oder «eine andere Fähigkeit einsetzen», die für ihn Hinweise darauf sind, daß Platon auf einen Prozeß anspielte, der den östlichen Meditationstechniken vergleichbar ist. Der Zweck war, eine unmittelbare intuitive Erfahrung transzendentaler Ideen zu erzeugen.

Hat Shear recht, dann stand Platon der Philosophia perennis wirklich nahe. Für Platon ist das Gute die höchste Idee. «Sie vermittelt den erkannten Dingen Wahrheit und dem Erkennenden die Kraft des Erkennens. Sie ist die Ursache von Erkenntnis und Wahrheit.» Platons Beschreibung des Guten erinnert so stark an überlieferte östliche Definitionen des ewigen und unveränderlichen Absoluten – des Tao oder Brahman –, daß einige Gelehrte vermuten, er habe genau das gemeint. Insofern könnte Platons unmittelbare Erfahrung des Guten das sein, was man Erleuchtung nennt, *samadhi* in indischen Texten. Um seine Feststellung, daß eine derartige Erkenntnis «dem

Erkennenden die Kraft des Erkennens vermittelt», stimmt mit dem Gedanken überein, daß Transzendenz Kanäle zu anderen intuitiven Erfahrungen öffnet.

Wie die östliche Welt es sieht

Im Mittelpunkt unseres Themas steht ein Universum, in dem Geist und Materie, Subjekt und Objekt, Erkennender und Erkanntes nicht wie im klassischen Szientismus getrennt sind. Um wirklich begreifen zu können, wie wir unsere Aufmerksamkeit nach innen richten und dann Erkenntnisse erlangen können, die sich auf die äußere Welt beziehen, müssen wir einen gewissen Isomorphismus zwischen Geist und Materie voraussetzen. Das ist auch der zentrale Punkt der Philosophia perennis und kommt vor allem in östlichen Lehren zum Ausdruck. In den *Upanischaden* heißt es kurz und bündig: «Was innen ist, ist auch außen. Was außen ist, ist auch innen.»

Unser Vergleich des Geistes mit einem Ozean kann ein Bild der gesamten Schöpfung geben. An der Oberfläche befinden sich alle Formen und Objekte der uns vertrauten, greifbaren Welt. Darunter und sie alle durchdringend liegen zunehmend universalere und nichtmaterielle Schichten der Wirklichkeit, die die stärker individualisierten Manifestationen umfassen – Moleküle, Atome, Elementarteilchen, Felder –, jedes jeweils abstrakter und alldurchdringender, bis hin zum letzten Urgrund, dem undifferenzierten SEIN, dem ABSOLUTEN, Quelle und innerstes Wesen alles Seienden. Jede Form und jede Struktur ist eine Manifestation des Absoluten, eine Störung in einem von kosmischer Intelligenz gelenkten unendlichen Feld – auch der Geist.

Mit gutem Grund hat man auf Parallelen zwischen moderner Naturwissenschaft und östlicher Kosmologie hingewiesen. Doch muß betont werden, daß beide zumindest in einigen wesentlichen Aspekten noch nicht zusammengefunden haben. Ein Unterschied besteht darin, daß im abendländischen Denken keine unveränderliche, absolute Basis für die Welt der Erscheinungen angenommen wird. Aufgrund der unvorhersehbaren und ungewissen Natur der subatomaren Phänomene betrachtet die Physik die fundamentalen Strukturen der Wirklichkeit als unbestimmbar und Wahrscheinlichkeitsgesetzen unterworfen. Dementsprechend gilt Erkenntnis als unvermeidlich ungesichert und stets nur annähernd. Im Osten ist man in dieser Hinsicht optimistischer. Die indische Philosophie kennt noch tiefere und subtilere Schichten der Wirklichkeit, die wir Naturgesetze nennen könnten – nicht wissenschaftlich erkenn- und ableitbare Gesetze, sondern ewige, ordnende Mechanismen der Natur. Diese Gesetze, die von entwikkelter Intuition erkannt werden können, kann man sich als Hierarchie von Prinzipien vorstellen, die den evolutionären Strom der Schöpfung strukturieren und lenken, den Kosmos organisieren und ordnen.

Der andere vom Abendland noch nicht vollzogene Schritt ist die Verknüpfung des nahtlosen Gewebes der in steter Wechselbeziehung stehenden Energiegeschehnisse, die die Wirklichkeit konstituieren, mit dem menschlichen Bewußtsein. Wir haben bereits festgestellt, daß der Mensch durch Transzendenz jenes SELBST erfährt, das auch die Grundlage der gesamten Schöpfung ist. Es ist außerdem wahr, daß dieselbe Intelligenz, die den materiellen Bereich durchströmt, auch durch uns fließt. Die Strukturen und Prinzipien, die das Auf und Ab der «äußeren» Welt bestimmen, sind genauso in der «inneren» wirksam. Das Universum besteht aus Bewußtsein. Das verleiht dem holographischen Modell eine zusätzliche Dimension und erklärt, warum Mystiker und Yogis imstande gewesen sind, das Funktionieren des Universums zu erkennen, indem sie ihr eigenes Wesen begriffen. Sie wurden einfach ihrer eigenen Natur gewahr, die sozusagen die Natur der Natur ist.

Die alten Texte haben nicht Philosophen geschrieben, die mit gerunzelter Stirn über den Weltproblemen brüteten oder objektive Daten in Teilchenbeschleunigern an den Gestaden des Ganges sammelten. Weisheit wurde intuitiv und unmittelbar empfangen, und die Tatsache, daß die Naturwissenschaften sich mehr und mehr der Philosophia perennis nähern, belegt die potentielle Kraft des entwickelten intuitiven Geistes. Die Yogis und Weisen drückten ihre Erkenntnis in Begriffen aus, die wir heute als religiös oder mystisch bezeichnen. Doch unser Respekt vor jenen uralten Verkündigungen ist in letzter Zeit gewachsen, und wir begreifen allmählich, daß diese Menschen wahrscheinlich ewige Prinzipien intuitiv erfahren haben. Auch die Schöpfungsmythen sind möglicherweise auf solche unmittelbaren Intuitionen zurückzuführen, die in unterschiedlicher Weise mitteilten, wie aus dem nichtmanifesten Einen das manifeste Viele wurde, ein Geschehen, das sich mit jedem Denkvorgang angeblich wiederholt und in höheren Bewußtseinszuständen direkt erfahren werden kann. «Wie ich die Wege aller Dinge am Anfang kenne?» fragte der taoistische Weise Laotse. «Durch das, was in mir ist.»

Die einander entsprechende Struktur des objektiven und des subjektiven Bereichs erklärt vielleicht, warum Dichter «ins Herz der Dinge schauen», wie Wordsworth es formulierte, und warum Naturwissenschaftler in der Lage sind, in die verborgenen Geheimnisse der Natur einzudringen. Eines der großen Rätsel der Natur war bisher das, was man als «die vernunftwidrige Leistung der Mathematik» bezeichnet. Durch rein mentale Prozesse, bei denen Intuition eine zentrale Rolle spielt, sind Mathematiker in der Lage, Aspekte der physikalischen Wirklichkeit zu deduzieren, die niemals beobachtet wurden, und daraus Konsequenzen zu postulieren, auf die man sonst nie gekommen wäre. Der Isomorphismus von Innen und Außen könnte auch erklären, warum der Geist von Menschen wie Einstein das leisten kann, was er leistet. Jeremy Bernstein sagte über den großen Physiker: «Er gelangte zu seinen Ergebnissen durch eine phänomenale Intuition, die ihm sagte, wie sie aussehen sollten, und zwar durch tiefen inneren Kontakt mit der Natur.» Vielleicht ist dieser «tiefe innere Kontakt mit der Natur» in Wahrheit ein tiefer innerer Kontakt mit sich selbst.

Die Yoga-Sūtren des Patañjali, die bedeutendsten aller Yogatexte, erläutern, wie man die Erkenntnis der äußeren Welt dadurch erlangt, daß man sich nach innen wendet. Diese Erklärung steht in fruchtbarer Wechselbeziehung zu der Feststellung, daß Transzendenz andere intuitive Kanäle erschließt. Ein ganzes Kapitel des Werks von Patañjali ist der Interpretation der *siddhis* oder übernatürlichen Kräfte gewidmet, darunter viele, die unmittelbar mit Intuition zu tun haben. Laut Patañjali kann der Yogi, wenn er seine Aufmerksamkeit in bestimmte Richtungen lenkt, Erkenntnis gewinnen über «Vergangenheit und Zukunft», «andere Geister», «den Zeitpunkt des Todes» «Objekte in größerer Entfernung», «die kosmiscken Regionen», «die Anordnung der Sterne», «die Unterscheidung zwischen absolut und relativ» und dergleichen mehr. Es heißt auch: «Alles kann erkannt werden.»

Am interessantesten in diesem Zusammenhang ist, daß die Voraussetzung für das Erlangen solcher Kräfte *samyana* ist, ein komplexer Zustand, in dem der Geist die Fähigkeit besitzt, in Transzendenz versunken zu sein und gleichzeitig zu denken. Das klingt wie ein Widerspruch, da Transzendenz vollkommene, undifferenzierte Einheit ist, Bewußtsein ohne Denken. Es heißt jedoch, daß ein erweiterter Geist die Ebene erreichen kann, auf der das unwandelbare Absolute dem flüchtigen Relativen begegnet; auf unserer Abbildung (siehe S. 177) wäre das die gerade Grundlinie. Es ist so, als habe der Geist einen Fuß auf jeder Seite und könne nach seinem Willen tätig sein, ohne die Universalität der Bewußtheit zu verlieren, die dem reinen Bewußtsein assoziiert ist. Diesen Zustand der Bewußtheit nennt man *ritam bhara pragya,* das heißt «von ungetrübter Wahrheit».

Um ein früheres Bild wieder aufzunehmen: Das wäre so, als gewänne das «U-Boot Aufmerksamkeit» die Fähigkeit, sich auf der tiefsten Ebene des Geistes aufzuhalten. Mit einer derart eingestimmten Aufmerksamkeit kann der Geist theoretisch alles erkennen, weil er das gesamte Territorium überblickt. Auf jener Ebene gäbe es keine Begrenzungen durch Raum und Zeit. Bewußtsein in seiner reinsten Ausprägung steht angeblich auf unendliche Weise mit der gesamten Schöpfung in Beziehung. Polaritäten lösen sich auf, was den Erkennenden in die Lage versetzt, die der scheinbaren Verschiedenheit zugrunde liegende Einheit zu erfassen. Daraus könnten sich auch fruchtbare Analogien ergeben, die zum intuitiven Erkennen beitragen. Intuitionen auf dieser Ebene würden mit großer Klarheit erfahren, da das Nervensystem sich im Zustand höchster Kohärenz befände. Es gäbe nichts «Statisches», das die Aufnahme der Impulse stören könnte, die in ihrem reinsten, am wenigsten verfälschten Zustand wahrgenommen werden.

Patañjali beschreibt auch das, was wir die «innerliche Vertrautheit» intuitiver Erfahrung nennen, jenes Gefühl, in das Objekt des Erkennens einzudringen und seinen Wesensgehalt zu erfassen. Jemand, der im Zustand des *samadhi* oder der Transzendenz verharrt, dessen Gedankenwellen befinden sich in vollkommener Resonanz mit den fundamentalen Schwingungen des Objekts. Das würde zu dem führen, was Immanuel Kant die Erkenntnis des «Dings an sich» nennt, die seiner Ansicht nach unmöglich durch Sinneswahrnehmung oder Vernunft zu erlangen ist, da alles stets durch den Filter der Subjektivität läuft.

In der Theorie würde jemand, der sich am Knotenpunkt zwischen dem Nichtmanifesten und dem Manifesten befindet, in Harmonie mit dem kosmischen Gesetz sein. Er wäre in der Lage, die ewigen Organisationsprinzipien der Natur unmittelbar intuitiv zu erkennen. Mehr noch – sein intuitiver Geist würde von diesen Prinzipien gelenkt, egal ob er sich ihrer bewußt ist oder nicht. Um zu sitzen, etwas hochzuheben oder zu vermeiden, aus dem Fenster zu fallen, müssen wir nicht die Gesetze der Schwerkraft kennen. Wir brauchen überhaupt nicht alle Naturgesetze zu verstehen, um in Einklang mit ihnen zu handeln. In einem höheren Bewußtseinszustand sind die Aktionen angeblich spontan richtig. Die intuitiven Impulse, die den erleuchteten Geist informieren und lenken, seien für das Individuum wie für seine Umwelt angemessen, da der Geist mit den tiefsten Impulsen der Natur eins ist. Wir würden wissen, was die Natur beabsichtigt, uns wissen zu lassen. In religiöser Sprache heißt das, in Einklang mit dem göttlichen Willen leben. Unabhängig von ihrer spirituellen Orientierung reagieren wahrscheinlich jene Glückskinder, die alles richtig zu machen scheinen «aus den Tiefen des Geistes heraus» – Patañjali nennt sie Menschen, «die der Gefahr aus dem Weg gehen, die noch gar nicht da ist».

Diese höheren Bewußtseinszustände, so fremd sie manchem erscheinen mögen, darf man als Prototypen dessen ansehen, was der intuitive Geist erreichen kann. Sie stellen den Höhepunkt der wesentlichen Botschaft dieses Kapitels dar: Erkenntnis ist strukturiert als Bewußtsein, oder, etwas eleganter ausgedrückt: Bewußtsein enthält in sich alles, was zu erkennen möglich ist.

Wir haben mit der Feststellung begonnen, daß die Qualität der Intuition vor allem von unserem Bewußtseinszustand abhängt. Höheres Bewußtsein wird als die Fähigkeit definiert, die Aufmerksamkeit in tieferen Ebenen des Geistes sozusagen zu parken. Es sollte allmählich klargeworden sein, daß das Streben nach Erleuchtung nicht nur ein edles Ziel an sich ist, sondern ein Weg, alle Formen der Intuition zu entwickeln. Physiologisch postulieren wir, daß höheres Bewußtsein mit einem hohen Grad an Stabilität, Ordnung und Wachsamkeit im Nervensystem verbunden ist. Im Alltag würde das als mentale Klarheit, innere Ruhe und das relative Fehlen geistiger Störungen von außen erfahren.

Trifft diese Analyse zu, dann würde daraus folgen, daß die Erreichung eines höheren Bewußtseinszustandes der wichtigste Beitrag zur Entwicklung der Intuition wäre. Die individuellen Bewußtseinszustände variieren in Abhängigkeit von einer Vielfalt physikalischer, mentaler und umweltbedingter Faktoren. Trotzdem kann man einiges tun, um sein Bewußtsein zu trainieren, das heißt zu erweitern.

Unsere Lebensweise ist nicht gerade geeignet, jene tiefe Stille herbeizuführen, die den besten Hintergrund für Intuition liefert. Stille Gelassenheit gilt heute als Luxus, nicht als Tugend. Die stete Bombardierung unserer Sinne, der oft übermäßige Streß und das Tempo des modernen Lebens haben einen chronischen Reizzustand und damit eine verminderte Aufnahmefähigkeit gegenüber Signalen aus dem Inneren zur Folge. Gleichzeitig eröffnen jedoch ein erhöhtes Maß an Freizeit und Befreiung von Arbeitsmotonie bessere Möglichkeiten, uns um Geist und Körper zu kümmern. Wir sollten versuchen, die Gelegenheit zu nutzen, Spannungen und Streß abzubauen, um so die physiologischen Voraussetzungen für Intuition zu verbessern.

Das breite Spektrum alter und neuer Praktiken, die von den verschiedenen Bewußtseinsdisziplinen empfohlen werden – und die alle den paradoxen Zustand innerer Stille bei gleichzeitiger maximaler Wachheit zum Ziel haben –, zeigt, wie viele mögliche Wege es gibt; man muß nur den für einen selbst geeigneten herausfinden. In den folgenden Kapiteln werden wir uns ganz auf diese praktischen Erwägungen konzentrieren und Wege aufzeigen, mit deren Hilfe wir aus unserem intuitiven Potential das meiste machen können.

8 Intuitives Training

> Geschieht es jetzt, so geschieht es nicht in Zukunft.
> Geschieht es nicht in Zukunft, so geschieht es jetzt.
> Geschieht es jetzt nicht,
> so geschieht es doch einmal in Zukunft.
> In Bereitschaft sein ist alles.
>
> Shakespeare, *Hamlet*

Intuition läßt sich nicht bestellen, kommandieren, erflehen oder planen. Wir müssen uns einfach für sie bereithalten, wobei der zentrale Faktor für den Grad der Bereitschaft unser Bewußtseinszustand ist. Darüber hinaus programmieren wir den Geist mit unseren Zielsetzungen, Wahrnehmungen und der Art, wie wir Probleme und Entscheidungen anpacken. Gewisse Einstellungen und Verhaltensweisen begünstigen die Intuition und sind es wert, gepflegt zu werden, soweit sie unserer Persönlichkeit entsprechen.

Wir sagen dem intuitiven Geist auf subtile Weise, was wir von ihm erwarten, und wir erhalten, was wir erwarten. Bezweifeln wir seine Fähigkeiten oder mißtrauen wir seinen Leistungen, dann wird die Intuition zögern. Sie wird dann nur gelegentlich auftreten und ihre Mitteilung wird mehrdeutig sein. Laden wir sie jedoch offen ein, und signalisieren wir der Intuition, daß sie jederzeit willkommen ist, dann kann sie ein perfekter Gast sein, der jeweils im rechten Augenblick auftaucht, proper gewandet und mit glückverheißenden Geschenken.

Wir können den intuitiven Geist nicht mit positivem Wortgeklingel zum Narren halten. Künstliche Begeisterung, Schmeicheleien, bloße Vermutungen oder fromme Sprüche darüber, wie intuitiv man eigentlich wäre, wenn man nur daran glaubte, haben, wenn überhaupt, nur begrenzten oder vorübergehenden Wert. Der Geist weiß sehr wohl, was man wirklich glaubt, und reagiert dementsprechend. Außerdem hat jeder Mensch so seine eigenen Erfahrungen mit der Intuition, und es wäre absurd, sich selbst intuitive Fähigkeiten einzureden, wenn man vom Gegenteil überzeugt ist.

Zunächst sollte man prüfen, wie man selbst über Intuition denkt, und eventuelle Vorurteile in sich aufspüren. Es ist durchaus möglich, vom Verstand her an etwas zu glauben, auf der Gefühlsebene aber mißtrauisch zu bleiben. Im Endeffekt pflegen die Gefühle sich als stärker zu erweisen. Ein ehrlicher Blick ins eigene Innere kann da also der erste Schritt zur Besserung sein. Man sollte auch darauf achten, wie man auf die in diesem Buch präsentierten Pro-Intuition-Argumente oder auf entsprechende Berichte von Freunden reagiert und wie man mit eigenen intuitiven Botschaften umgeht. Vielleicht ist man dann selbst überrascht, wie ablehnend oder skeptisch man diesen Dingen gegenübersteht, ohne sich das bisher richtig klargemacht zu haben.

Anti-intuitives Verhalten kann ganz verschiedene psychologische Ursachen haben. Es ist schließlich kein Zufall, daß intuitive Menschen meist sehr selbstbewußt, zuversichtlich und innerlich unabhängig sind. Solche Charaktereigenschaften brauchen wir, um für eine nicht vorhersagbare, überraschende und oft unkonventionelle Erkenntnisquelle offen zu sein, die in uns selbst sprudelt. Dagegen können übermäßiges Sicherheitsbedürfnis, Furcht vor

Veränderungen, Minderwertigkeitsgefühle und Versagensängste die Intuitionen abblocken, weil diese Faktoren uns veranlassen, durch starres Festhalten an Regeln und standardisierten Verfahren jede Situation zu kontrollieren, Unwägbarkeiten auszuschließen. Dadurch werden Probleme zu einfach definiert und nur die augenfälligsten Informationen und Alternativen in Betracht gezogen. Bei einem solchen Verhalten wird die Intuition auf Sicherheit statt auf Innovation programmiert.

Tiefverwurzelte Abwehrmechanismen lassen sich nicht durch Ermahnungen in einem Buch oder durch ein Seminar zur Förderung der Selbstachtung beseitigen. Viele Verhaltensschranken sind jedoch nur schlechte Angewohnheiten und negative Gedankenmuster, die wir im Laufe unseres Lebens erworben haben. Sie lassen sich zumindest teilweise durch aufmerksame Selbstbeobachtung überwinden. Wir können uns dabei ertappen, wie wir ständig unsere Fehler beklagen, statt uns über Erfolge zu freuen, oder wie wir stets ein Unheil bevorstehen sehen, statt eine Wendung zum Guten zu erwarten. Zu oft begnügen wir uns mit Sicherheit und Voraussagbarkeit, statt nach neuen, kreativen Lösungen Ausschau zu halten. In solchen Augenblicken braucht man nicht mehr als eine geringfügige Verlagerung der Aufmerksamkeit, um einen negativen Input durch einen positiven zu ersetzen. Nach und nach können sich dann unsere Gewohnheiten ändern.

Mit Sätzen wie «Ich kann das Problem nicht lösen» oder «Darauf werde ich nie eine Antwort finden» signalisiert man dem intuitiven Geist nur, er solle sich da raushalten. Zuversichtliche Gedanken, verbunden mit der Überzeugung, daß man hofft, nicht nur *irgendeine* Antwort zu finden, sondern die *beste*, wird die Intuition dagegen anspornen.

Die Angst vor Veränderungen und Unordnung können wir auch ersetzen durch etwas, was John Keats «negative

Begabung» genannt hat. Er meinte damit die Fähigkeit, «Ungewißheiten, Geheimnisse und Zweifel zu ertragen, ohne gleich ungeduldig nach Daten und Vernunftgründen zu rufen». Jemand, der das Gefühl hat, er könne mit unvorhersehbaren, sich rasch verändernden und mehrdeutigen Situationen fertig werden, gibt damit ein Vertrauensvotum für die Intuition ab. Wir können derartige Umstände sogar mehr oder weniger absichtlich herbeiführen, um die Intuition anzustacheln. Zusammen mit wirksamen Methoden der Persönlichkeitsentwicklung kann eine solche Veränderung der Verhaltensweisen im Laufe der Zeit den intuitiven Geist neu programmieren, ihm Mut und Zuversicht einflößen.

Wir arbeiten der Intuition auch entgegen, wenn wir uns selbst, unsere Arbeit und unsere Probleme zu wichtig nehmen. Eine gewisse Spielfreude und Neigung zu verrückten Einfällen scheinen Intuition zu begünstigen. Humor und Intuition haben etwas gemeinsam – kühne Gedankensprünge, die oft so aufschlußreich wie unterhaltsam sein können.

Man kann den Geist auch auf andere Weise offener gegenüber der Intuition machen: durch Abbau unnötiger analytischer, standardisierter Verfahren. Entscheidungsprozesse und Problemlösungen werden gewöhnlich als ein lineares Nacheinander formaler, rationaler Schritte dargestellt, wobei der nächste Schritt immer erst getan wird, wenn man von der Richtigkeit des vorhergehenden überzeugt ist. Man definiert das Problem, setzt die Ziele, sammelt Informationen, sucht nach anderen Möglichkeiten, bedenkt die Folgen und wählt dann die günstigste Alternative. Selbst wenn man Intuition aufgeschlossen gegenübersteht und ihre Bedeutung anerkennt, glaubt man, zunächst streng rational vorgehen zu müssen. Leider kann der ständige Einsatz formalistischer Methoden zu dem führen, was der Anthropologe Ashley Montagu «Psychosklerose» genannt hat – jene Art mentaler Starre, die Intuition, vor allem ihre kreative Funktion, verhindert.

Ich will hiermit niemandem raten, das Sammeln von Daten und deren anschließende Analyse aufzugeben, auch nicht in ganz normalen Alltagssituationen. Sinnvoll strukturierte und methodische Arbeit darf nicht zugunsten einer erhofften Offenbarung vernachlässigt werden. Rationalempirische Verfahrensweisen und sorgfältig erworbenes Fachwissen sind gutes Futter für den intuitiven Geist und verleihen seinen Produkten zusätzliche Genauigkeit und Überzeugungskraft. Henri Poincaré sagte über die Arbeit, die seinen intuitiven Erkenntnissen vorausging: «Sie war nicht so steril, wie mancher vielleicht glaubt; sie hat die unbewußte Maschine in Gang gesetzt, und ohne sie hätte ich nichts unternommen und nichts zustande gebracht.»

Ich schlage eine gewisse Flexibilität des Stils vor und die Bereitschaft, zum rechten Zeitpunkt auf Voraussagbarkeit und Kontrolle zu verzichten, um dem intuitiven Geist Manövrierraum zu verschaffen. Die Lockerheit eines weniger festgelegten, intuitiven Stils mag unsystematisch erscheinen, könnte jedoch von einem nichtwahrnehmbaren, zielorientierten Gefühl geleitet werden, das zu einer Struktur gehört, die der bewußte Geist nicht entschlüsseln kann. Natürlich gibt es Situationen, in denen analytische Strenge und konsequente Durchführung wünschenswert sind, aber stur darauf zu bestehen, nur um ein psychologisches Bedürfnis nach Sicherheit zu befriedigen, kann die Intuition zerstören.

Häufig stehen wir in dieser Hinsicht mit dem falschen Fuß auf. Von klein auf haben wir gelernt, nach dem Motto «Schau hin, bevor du springst!» zu denken und zu handeln. Doch Probleme sind in Wirklichkeit oft schlecht definiert, die Ursachen nicht identifizierbar, die Ziele abstrakt und die Wege dorthin in Nebel gehüllt – viele Möglichkeiten also für den nicht planenden, sondern intuitiven Geist, frei zu operieren und den besten Weg zu finden.

In dieser Hinsicht können wir vor allem von Schriftstellern und Künstlern lernen. Eine Untersuchung von J. W. Getzels an der University of Chicago kam zu dem Ergebnis, daß viele erfolgreiche Künstler zwar mit einer bestimmten Ziel*richtung* arbeiten, ohne jedoch in einem frühen Stadium schon sagen zu können, was das *Ziel* ist. Zu Beginn eines Unternehmens lohnt es sich manchmal, für eine Weile die Forderung nach Ordnung, den Zwang, lehrbuchmäßig zu handeln und zu einer schnellen Lösung zu kommen, beiseite zu schieben.

Flexibilität in den Vorstellungen und Ideen kann ebenso wichtig sein wie Flexibilität im Verhalten. Der Mensch sieht das, was er zu sehen erwartet, selbst auf der Ebene gewöhnlicher Sinneswahrnehmungen. Das ist experimentell nachgewiesen. Bei einem Versuch wurden zum Beispiel in ein normales Kartenspiel falsch gedruckte Karten gemischt, etwa ein rotes Pik und ein schwarzes Herz. Viele der Probanden merkten das überhaupt nicht und legten zum Beispiel ein rotes Pik-As zu einem schwarzen Herz-As oder eine schwarze Herz-Sechs zu einer roten Pik-Sechs. Dann ließ der Versuchsleiter ganz beiläufig eine Bemerkung fallen: daß Pik-Karten *normalerweise* schwarz sind, heiße nicht, daß sie *immer* schwarz sein müssen. Erst danach «sahen» mehrere Versuchspersonen die ungewöhnlichen Karten. Sind wir auf innovative und unkonventionelle Erkenntnisse aus, dann sollten wir eine solche beiläufige Bemerkung auch gegenüber unserem intuitiven Verstand fallenlassen, um ihm zu verstehen zu geben, daß wir das Unerwartete erwarten und bereit sind, unsere Annahmen und Meinungen in Frage zu stellen.

Schließlich ist es wichtig, in jedem Stadium eines Entscheidungsprozesses oder beim Lösen von Problemen nach einem intuitiven Input Ausschau zu halten, ihn zu ermutigen und zu erwarten. Selbst die technischsten, durch und durch rationalen Verfahren können durch Intuition stimuliert werden.

Wie man seiner Intuition die Richtung weist

Zielsetzungen und Probleme bilden eine Rückkoppelungs-Schlinge: Dinge, die wir haben wollen, programmieren den Geist, nach Wegen zu suchen, sie zu erlangen. Das führt zum Erkennen von Problemen (womit sowohl Hindernisse als auch günstige Gelegenheiten gemeint sind). Die Probleme schaffen ihrerseits Ziele (Problemlösungen), mit denen der intuitive Geist sich beschäftigen kann.

Je präziser wir wissen, was wir wollen, desto besser ist die Intuition gerüstet, uns direkt zum Ziel zu führen. Zuviel Präzision dagegen kann schaden, weil die Intuition dann so eng programmiert wird, daß sie ungewöhnliche Möglichkeiten übersieht. Mit der Zielvorstellung etwa, in diesem Jahr viel Geld zu verdienen, kann die Intuition wenig anfangen. Definiert man jedoch als Ziel die Summe von 50 000 Dollar, dann liefert das schon einen genaueren Rahmen. Noch präziser wird das Ganze, wenn man diese Summe an der Börse machen will, und noch enger gefaßt, wenn das durch Termingeschäfte mit Sojabohnen geschehen soll. Engt man das Ziel jedoch zu sehr ein, dann legt man der Intuition Scheuklappen an. Sie erkennt dann keine oder schafft keine anderen Gewinnmöglichkeiten, weil ihr sozusagen stets die Sojabohne im Blickfeld steht.

Selbst vor dem Anpacken ganz spezieller Probleme wäre es gut, sich über die eigenen Lebensziele im allgemeinen klarzuwerden, über jene tief empfundenen Wünsche und Absichten, die unser Tun und Lassen, unser Denken und Planen bestimmen. Man sollte sogar schriftlich festhalten, in allen Einzelheiten, was man erreichen will, und nach Möglichkeit auch, wie und wann. Aus diesen allgemeinen Zielsetzungen ergeben sich gewöhnlich kurzfristige, punktuelle Ziele, die unsere Alltagsentscheidungen beeinflussen. Dann sollte man dem intuitiven Geist sagen, welche Ziele genau festgelegt sind und bei welchen es Spielraum für Änderungen gibt. Gesamtziel und Einzelziele sollten öfters neu bewertet werden; das hält die Intuition sozusagen auf dem laufenden, und auch der Überprüfungsvorgang könnte intuitive Einblicke in die Natur der eigenen Zielsetzungen anregen.

Worin besteht das Problem?

Im Weichbild von Theben blockierte eine Sphinx den Zugang zur Stadt und gab den Reisenden Rätsel auf. Wer richtig antwortete, durfte die Stadt betreten; wer versagte, wurde von ihr verschlungen. Keiner hatte die Antwort gewußt, bis eines Tages Ödipus des Weges kam. Die Sphinx fragte ihn: «Welches Geschöpft läuft auf vier Beinen am Morgen, auf zweien um die Mittagszeit und auf dreien am Abend?» Ödipus antwortete: «Der Mensch. Er krabbelt als kleines Kind auf allen vieren, geht aufrecht, wenn er erwachsen ist, und stützt sich im Alter auf einen Stock.»

Diese Antwort geben zu können, hieß, konventionelle Annahmen in Frage zu stellen und ungewohnte Denkverbindungen herzustellen. Seine unglückseligen Vorgänger hatten das Rätsel wörtlich genommen und damit die Handlungsbreite ihrer Intuition eingeengt. Die Beschränkungen lagen in ihrem Geist, nicht im Problem selbst. Wir können die Fähigkeit der Intuition zum Lösen von Problemen dadurch beschneiden, daß wir Probleme zu sehr vereinfachen, nicht über die naheliegenden Parameter hinausdenken oder es versäumen, unsere eigenen Vor-Urteile anzuzweifeln.

Edward de Bono, der mit seinen Büchern über «laterales Denken» einen bedeutenden Beitrag zum Thema Kreativität geleistet hat, berichtet von einem Wolkenkratzer, in den man zu wenige Fahrstühle eingebaut hatte. Die Angestellten, die in diesem Gebäude arbeiteten, waren verärgert über die langen Verzögerungen zu Stoßzeiten und drohten mit Kündigung. Es wurden verschiedene Lösungsmöglichkeiten vorgeschlagen, wie zum Beispiel der Bau zusätzlicher Fahrstühle an den Außenwänden, gleitende Arbeitszeit und das Ersetzen der alten Fahrstühle durch schnellere. Die Verwirklichung jedes dieser Vorschläge erforderte viel Geld und hätte unter Umständen auch neue andere Probleme mit sich gebracht. Schließlich fand jemand eine ganz simple Lösung: Man möge Spiegel neben die Fahrstuhltüren hängen. De Bono schreibt: «Rückblikkend ist die Antwort völlig einleuchtend. Das Problem war nicht so sehr der Mangel an Fahrstühlen, sondern die Ungeduld der Angestellten.» Die waren von da an so sehr damit beschäftigt, Frisuren und Kleidung in Ordnung zu bringen und zu beobachten, was die anderen vor dem Spiegel taten, daß der Ärger über die Wartezeit rapide nachließ.

Ich selbst machte vor kurzem eine ganz ähnliche Erfahrung, als ich nicht mehr genug Ablageplatz hatte und viel Zeit mit Überlegungen verbrachte, wie ich in meinem bereits vollgestopften Büro noch einen zusätzlichen Aktenschrank unterbringen könnte. Meine Frau warf nur einen kurzen Blick auf die Szenerie und regte dann an, unter die Bretter meiner Bücherregale Plastikbehälter zu hängen, da ja zwischen jedem Brett und den darunter stehenden Büchern mehrere Zentimeter freier Raum waren. Ich hatte das Problem als Mangel an Schubladen definiert; meine Frau sah es unter dem Blickwinkel «Wie können wir zusätzlichen Raum für die Ablage von Papieren schaffen?»

In der Schule hat man uns meist nur mit einfachen, klar formulierten Problemen konfrontiert und uns beigebracht, alles habe eine einzige, identifizierbare Ursache. Im Leben sind Probleme jedoch gewöhnlich vielschichtiger. Peter Senge vom Massachusetts Institute of Technology (M.I.T.) berichtet, während der Forschungsarbeiten am Institut werde immer wieder die Erfahrung gemacht, daß ein Problem niemals isoliert auftritt, weder im Geschäftsleben noch in der Gesellschaft, noch im Leben des einzelnen. Wir neigten zu der Annahme, Ursache und Wirkung seien eng in Raum und Zeit verbunden. Doch gewöhnlich seien sie das nicht.

Restriktive Definitionen von Problemen können ernste Folgen haben. So sah beinahe jeder während der Erdölkrise des Jahres 1973 das Problem im arabischen Embargo. Die Bürger brauchten einige Zeit, um über diese Ansicht von Ursache und Wirkung hinaus zu fragen: «Aber warum sind wir vom Erdöl des Mittleren Ostens abhängig?» Viele Geschäftsleute suchen angesichts rückläufiger Umsatzzahlen nur an den naheliegendsten Stellen nach dem Grund – beim Verkaufspersonal oder der Marketingabteilung –, statt sich mit grundsätzlichen Fragen wie der Beschaffenheit ihrer Produkte oder der gesamten Managementstrategie zu befassen. Ein Ehepaar, dessen Sexualleben nicht mehr richtig funktioniert, überlegt vielleicht, ob das an mangelnder «Leistung» des einen oder anderen im Bett liegen könnte oder ob man mal wieder ein paar neue Positionen ausprobieren müßte, statt nach tieferen emotionalen Ursachen zu forschen. Senge meint, die Probleme und ihre Lösung befänden sich selten am nächstliegenden Platz; schöpferische Ideen kämen nur zu intuitiven Menschen, die sich darauf einlassen, über das Naheliegende hinauszusehen.

Aufschreiben, um besser zu verstehen

Sind Probleme besonders schwer zu fassen, oder hat man das Gefühl, der richtige Lösungsansatz entgleite einem immer wieder, dann kann es sehr hilfreich sein, alles mal aufzuschreiben, was einem zu dieser Situation in den Sinn kommt. Die Niederschrift der Gedanken, und mag sie auch noch so zusammenhanglos, vom Thema abschweifend oder steif formuliert sein, kann dazu beitragen, die Intuition in Gang zu setzen. Vieles von dem, was dabei an die Oberfläche kommt, mag belanglos oder lächerlich sein. Schreibt man jedoch einfach alles nieder, was einem gerade so einfällt (es sieht ja niemand anders), dann kann damit dreierlei erreicht werden: Man findet intuitive Antworten auf schwierige Fragen; man wird sich klar über seine eigenen wahren Gefühle hinsichtlich der Situation; man erhält ein Problemmuster, das einem hilft, sich auf den eigentlich kritischen Punkt der Sache zu konzentrieren.

Gelingt eine solche schriftliche Problemerfassung nicht spontan, kann man zweierlei tun. Versuchen Sie es zum Beispiel einmal mit der «Ergänzungsmethode», und schreiben Sie zu jedem der folgenden Halbsätze das hin, was Ihnen gerade in den Sinn kommt:

Was ich über die Situation weiß, ist folgendes ...
Was ich nicht weiß, ist ...
Was mich daran besonders beunruhigt, ist ...
Einige der Dinge, deren ich nicht sicher bin, sind ...
Einige der Dinge, die passieren könnten, sind ...
Wenn es nach mir ginge, dann ...
Andere Betroffene meinen, daß ...
Unter keinen Umständen will ich, daß ...
Ich habe das Gefühl, daß ...
Wenn ich ins Gedränge komme, dann ...

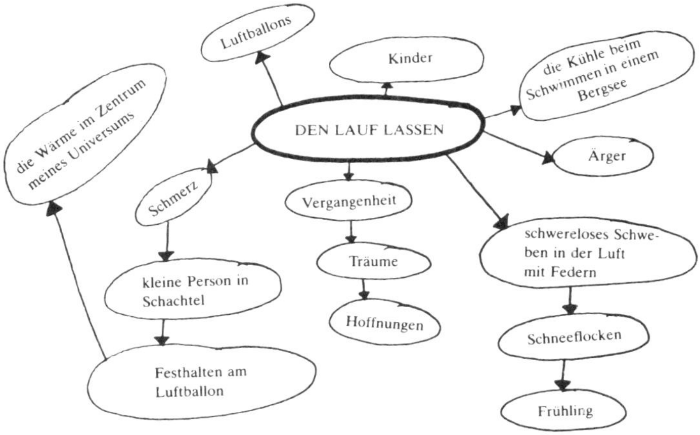

Abb. 5 Beispiel für Bündeln anhand des Kernwortes «den Lauf lassen» (Rico)

Es gibt aber auch noch einen anderen praktischen Weg, unsere Intuition anzuregen, den Gabriele Lusser Rico in ihrem Buch *Garantiert schreiben lernen* vorschlägt. Sie hat ein Verfahren entwickelt, das sie «bündeln» nennt. Dabei dient ein Schlüsselwort als Kern, um den herum sich ein «Bündel» von Assoziationen gruppiert. «Fügt man scheinbar zufällig in den Sinn kommende Wörter und Sätze um einen Zentralbegriff, dann wird man überrascht sein, wie sich Muster und Strukturen bilden, und plötzlich – das berühmte Aha-Erlebnis – entdeckt man den kritischen Punkt der Angelegenheit.» Auf echte Probleme oder Entscheidungen angewandt, kann dieses Bündeln zu einem systematischen Ordnen der eigenen Gedanken oder sogar zu einer entscheidenden Erkenntnis der Situation selbst führen.

Man beginnt das Bündeln mit einem «Kernwort» oder «Schlüsselwort» in einem Kreis (siehe Abb. 5). Das kann ein ganz beliebiges Wort sein, doch nimmt man am besten den ersten Begriff, der einem beim Überdenken der betreffenden Situation einfällt. «Und nun lassen Sie die Dinge einfach treiben», meint Rico. «Überlassen Sie sich ganz ihrem Gedankenstrom. Schreiben Sie alles schnell nieder, jede Assoziation in einen Extrakreis, vom Mittelpunkt aus in alle Richtungen ausstrahlend. Verbinden Sie jedes Wort oder jeden Satz durch eine Linie mit dem vorhergehenden Kreis. Fällt Ihnen etwas Neues, nicht an den zuletzt gedachten Begriff Anschließendes ein, fangen Sie wieder beim Kernwort an, und lassen Sie die weiteren Gedanken ausstrahlen, bis alle Assoziationen erschöpft sind.»

Jedes Wort sollte ohne vorherige Bewertung oder Analyse niedergeschrieben werden, und das ganze Verfahren sollte auch nur wenige Minuten dauern. Irgendwann kristallisiert sich dann ein Problem-Brennpunkt oder ein bestimmtes Muster heraus, und plötzlich «dämmert» es einem – verbunden vielleicht mit einer körperlichen Empfindung, einem Gefühl von Ganzheit oder Erleichterung. Danach kann man mit der schriftlichen Formulierung der Lösung des Problems beginnen; es könnte aber auch sein, daß man noch andere, darüber hinausgehende Erkenntnisse gewonnen hat.

Da Sprache ein lineares Medium ist, reicht eine bloße Verbalisierung eines Problems oft nicht aus, um alle intuitiven Fähigkeiten anzuregen. Auch nichtverbale Formen können Erkenntnisse vermitteln, ungehemmt durch die logischen Anforderungen des sprachlichen Ausdrucks, und so unsere eigenen Gefühle über die Situation und die davon betroffenen Personen ans Tageslicht kommen lassen. Wir können andere Sinne und Gedankenmuster ins Spiel bringen, indem wir Probleme, Aufgaben und Zielsetzungen in ganz unterschiedlichen Medien ausdrücken. Hier einige Anregungen:

Zeichnen oder malen Sie (möglichst farbig) die in Frage stehende Situation, abstrakt und als realistisches Bild.

Spielen Sie auf einem Instrument, oder singen Sie.

Drücken Sie die Situation körperlich aus, als Charade, als Tanz oder mimisch.

Formen Sie die Situation in Ton oder Holz.

Schaffen Sie ein Symbol dafür.

Benutzen Sie bei ernsten Problemen und wichtigen Entscheidungen so viele Medien wie möglich. Achten Sie nicht auf die Qualität der Form oder des Ausdrucks. Lassen Sie alles fließen, unzensiert und ohne bewußte Überlegung. Zweck des Ganzen ist, Ihre Intuition vorzubereiten und anzuregen, nicht Ihre künstlerischen Fähigkeiten unter Beweis zu stellen. Am wichtigsten dabei ist, daß man nicht nach etwas Bestimmtem Ausschau hält und keine blitzartige Erleuchtung erwartet. Während dieser Vorbereitungsphase darf man noch nicht mit einer Erkenntnis rechnen, doch werden der Fabrik Intuition Rohstoffe und Organisationsmuster zugeliefert. Die Endprodukte können Sie dann irgendwann überraschen.

Nicht nur die Fakten zählen

Konventionelle Entscheidungsprozesse und Strategien zum Lösen von Problemen legen Wert auf harte Fakten – gut dokumentierte Daten und Statistiken, die analysiert und als Grundlage für logische Schlußfolgerungen genutzt werden können. All das ist natürlich unentbehrlich, und die moderne Technologie ermöglicht uns ein erstaunliches Maß an Schnelligkeit, Genauigkeit und Breite der Analyse. Verläßt man sich jedoch zu sehr auf diesen Input, dann verweigert man dem intuitiven Geist die Art von

Rohstoff, die er zum Arbeiten braucht. Auf jeden Fall befassen harte Daten sich mit der Vergangenheit, da alles, was gemessen und geprüft werden kann, bereits geschehen sein muß. Außerdem befindet sich ein großer Teil dessen, was für eine Situation relevant ist und den intuitiven Fähigkeiten nützt, außerhalb des Wirkungsbereichs des analytischen Apparates.

Erfolgreiche Entscheidungsträger kennen diese Beschränkungen und verlassen sich weniger auf harte Daten, als man ihrem Image und ihrer Ausbildung nach annehmen würde. Der Managementwissenschaftler Henry Mintzberg meint sogar, leitende Angestellte hätten eine Schwäche für «weiche» Daten – Gerüchte, Hörensagen, Klatsch, Körpersprache, beiläufige Unterhaltung, Vermutungen. Mintzberg fand heraus, daß hochrangige Manager dem persönlichen Gespräch mehr Gewicht beimessen als schriftlichen Berichten und Dokumenten, da Mimik, Gesten und etwaige Untertöne bei bestimmten Äußerungen besonders aufschlußreich sein können. Ein Werbeleiter sagte mir: «Ich glaube, meine gefühlsmäßigen Eindrücke zahlen sich aus, weil ich dabei mehr oder weniger bewußt Dinge berücksichtige, die andere nicht beachten, entweder weil sie dafür keine Antenne haben oder weil sie meinen, der einzig brauchbare Input sei der, den man in Begriffen oder Zahlen ausdrücken kann, da man nur auf diese Weise seine Entscheidung zu begründen vermag.»

Ein erster Schritt zur Verarbeitung «weicher» Informationen ist, sich selbst einem breiteren Bereich von Inputs zu öffnen, sich Zugang zu indirekten und subtilen Quellen zu verschaffen, die scheinbar keine logische Grundlage haben und sich nicht sofort auszahlen. Virginia Hathaway, Vizepräsidentin eines großen Unternehmens, geht gemeinsamen Mittagessen mit anderen leitenden Managern nach Möglichkeit aus dem Weg. Statt dessen ißt sie häufig in der Cafeteria für die Angestellten. Dort sucht sie sich einen Platz in der Nähe einer größeren Gruppe, bedient sich selbst am Automaten oder am Buffet und erhält auf diese Weise eine Menge (Klatsch-)Informationen und visuelle Eindrücke. Am Ende eines Arbeitstages fährt sie oft mehrmals mit dem Lift rauf und runter und erfährt dabei so en passant eine ganze Menge über ihr Unternehmen und die Menschen, die dafür arbeiten, und sie ist überzeugt, daß sie ihre Zeit damit gut genutzt hat.

Ein anderer Manager geht noch einen Schritt weiter. Dieser leitende Angestellte eines großen Unternehmens der Nahrungsmittelindustrie sieht sich oft als angeblich ungelernter Arbeiter in einer der Zweigstellen seines Unternehmens um und besucht auch häufig Supermärkte und Restaurants in verschiedenen Gemeinden, um so «vor Ort» für seine Entscheidungen vielleicht wichtige Informationen zu sammeln. Er ist fest davon überzeugt, daß diese Aktivitäten seine Intuition fördern.

Es ist experimentell nachgewiesen, daß die Gehirnwellen sich verändern, wenn jemand auf ihm unbewußte Weise stimuliert wird. Der intuitive Geist bedient sich dieses Materials, schafft Analogien und holt sich Informationsbruchstücke aus Bereichen, die zum gerade anstehenden Problem keinerlei Bezug zu haben scheinen. Man könnte sogar sagen, es sei für ungewöhnlich intuitive Menschen charakteristisch, daß sie für diese Art von Informationen besonders empfänglich sind.

Die oben zitierten Topmanager sammeln absichtlich weiche Daten. Sie schauen sich nach Material um, das irgendwie, wenn auch entfernt, mit ihrer geschäftlichen Verantwortung in Beziehung stehen könnte. Es empfiehlt sich immer, die Bandbreite unserer Erfahrung zu vergrößern, und sei es aus keinem anderen Grund, als unserem intuitiven Geist Material zu liefern, das er irgendwann einmal verwenden wird, auf eine Weise, der man sich gar nicht bewußt wird. Reisen, ein Spaziergang durch einen fremden Stadtteil, der Besuch von Restaurants, die man normalerweise meidet, die Lektüre von Büchern und Zeitschriften mit unterschiedlichster Thematik, die Teilnahme an Lehrgängen, die mit dem eigenen Beruf überhaupt nichts zu tun haben – alle diese «Abenteuer» sind keine Zeitverschwendung und auch nicht bloßes Vergnügen; sie schaffen der Intuition einen Wissensfundus, aus dem sie bei Bedarf schöpfen kann.

Eine ausgezeichnete Möglichkeit, viele Eindrücke zu sammeln, ist, sich auf «Absorptionsperioden» einzulassen, in denen man sich verhält wie ein Schwamm, nichts erwartet, aber offen ist für alles. Man sollte sich überhaupt keine Gedanken darüber machen, was man sucht oder erreichen will, und auch nicht beurteilen oder bewerten, was man wahrnimmt.

Hauptziel dieser «Absorptionstrips» ist es, neue Informationen bewußt und unbewußt aufzunehmen. Dabei könnte sich durchaus an Ort und Stelle eine unerwartete Intuition einstellen. Daher ist es ratsam, einen Notizblock oder ein kleines Aufnahmegerät bei sich zu haben, nicht etwa, um alles aufzuzeichnen, was man sieht – das würde einen ja zwingen, Eindrücke durch sinnvolle sprachliche Formulierung logisch zu ordnen –, sondern um Intuitionen festzuhalten, die durch eine unvorhergesehene Erfahrung ausgelöst werden können.

Die Möglichkeit, eine überraschende Intuition anzulokken, ist ein weiterer Grund, nicht vorher festzulegen, was man während eines solchen Ausflugs ins Blaue – einen bisher unbekannten Stadtteil, eine noch nie besuchte Parkanlage oder dergleichen – tun sollte. Je mehr man seinen Impulsen folgt und für Ungewöhnliches offenbleibt, desto mehr Gelegenheit erhält die Intuition, die Führung zu übernehmen. Dann kommt es vielleicht sogar zum Erlebnis jenes etwas unheimlichen Phänomens, das C. G. Jung mit dem Begriff der «Synchronizität» beschreibt. Es geht dabei um zufällig zusammentreffende Geschehnisse, die in einem sinnvollen, aber nicht kausalen Zusammenhang miteinander stehen – die «sinngemäße Koinzidenz» zweier oder mehrerer Ereignisse. Jung behauptet, dafür sei eine noch nicht entdeckte Interaktion zwischen der Umwelt, dem Unbewußten und dem bewußten Geist verantwortlich. Der intuitive Geist steht vielleicht in Resonanz mit einem Muster von Informationswellen und lenkt in aller Ruhe, was uns zufällig zu erfolgen scheint.

Hier zwei Beispiele für das erstaunliche Funktionieren der Intuition:

Ein Theaterdirektor, der einmal mehr Anlaß hatte, sich über sein streitbares Temperament zu ärgern, «verspürte plötzlich das dringende Bedürfnis, in den Zoo zu gehen – ausgerechnet, wo ich doch alles andere als ein besonderer Tierfreund bin und außerdem gerade viel zu tun hatte. Im Zoo sah ich zwei tolpatschige Bärenjunge miteinander raufen. Ich war schon besorgt, daß sie sich vielleicht etwas antun könnten, doch ein Tierwärter erklärte, die Tiere spielten nur. Und in dem Moment wurde mir plötzlich klar, daß mein Bedürfnis, mich ständig mit anderen auseinanderzusetzen und zu messen, nichts anderes als eine atavistische Form des Spielens war. Nur, daß mich in meiner Position jeder ernst nimmt und ich dann in Schwierigkeiten gerate. Diese Intuition half mir, mein Verhalten zu ändern. Wenn ich mich jetzt aufrege, denke ich stets an die Bären und sage meinem ‹Sparringspartner›, er solle mich nicht so ernst nehmen.»

Eine Historikerin berichtet: «Ich war mit meinem Mann an einer bestimmten Straßenecke verabredet und kam etwas zu früh. Während ich wartete, fielen mir zwei Geschäfte auf, eine Buchhandlung und ein Geschäft für Herrenbekleidung. Ich liebe Buchhandlungen und interessiere mich nicht für Anzüge und Krawatten. Einer Laune folgend, betrat ich jedoch das Textilgeschäft, wo ein Kunde gerade ausführlich von seiner Reise nach Jerusalem erzählte. Ich wandte mich schon wieder zum Gehen, als irgend etwas mich plötzlich erkennen ließ, daß im Rahmen meines augenblicklichen Forschungsthemas vielleicht die Kreuzzüge mit einbezogen werden sollten. Das gab meiner Arbeit eine ganz neue und fruchtbare Richtung.»

Brainstorming mit sich selbst

Beim Lösen von Problemen und bei Entscheidungsprozessen besteht eine Hauptfunktion der Intuition darin, Alternativen aufzuzeigen. In einfachen Situationen lassen sich Alternativen mehr oder weniger routinemäßig aus den Fakten ableiten. Die Intuition erlaubt uns jedoch, über die naheliegenden Möglichkeiten hinauszugehen. Eine fruchtbare Intuition kann eine ganze Reihe Alternativen anbieten, von denen viele völlig nutzlos sein, andere jedoch praktische Ideen vermitteln können.

Zu oft wird diese kreative Funktion durch unsere Neigung behindert, sich einzumischen und Bewertungen vorzunehmen, sobald eine Intuition auftritt. So haben wir es schließlich gelernt: Belohnt wird man für die *richtige* Antwort. Die Angst, unrecht zu haben, ist so tief in uns verwurzelt, daß unser Geist programmiert ist auf «nur keine Fehler machen», statt etwas zu finden, was funktionieren *könnte.* Peter Senge vom M.I.T. sagte einmal: «Kreative Geister leben in Frieden mit dem, was sie nicht wissen. Sie können es ertragen, etwas nicht zu verstehen. Man kann nicht intuitiv sein, wenn es einem nur darum geht, stets recht zu haben.»

Natürlich ist die Fähigkeit, die Angebote unserer Intuition zu analysieren und zu beurteilen, von wesentlicher Bedeutung. Doch neigen wir dazu, dies zu schnell und zu endgültig zu tun, wodurch wir Ideen ein vorzeitiges Ende bereiten und manchen interessanten Gedanken abwürgen, bevor er eine Chance hatte, sich zu entwickeln und klarer zu werden. Um aus einer Intuition möglichst viel herauszuholen, müssen wir die Tendenz zu schnellem Urteilen bremsen. Man sollte eine Intuition als ein vom Winde herangewehtes Samenkorn betrachten, das man erst mal am besten sich selbst überläßt, um zu sehen, ob es Wurzeln schlägt.

Unter normalen Umständen pflegt der Verstand natürlich über eine Intuition nachzudenken und sie an den entsprechenden Fakten zu messen. Das Gefühl reagiert auf seine Weise und läßt uns wissen, was es von der Intuition hält. Manchmal ist es unmöglich oder auch unklug, gegen diese Neigungen anzukämpfen; meistens jedoch sollte ein endgültiges Urteil so lange wie möglich aufgeschoben werden. Es könnte ja auch sein, daß lediglich ein *Teil* der Intuition von Wert ist, und sei es nur als auslösendes Moment für weitere Überlegungen in einer bestimmten, bis dahin noch nicht in Betracht gezogenen Richtung. Ich denke da an ein Ehepaar, das sich nicht schlüssig war, was es mit einem verlängerten Wochenende anfangen sollte. Der Mann schlug eine Bergwanderung im Himalaya vor – ein etwas ungewöhnlicher Wochenendausflug für Amerikaner. Aber dieser Vorschlag brachte seine Frau auf die Idee, sich mal ein paar Tage in ein Meditationszentrum zurückzuziehen. Auf diese Idee wäre sie sonst wohl kaum gekommen.

Um dem Zwang zu schneller Entscheidung zu entgehen, sollte man seinem Geist eine Zeit lockeren Assoziierens gönnen – eine Phase des sogenannten «Brainstorming», das Alex Osborne 1948 erfand und das inzwischen auf der ganzen Welt, vor allem von Gruppen genutzt wird. Dabei setzt die kollektive Interaktion zusätzliche Kräfte frei, weil die spontan ausgesprochenen Ideen jedes einzelnen als Auslöser für neue Assoziationen bei allen anderen in der Runde wirken. Im wesentlichen sollten für ein fruchtbares Brainstorming diese vier Regeln beachtet werden:

1. Keine der vorgetragenen Ideen wird ad hoc kritisiert oder beurteilt. Die Bewertung erfolgt in einer späteren Sitzung.
2. Je mehr Ideen, desto besser. Es gilt das chinesische Sprichwort: «Der beste Weg, viele Fische zu fangen, ist, viele Angeln auszulegen.»
3. Keine Idee ist zu exotisch, zu wild oder irrelevant. Der Zweck ist nicht, das «Richtige» zu sagen, sondern einen Prozeß in Gang zu bringen, der neue Vorstellungen freisetzt.
4. Kombinationen, Modifizierungen und Verbesserungen der vorgetragenen Ideen sind erwünscht.

Beim Brainstorming einer Gruppe (das sehr fruchtbar sein kann, vor allem unter Freunden, die sich vorgenommen haben, ihre Intuition zu verbessern) formuliert ein «Kopf» das Problem, achtet auf Einhaltung der Regeln und bestimmt, wann die Sitzung beendet wird. Ein anderer wird beauftragt, Notizen zu machen. Wer alleine ist, muß alle Rollen selbst übernehmen. Da in diesem Fall das Aufschreiben der Gedanken den Ideenfluß stören könnte, sollte man ein Aufnahmegerät verwenden. Nach einer festgesetzten Zeit – nach Möglichkeit mindestens ein Tag – überprüfe man die Liste der Geistesprodukte unter Einsatz aller verfügbaren rational-empirischen Methoden. Dann hakt man die einzelnen Punkte auf der Liste ab, stellt Verbindungen her zwischen ähnlichen Ideen und eliminiert die wirklich absurden und unvernünftigen. Schließlich werden Stärken und Schwächen der verbliebenen Ideen analysiert. Vielleicht gelangt man dann schon zu einer endgültigen Entscheidung, oder aber es treten neue Ideen auf, oder neue Probleme werden erkannt.

Im allgemeinen sollte ein Brainstorming beendet werden, wenn man merkt, daß der Enthusiasmus der Beteiligten nachläßt oder die Zeit zwischen den einzelnen vorgetragenen Ideen sich hinzuziehen beginnt. Manche meinen allerdings, gerade dann sollte man weitermachen, da erfahrungsgemäß nach dem unvermeidlichen «Durchhängen» die fruchtbarste Periode käme.

Auf keinen Fall sollte man aufhören, bevor nicht eine gewisse Anzahl von Alternativen vorgetragen wurde. Vor allem, wenn man das Brainstorming alleine macht, bewahrt einen das davor, gleich aufzustecken, wenn sich die erste Frustration meldet, oder sich mit einer Lösung zufriedenzugeben, die zwar ganz attraktiv sein kann, aber nicht die beste sein muß. Ist man allein, sollte man sich ein zeitliches Limit von etwa fünfzehn bis zwanzig Minuten pro Brainstorming-Einheit setzen. Das verhindert nicht nur einen vorzeitigen Abbruch, sondern schult auch den intuitiven Geist, unter Zeitdruck zu arbeiten, was oft durch die Umstände erzwungen wird.

In einer Gruppe ist die Verantwortung für das Produzieren von Ideen natürlich auf alle verteilt. Jedem steht eine kurze Inkubationszeit zu. Ist man allein, muß man kurze Entspannungspausen einlegen. Auch kann man, bevor man an die Auswertung geht, noch eine zweite Brainstorming-Sitzung abhalten, um einen gewissen Ausgleich zu schaffen für die fehlende Anregung, die beim Gruppen-Brainstorming für zusätzliche Assoziationen sorgt.

Der Wert einer Brainstorming-Sitzung liegt vor allem in ihrer Form, das heißt in ihrer Atmosphäre, die einen geradezu ermuntert, die Gesetze der Logik zu verletzen und dem intuitiven Geist bedingungslose Ausdrucksfreiheit zu geben. In einer Gruppe werden Teilnehmer, die zu bewerten und zu urteilen beginnen, an die Regeln erinnert. Findet die Sitzung jedoch im Kopf nur einer Person statt, dann ist es gar nicht so einfach, die spontan auftauchenden analysierenden Gedankengänge zu stoppen. Die Herausforderung besteht darin, die Regeln einzuhalten, ohne den Zweck des Brainstorming zunichte zu machen. Dabei ist vor allem wichtig, den kritischen Input ohne Anstrengung auszuschalten und nicht zuzulassen, daß eine ausführliche Analyse und eine endgültige Entscheidung für oder wider erfolgt.

Während eines formellen Brainstorming, aber auch zu jeder beliebigen anderen Zeit, kann die Intuition durch überlegte Nutzung von Analogien angeregt werden, neue Ideen hervorzubringen, weil auf diese Weise festgefügte Gedankenmuster durchbrochen und verborgene Zusammenhänge zwischen Objekten oder Geschehnissen offenbar werden.

Die schöpferische Fähigkeit der Intuition läßt sich auch durch zufällige Anreize aktivieren. Diese Methode wird von Edward de Bono bevorzugt, der fest davon überzeugt ist, daß das «laterale» oder «spielerische» Denken «mehr Gewinn bringt als philosophische Spekulation». De Bono betont, es gebe keinen einzig richtigen Weg, wie eine Anregung anzuwenden ist; alles könne genutzt werden, um eine Sache in Gang zu bringen – und er schildert einige faszinierende Beispiele dafür, die ich wegen ihrer Anschaulichkeit und der darin enthaltenen grundlegenden Einsichten etwas ausführlicher wiedergeben möchte:

> Von der Methode, mit Hilfe einer zufälligen Anregung eine nützliche Ideenfolge in Gang zu bringen, wurde bei der Planung einer einfachen Vorrichtung zur Überprüfung der Lungenfunktion Gebrauch gemacht. Es gibt für diesen Zweck bereits viele ausgezeichnete Apparaturen, doch bestand der Wunsch, nach Möglichkeit ein

weitaus unkomplizierteres und billigeres Gerät zu entwickeln.
Als Ort voller Gegenstände, die einen Einfall auszulösen imstande wären, wurde Woolworth gewählt. Man suchte nicht nach etwas Bestimmtem, sondern durchstreifte lediglich das Warenhaus, bis sich ein Gegenstand von selbst anbot. Das erste, das die Aufmerksamkeit auf sich zog, waren Flöten aus Plastik. Sofort erwachte die Vorstellung von einem Gerät, das einen Ton von sich gab, sobald ein Patient hineinblies, und in diesem Zusammenhang drängte sich eine Kinderziehharmonika aus Plastik als Lieferant eines kleinen geräuscherzeugenden Blatts auf. Die Plastikflöte legte den Gedanken an ein Rohr mit seitlich angebrachten Löchern und einer Pfeife am unteren Ende nahe. Die Geschwindigkeit, mit der die Luft den Lungen entströmte, würde sich danach bemessen lassen, wie viele der Seitenlöcher aufgedeckt werden konnten, bis es dem Patienten unmöglich wurde, die Pfeife zum Tönen zu bringen.
Diese Idee erwies sich zwar als undurchführbar, doch diente sie als Mittel, sich vom beherrschenden Prinzip des in Gebrauch befindlichen Geräts zu lösen. Die grundlegende Vorstellung, als Index der Lungenfunktion unter verschiedenen Belastungen ein Geräusch erzeugen zu lassen, war geboren. Der Vorteil des Projekts lag in seiner Unkompliziertheit und besonders im Fehlen von beweglichen Teilen mit Fehlerquellen. Die nächste Phase bestand darin, die Position der Pfeife und der Luftlöcher einfach auszutauschen: Die Pfeife wurde an die Seite des Rohrs und das variable Luftloch an sein Ende verlegt. Ein Gerät nach diesen Vorstellungen bediente sich des winzigen Blatts der Kinderziehharmonika, doch gab es Ärger mit dem variablen Luftloch, dessen Mechanismus nicht einfach und robust zugleich sein konnte.

Aus dieser Schwierigkeit ging die Idee hervor, das variable Luftloch wegzulassen und es durch mehrere unveränderliche Luftlöcher von unterschiedlicher Größe zu ersetzen. Diese Anordnung erschien zunächst ganz befriedigend. Als man eines Tages aber gedankenlos damit herumspielte und das Blatt auf der Seite des Rohrs zufällig mit einem Finger zugedeckt wurde, zeigte sich unerwartet, daß das Instrument beim Hineinblasen auch jetzt noch ein Geräusch hervorbrachte. Alsbald stellte sich heraus, daß sich durch eine glückliche Wahl der Form des Endloches eine natürliche Pfeife ergeben hatte.

Nun wurde eine ganze Sammlung einfacher Vorrichtungen angelegt. Es handelte sich um gewöhnliche Plastikrohre, die an einem Ende durch Plättchen mit unterschiedlich großen, kreisrunden Löchern verschlossen waren. Um ein Geräusch zu erzeugen, mußte man mit einer gewissen Stärke in sie hineinblasen. Die Geschwindigkeit der Ausatmungsluft ließ sich danach beurteilen, welches der Rohre zum Tönen gebracht werden konnte. Das Problem schien auf überraschend einfache Weise gelöst. Dennoch hatte die Sache einen Haken. Wenn man nämlich zu kräftig blies, streikte mitunter die Pfeife in einem Rohr, das eigentlich einen Ton hätte von sich geben müssen.

Die nächste Stufe in der Entwicklung der Idee brachte den Verzicht auf alles bisher Erreichte mit sich. Eines Morgens, als gerade das Frühstück bereitet wurde, gab das Pfeifen eines Flötenkessels den Anstoß zu einer neuen Version des Instruments. Mit Klebestreifen an einer Pappröhre befestigt, die einmal einen zusammengerollten Seidenkalender enthalten hatte, wurde die Pfeife des Wasserkessels einem Prototyp einverleibt. In die Seite der Röhre wurden mit einer Rasierklinge Schlitze geschnitten. Je mehr von diesen Seitenschlitzen

man mit den Fingern abdeckte, desto leichter war die Pfeife zum Tönen zu bringen. Mit nur geringfügigen Änderungen bildete dieses Modell die Basis der endgültigen Pfeife, bei der der Schlitz dadurch verschlossen wurde, daß man das Pfeifrohr aus Plastik durch das auswechselbare Pappmundstück herein- und hinausgleiten ließ. In diesem Fall stand das Endergebnis dem ersten Entwurf weitaus näher als irgendeine der Zwischenphasen.
Das L-Spiel ist ein gutes Beispiel dafür, wie nützlich das Herumspielen sein kann, wenn es mit einer festumrissenen Vorstellung vom Endergebnis gekoppelt ist. Bei einem Tischgespräch im Trinity College in Cambridge war von schachspielenden Computern die Rede gewesen und von den Schwierigkeiten, die sich für den Programmierer aus der großen Zahl der Figuren und damit aus der Überfülle möglicher Züge ergeben. Der Gedanke, ein Brettspiel auszuknobeln, das so einfach wie möglich und dennoch so interessant war, daß es mit Raffinement gespielt werden konnte, war verlockend. Am anderen Morgen bot ein quadratisches Stück Plastik, das sich in einer Jackentasche fand, Anlaß zu ziellosen Spielereien, die zu einer Fülle verwendbarer Einfälle führten. Da sich nur schwer sagen ließ, welcher von ihnen ein gutes Spiel ergeben könnte, blieb keine andere Wahl, als bei jedem einzelnen nach einem Grund für seine etwaige Unbrauchbarkeit zu suchen. Der Test fand in einem Wirtshaus statt. Ganz zufällig entwickelte sich das Spiel zum L-Spiel. Es entspricht der Forderung, das einfachste der möglichen Spiele zu sein, die geistige Geschicklichkeit verlangen. Jeder Teilnehmer hat eine einzige (L-förmige) Figur zur Verfügung, die er auf einem kleinen quadratischen Brett mit der Absicht manövriert, die Figur des Gegners in die Enge zu treiben. Da es über achtzehntausend Positionen gibt,

kann das Spiel mit einem hohen Grad an Raffinement gespielt werden, und doch ist es nicht schwer zu erlernen. In diesem Fall war die vorangegangene Spielerei herrlich frei und ungebunden, da keine Notwendigkeit bestand, irgend etwas zu erfinden, und die einzige Voraussetzung Einfachheit war.

Die Schwierigkeit beim wahllosen Herumspielen liegt darin, daß es vielfach momentan unrentabel anmutet und man sich nicht sicher darauf verlassen kann, daß es später Zinsen trägt. Ein Experiment im Zusammenhang mit der Nierendurchblutung schien eine komplizierte Apparatur und eine spezielle Anordnung des Perfusionssystems zu erfordern. Am Ende stellte sich heraus, daß man den Versuch ganz einfach durchführen und als wichtigsten Teil der Apparatur einen Finger verwenden konnte. Das Ziel war, an einem bestimmten Punkt innerhalb der Nieren den Blutdruck zu steigern, indem man (intermittierend) den Blutabfluß verringerte, statt – wie es üblich war – den Zufluß zu verstärken. Die Idee ging auf ein fürchterliches Herumhantieren mit Wasser und Röhren zurück, das zwei Jahre zuvor in einem anderen Zusammenhang stattgefunden hatte. Besonders interessant an diesem Experiment ist freilich der Umstand, daß sich ein ganz ähnlicher Versuch (bei dem man allerdings den Abfluß konstant herabsetzte) als undurchführbar erwiesen hatte. Hätte man davon gewußt, wäre das oben beschriebene Experiment wahrscheinlich nie gemacht worden – und dennoch war es ein Erfolg . . .

Es ist oft erstaunlich, als wie vielseitig verwendbar sich ganz alltägliche Gegenstände erweisen, wenn man sie im Licht einer speziellen Erfordernis betrachtet. Eines Tages galt es, eine Quelle für Hochdruckgas zu finden, das durch Bedienen eines Abzugshebels freigesetzt werden konnte. Es ging um eine Selbstschutzwaffe, deren

Konstruktion durch eine der früher erwähnten Bastelaufgaben angeregt worden war. Die Siphonflasche, die auf dem Getränketablett stand, bildete die augenfällige Lösung: Man brauchte sie sich nur ohne Flüssigkeit vorzustellen, und schon waren das Hochdruckgas und ein geeigneter Abzugshebel zur Hand. Hätte man die Siphonflasche lediglich im Zusammenhang mit Getränken oder als Wasserspender gesehen, wäre der Einfall nie zustande gekommen. Doch die unmittelbare Gegenwart dieses Gefäßes ermöglichte es, aus der gebräuchlichen Klassifikation auszubrechen.

Eine der Vorrichtungen, deren Planung besonders Spaß machte, war Freddie, das Schoßtier des Raumfahrtzeitalters. Es war an einen kleinen Hausgenossen gedacht, der zum modernen Leben paßte: Er sollte eine intelligente Animation aufweisen, jedoch nicht verlangen, daß man ihn füttert, mit ihm spazierengeht oder ihn sonstwie pflegt. Angestrebt war eine glatte schwarze Kugel, die aus eigener Kraft umherrollte: Sobald sie auf ein Hindernis traf, würde sie von selbst in einer anderen Richtung davonkullern; geriet sie in eine Sackgasse, so würde sie einfach wieder herausrollen. Dieses Geschöpf zu entwerfen war deshalb so vergnüglich, weil die kom pliziertesten Verfahren erwogen wurden, während sich der endgültige Mechanismus, der unter Verwendung eines Bleistifts, eines Radierers, eines Kugelschreibers und eines elektrischen Spielzeugautos zustande kam, als höchst einfach erwies. Was etwas Mühe kostete, war, eine passende Kugel zu finden, und einer der Versuche, sie selbst herzustellen, bestand darin, einen Luftballon aufzublasen, ihn mit Papiermachéstreifen zu umkleiden und dann zerplatzen zu lassen. Schließlich begegnete mir jedoch zufällig eine entsprechende Kugel in einem Schaufenster; sie war Bestandteil eines Kinderspielzeugs.

Ein Teil der angeführten Probleme hätte genausogut, vielleicht sogar besser durch sorgfältige logische Überlegungen gelöst werden können. Die Frage ist nur, ob sie tatsächlich auf diese Weise gelöst worden wären. Man kann leicht behaupten, die oben beschriebenen Prozesse seien Umwege gewesen und die Logik hätte direkter zum jeweiligen Ziel geführt. Aber die Logik braucht eine Richtung, in der sie sich vorarbeiten kann. Und viele der Ideen stellten sich gerade darum ein, weil keine Bindung an festgelegte Verfahrensweisen vorlag. Wie bei anderen Gelegenheiten, so ist es auch bei der Anwendung des spielerischen Denkens immer möglich, Scheinmotive zu erbringen, wenn das Ergebnis erst einmal erzielt ist. Viele der Entwürfe wurden nur in großen Zügen beschrieben, und wer zum eigenen Vergnügen die Details logisch ergänzen will, ist herzlich dazu eingeladen. Was in diesem Zusammenhang interessierte, war der Prozeß, nicht das Produkt. Wer zwischen diesen beiden nicht unterscheiden kann und die Relevanz kleiner technischer Erfindungen bezweifelt, würde fraglos auch Einstein über die Achsel ansehen, der sich oft mit ihnen vergnügte.

9 Abschalten, um zu horchen

Die Saat des Geheimnisses liegt im trüben Wasser.
Wie kann ich dieses Geheimnis wahrnehmen?
Wasser wird durch Stille still.
Wie kann ich still werden?
Indem ich mich vom Strom treiben lasse.

Laotse

Der Komponist geriet in eine schöpferische Krise und konnte ein Auftragswerk nicht vollenden. Bei steigender Frustration arbeitete er härter und härter, kam jedoch nicht zu Rande. Freunde rieten zu einer Pause, doch davon wollte er nichts hören und schuftete erfolglos weiter. Schließlich verordnete sein Arzt ihm einen Erholungsurlaub, und das Orchester, das die Komposition bei ihm bestellt hatte, drohte ihm, den Auftrag ganz zurückzuziehen, wenn er den Urlaub nicht antreten würde. Widerwillig fuhr er schließlich in ein abgeschiedenes Dorf in Italien. Am ersten Morgen nach der Ankunft hörte er die Kirchenglocken läuten – und wie von selbst ordneten sich plötzlich in seinem Geist die bisherigen Teilentwürfe zu einem runden Ganzen.

Inkubation scheint ein universales Prinzip zu sein. Man findet sie nicht nur in zeitgenössischen Theorien über Kreativität und das Lösen von Problemen, sie spielt auch in der geistigen Tradition der verschiedensten Kulturen eine Rolle. In seinem Buch *Der Heros in tausend Gestalten* beschreibt Joseph Campbell den typischen Weg des klassischen Helden: Trennung, Initiation, Rückkehr. An einem entscheidenden Punkt seiner Entwicklung verläßt der Heros die ihm bisher vertraute Welt und erwirbt – oft mit Hilfe einer höheren Macht – in der Fremde oder in der

Einsamkeit Weisheit und Stärke. So gewandelt, kehrt er zurück, um seine Mission zu erfüllen. Dieses Muster findet man in der antiken Mythologie, in vielen Märchen und Sagen und anderen Werken der Literatur, besonders exemplarisch jedoch tritt es in den – oft entsprechend stilisierten – Biographien der großen geistigen Lehrer zutage: Moses, Buddha, Jesus zogen sich in die Einsamkeit zurück, um mit dem Göttlichen zu kommunizieren, bevor sie zu den Menschen zurückkehrten, um ihr Werk zu vollenden. Im *Bhagawadgita* verläßt Arjuna das Schlachtfeld, um Gott Krishna zu konsultieren, bevor es ihm dann gelingt, die Kräfte des Bösen zu besiegen.

Plagt man sich mit verhältnismäßig trivialen Problemen und Entscheidungen herum, ist es ratsam, eine kurze Inkubationszeit einzuschieben. Und doch scheint es, als ob wir gerade dann oft das Gegenteil tun. Mit dem Anwachsen des Drucks und der Verzweiflung hängen wir uns immer verbissener in die Sache rein. Ordnen wieder und wieder die einzelnen Teile des Puzzles um und um, wiederholen dieselben Argumente, stets in der Hoffnung, einen versteckten Edelstein in dem wirren Haufen von Fakten zu finden, den wir schon hundertmal durchwühlt haben – eine Situation, die vor allem Geschäftsleuten und Wissenschaftlern wohlvertraut ist.

Widerstand gegen die Inkubation beruht auf einem Mangel an Verständnis der Intuition und der Bedingungen, unter denen sie am besten funktioniert. Der Wunsch, einmal einen anderen Gang einzulegen, kann durchaus eine Mahnung des intuitiven Geistes sein, etwas kürzer zu treten – schließlich braucht er ein ausgeruhtes, kohärentes Nervensystem und ein wenig Ruhe, um was Ordentliches zu produzieren.

Zu den typischen Anzeichen eines starken Bedürfnisses nach Inkubation gehören Erschöpfung, geistige Trägheit, Reizbarkeit und körperliche Anzeichen von Streß. Sie machen einem klar, daß man wahrscheinlich schon zu lange «rumgemacht» hat. Effektiver, um nicht zu sagen gesünder, wäre es, schon auf frühe Signale zu reagieren, etwa auf Mangel an gedanklicher Klarheit, sich immer wiederholende Gedankenmuster, nachlassende Konzentration und leichte Frustration. Man kann natürlich auch zu früh aufstecken, aber die meisten warten zu lange mit dem Pausieren. Leider gibt es keine Formel, die uns sagt, wann man seine Inkubationszeit nehmen soll. Das ist individuell sehr verschieden, man kann es nur durch aufmerksame Selbstbeobachtung und Erfahrung herauskriegen.

Ebenfalls individuell verschieden, jedoch weniger schwierig ist das «Inkubieren» selbst. Praktisch jede Tätigkeit, die mit dem anstehenden Problem in keinerlei Beziehung steht, kann dafür herhalten, doch wird manche Beschäftigung die Intuition mehr bzw. weniger fördern. Auch in diesem Fall muß man einfach durch Versuch und Irrtum lernen, wann die Zeit für tatkräftiges Handeln gekommen ist oder wann man eher schlafen sollte, wann man lieber nur einen Spaziergang macht und wann einen langen Urlaub, und wann es am besten wäre, irgendeine automatische Tätigkeit auszuüben, um den Geist frei schweifen zu lassen. Mit Hilfe eines Intuitions-Tagebuches, mit dem wir uns im folgenden Kapitel näher beschäftigen wollen, finden Sie vielleicht ein Muster, das gewisse physische und mentale Signale mit spezifischen Formen der Inkubation verknüpft, um zu erkennen, welche Kombinationen zu erfolgreicher Intuition führen.

In der Regel sind die besten Inkubationsformen für den intuitiven Geist jene, die den in Kapitel 7 beschriebenen kohärenten Zustand gelassener Wachsamkeit erzeugen. Viele Arten von Ruhe und Erholung lenken den Geist zwar von der Arbeit ab und helfen dem Menschen, Dampf abzulassen, können jedoch in der Folge zu Erschöpfung und Langeweile führen. Die in diesem Kapitel beschriebenen Methoden wurden ausgewählt, weil mit ihrer Hilfe der richtige Bewußtseinszustand hergestellt werden kann, wobei darauf geachtet wurde, daß sie leicht und universal anwendbar sind. Meist sind es kurze Inkubationsformen, rasch erlernbar und auch praktizierbar, wenn man unter Druck steht und günstige Vorbedingungen für Intuition schaffen will.

Zunächst wollen wir einen Blick auf die älteste und allgegenwärtige Form von Inkubation werfen.

Vom Schlafen und Träumen

«Was wäre, wenn Sie gerade schliefen?» schrieb Samuel Taylor Coleridge. «Und was, wenn Sie im Schlaf träumten? Und was, wenn Sie im Traum zum Himmel auffahren und dort eine seltsame und schöne Blume pflücken würden? Und was, wenn Sie beim Erwachen diese Blume in Ihrer Hand hielten? Was dann?»

Coleridge erwachte einst mit einer Blume in seiner Hand – dem Gedicht *Kubla Khan,* das er so niederzuschreiben begann, wie er es im Schlaf empfangen hatte. Leider wurde er durch den unerwünschten «Besucher aus Porlock» unterbrochen; und als Coleridge in sein Zimmer zurückkehrte, war bis auf acht oder zehn Zeilen alles aus dem Gedächtnis verschwunden, «wie die Spiegelungen auf der Oberfläche eines Stromes, nachdem man einen Stein hineingeworfen hat».

Wer kann sagen, wie viele Kunstwerke und wie viele große Ideen durch andere «Besucher aus Porlock» zunichte gemacht wurden? Der Schlaf ist ein großer Heiler («die sanfte Amme der Natur», wie Shakespeare schrieb) und ein großartiger Inkubator («die geliebte Mutter neuer Gedanken» laut Wordsworth). Früher hielt man den

Schlaf für einen Zustand, in dem alle Körperfunktionen auf ein Minimum herabgesetzt sind, heute gilt er als ein recht geschäftiger, zyklischer Vorgang, bei dem eine Menge physische und psychische Arbeit geleistet wird. Der Rat, «eine Sache noch mal zu überschlafen», ist mehr als nur eine Metapher, denn auf bisher noch nicht bekannte Weise kann während des Schlafs eine Neuordnung der mentalen Inhalte stattfinden, was entweder im Traum oder beim Erwachen zu intuitiven Entdeckungen führt.

Mehrere praktische Implikationen müssen dabei in Betracht gezogen werden. Zunächst einmal ist Schlaf keine leider notwendige Zeitverschwendung, wie viele Leute glauben. Ein geruhsames Nickerchen während eines hektischen Tagesablaufs kann produktiver sein als die Arbeit selbst. Winston Churchill und Thomas Edison gehörten zu den Menschen, die nachts verhältnismäßig wenig schliefen, aber am Tag gern mal eine Siesta hielten.

Viele Menschen schlafen sehr unruhig, wachen mitten in der Nacht auf, manchmal mehrmals, und können dann nur schwer wieder einschlafen. Karen, eine gesunde und seelisch ausgeglichene Laborassistentin, hatte von Schlaftabletten bis zur Psychotherapie alles versucht, um ihrer Schlaflosigkeit beizukommen. Eines Nachts beschloß sie, die fruchtlosen Bemühungen aufzugeben, einfach aufzustehen und irgendeine Sache in Angriff zu nehmen. Zu ihrer Überraschung war sie in diesen Stunden vor der Morgendämmerung bemerkenswert kreativ. Schließlich einigte sie sich mit ihrem Arbeitgeber auf einen neuen Stundenplan, der diesen individuellen Rhythmus berücksichtigte. In ihrer Wohnung wurden ein Computerterminal und andere Arbeitsgeräte aufgestellt, so daß sie ihre «guten Stunden» weitgehend nutzen konnte.

Nächtliche Schlafunterbrechungen sind nie erfreulich, treten sie jedoch ein, wäre es zweckmäßig, das eigene

Verhalten entsprechend zu ändern. Statt sich zu ärgern oder zu sorgen, sollte man sie als eine günstige Gelegenheit betrachten, seine Intuition anzuzapfen. Auf den Nachttisch legt man sich am besten für alle Fälle ein Notizbuch oder ein Aufnahmegerät, um seine Ideen aufzuzeichnen. Damit erreicht man gleich zweierlei: Indem man seine Gedanken formuliert, kann man sie «ad acta» legen, so daß sie die Nachtruhe nicht noch einmal stören, und zweitens können so wertvolle Intuitionen festgehalten werden, die sonst vielleicht bis zum Morgen verloren gewesen wären. Während des Tages kann man dann alles Aufgeschriebene in Ruhe analysieren und weiterverarbeiten.

Natürlich kann man mit beiden Hilfsmitteln auch den Inhalt von Träumen festhalten. In fast allen Kulturen haben Träume als Quelle von Prophezeiungen, Übermittler praktischer Weisheit, als Botschaften von Göttern oder Verstorbenen oder als Enthüllungen verdrängter psychischer Konflikte gegolten. Träume haben oft Lösungen von Problemen und kreative Durchbrüche vermittelt. René Descartes, dessen Name ein Synonym für Rationalismus geworden ist, erkannte als junger Mann im Traum seine Lebensaufgabe, Mathematik und Philosophie zu einer neuen wissenschaftlichen Disziplin zu vereinen. Und Robert Louis Stevenson träumte den Handlungsablauf von *Doktor Jekyll und Mister Hyde.*

Besonders interessant erschien mir ein Traum von Elias Howe, dem Erfinder der Nähmaschine. Er hatte jahrelang hart an der Entwicklung seiner Idee gearbeitet, und ihn trennte nur noch ein kleines Detail von seinem Ziel. Eines Nachts träumte er, er sei von einem Stamm Wilder gefangengenommen worden, deren Häuptling ihn vor die Wahl stellte, entweder seine Maschine zu vollenden oder exekutiert zu werden. Auf dem Weg zum Richtplatz sah er sich plötzlich von Kriegern umgeben, die alle Speere mit schlitzförmigen Löchern an der Spitze trugen. Howe erwachte und schnitzte das Modell einer Nadel mit dem Loch in der Spitze statt in der Mitte des Schafts. Diese Abänderung ermöglichte ihm endlich den Bau einer funktionstüchtigen Nähmaschine.

Manchmal kann man in Träumen auch einen Blick in die Zukunft werfen. Wenige Tage vor seinem gewaltsamen Tod träumte Abraham Lincoln, er erwache in der Nacht und wandere im Weißen Haus umher. Dort sah er mehrere Zivilisten und Uniformierte um einen Leichnam stehen. Auf seine Frage, wer gestorben sei, antwortete man ihm: der Präsident.

Einige Träume erklären sich von selbst, andere erfordern Aufschlüsselung und Interpretation. Die Träume von Coleridge und Lincoln waren ziemlich wirklichkeitsnah. Der Traum von Elias Howe wie der von Kekulé (die Schlangen, die sich in den Schwanz bissen, was zur Erkenntnis der Ringstruktur der Benzolmoleküle führte) sind Beispiele für Träume, die einiger Deutung bedürfen. Wieder andere Träume sind nicht so direkt mit Realitäten des Wachzustandes verknüpft. C. G. Jung träumte einmal, er halte eine Rede vor einem größeren interessierten Auditorium, statt vor einem kleinen Ärztekreis. Das überzeugte ihn, sein Buch über *Die Symbolik des Geistes* doch für eine breitere Öffentlichkeit zu schreiben, wogegen er sich lange gesträubt hatte.

Weil Träume – vor allem immer wiederkehrende Motive, die beharrlich bestimmte Botschaften übermitteln – Quellen intuitiver Information sein können, sollte man dem Rat von vielen Psychologen folgen und sie beim Erwachen notieren. Wichtig ist jedoch, sich nicht zu sehr vom Trauminhalt beeinflussen zu lassen oder Träumen die Verantwortung für Entscheidungen zu übertragen, die besser im Wachzustand getroffen werden sollten. Es ist bisher keineswegs bewiesen, daß jeder Traum, an den man sich erinnern kann, etwas offenbart, obwohl einem Fachmann natürlich jeder Traum als Schlüssel zu verborgenen Inhalten der Psyche dienen kann. Wichtiger ist meist die Reaktion des Patienten auf seinen Traum, der oft nur ein Katalysator sein kann, wie etwa die zu deutenden Tintenkleckse beim Rorschachtest.

Das große Problem bei Träumen ist ihre oft symbolische Verschlüsselung, weshalb ihr Wert für den einzelnen von der adäquaten Interpretation abhängt. Laut Bibel träumte der Pharao von sieben mageren Kühen, die sieben fetten folgten. Joseph deutete den Traum und riet dem Pharao, während der folgenden sieben «fetten» Jahre Getreideüberschüsse einzulagern, um in den dann kommenden sieben «mageren» Jahren eine Hungersnot zu vermeiden. Diese Strategie bewahrte Ägypten vor einer Katastrophe. Aber nicht immer hat die Interpretation eines kryptischen Traumes so positive Folgen, und gerade Fehldeutungen können sich oft verheerend auswirken auf das Leben des Betreffenden.

Hat man nicht die Möglichkeit, Träume in Zusammenarbeit mit einem ausgebildeten Therapeuten als «Königsweg zum Unbewußten» zu nutzen, wie Freud es formulierte, dann sollte man sie nur sehr vorsichtig als Quelle von Intuition verstehen. Es gibt keinen Grund, diese Eingebungen ernster zu nehmen als Intuitionen im Wachzustand, besonders wenn die Botschaft als solche nicht klar ist. Vor allem sollte man sich hüten, formelhafte Deutungen auf individuelle Trauminhalte anzuwenden, und einen großen Bogen um jene Zeitschriften und Broschüren machen, die vorgeben, uns die symbolische Bedeutung aller Dinge von A bis Z vermitteln zu können. «Lernt so viel ihr könnt über Symbole», riet C. G. Jung seinen Studenten. «Geht es jedoch darum, einen ganz bestimmten Traum zu analysieren, dann vergeßt das alles.»

Jung war nämlich der Ansicht, daß kein Traum unabhängig vom träumenden Individuum verstanden werden kann. Es gibt keine eindeutige und endgültige Deutung irgendeines Traumes. Jung legte großen Wert auf die Feststellung, daß die Individualität des Träumers, die Intelligenz des Deuters, Einfühlungsvermögen und Erfahrung wichtig seien, um zu einem befriedigenden Interpretationsergebnis zu kommen. Ein Traumdeuter dürfe Fakten und logische Zusammenhänge nicht ignorieren, doch sei Intuition bei der Deutung von Symbolen fast unentbehrlich, da die Symbole oft nur mit ihrer Hilfe vom Träumenden unmittelbar verstanden werden können.

Kurz gesagt: Träume können eine Pforte zu intuitiver Erkenntnis sein; doch bedarf es einer guten Intuition, um diese Pforte zu öffnen.

Wer an seinen Träumen besonders interessiert ist und sie im Gedächtnis behalten möchte, sollte sich vor dem Einschlafen ganz fest vornehmen, sich am nächsten Morgen ihrer zu erinnern. Offensichtlich kann der bloße Entschluß, sich zu erinnern, das Erinnerungsvermögen tatsächlich fördern. Traumforscher behaupten, man könne auch lernen, den Gegenstand seiner Träume vorher zu bestimmen. Zumindest einige Menschen scheinen diese Fähigkeit zu besitzen. Gelingt es einem jedoch nicht auf Anhieb, sollte man sich nicht unnötig abmühen, sondern den Rat eines erfahrenen Psychologen suchen.

Einige Forscher sind der Ansicht, wir könnten eine gewisse Kontrolle über unsere Träume erlangen. Es gibt zum Beispiel Menschen, die imstande sind, mit Aufmerksamkeit zu verfolgen, was während des Traums vor sich geht. Augenscheinlich kann man motivierte Personen schulen, derart *luzide zu träumen;* Anleitungen dazu gibt Patricia Garfield in ihrem Buch *Kreativ Träumen.* Luzides Träumen verbessert angeblich das Rückerinnern an Träume, erlaubt uns, dabei Notizen zu machen und den Inhalt des Traumes in eine bestimmte Richtung zu lenken.

Das kann nach Ansicht einiger Psychologen den intuitiven Input stimulieren.

Ich persönlich bin gegenüber solchen Traummanipulationen mißtrauisch. Wir wissen noch nicht genug über die grundlegende Funktion des Traumes oder seine psychische Basis. Das Herumspielen damit könnte unerwünschte Nebenwirkungen zeitigen. Der Wert eines Traumes kann durch zu viel Einmischung auch gemindert werden, vielleicht sogar schon durch zu große Aufmerksamkeit nach dem Erwachen.

Lockeres, unverkrampftes Programmieren vor dem Einschlafen kann die Chancen erhöhen, beim Erwachen oder während des Traums von einer Intuition überrascht zu werden. In der Ruhephase vor dem Einschlafen könnte man die gewünschte Fragestellung, das Problem oder das Dilemma dem Geist übermitteln, als werfe man einen Brief in den Briefkasten. Man sollte sich nicht zu deutlich ausdrücken und sich nicht anstrengen, Einzelheiten festzulegen oder einen Satz zu beenden, wenn der Geist zu anderen Gedanken abschweift oder in Schlaf abgleitet. Ein undeutlicher Gedanke, die kleinste Idee, pflegt besser zu sein als eine präzise verbale Aussage. Man lasse eine Andeutung fallen und davontreiben. Einige sanfte Wiederholungen reichen aus, um dem Unbewußten zu sagen, wonach man Ausschau hält.

Meditation

Ich bin wie die Psychologin Frances Vaughan der Meinung, daß «regelmäßige Meditationsübungen das wirkungsvollste Mittel zur Steigerung der Intuitionsfähigkeit sind». Meditation ist mehr als nur ein Weg, Intuition durch Inkubation anzulocken; sie ist eine Technik zur Erweiterung des Bewußtseins und dann am effektivsten, wenn sie regelmäßig praktiziert wird (am besten zweimal täglich für jeweils zwanzig Minuten). Die Regelmäßigkeit garantiert eine wirksame Inkubation und verringert die Wahrscheinlichkeit, daß man während des Meditierens nach intuitiven Antworten Ausschau hält, was den Wert der Intuition mindern würde. Man kann Erkenntnisse gewinnen während des Meditierens, oft kommen einem aber auch nur ganz nutzlose und absurde Gedanken. Erst *nach* dem Meditieren, wenn der Geist ruhig und klar ist, kann Intuition am wirksamsten sein.

Die meisten Leute halten Meditation für ein Mittel, Spannungen abzubauen. Das allein würde sie schon als «Wegbereiterin» der Intuition empfehlen, deren Auftreten ja durch Ängste und Nervosität behindert wird. In diesem Zusammenhang sind alle Arten von Entspannungsübungen nützlich, Meditation jedoch am meisten, weil der durch sie hervorgerufene Ruhezustand außergewöhnlich tief ist. Der wahre Wert der Meditation liegt jedoch darin, daß sie jenen Bewußtseinszustand herbeiführen kann, den wir Erleuchtung nennen. Das ist auch der Grund dafür, daß sie im Rahmen jeder spirituellen Disziplin eine zentrale Rolle spielt. Die populärste und wissenschaftlich am besten erforschte Technik ist die Transzendentale Meditation (TM). Sie lenkt die Aufmerksamkeit von der bewußten Gedankenebene auf subtilere Bewußtseinszustände, bis der Geist schließlich an der Quelle des Denkens, dem reinen Bewußtsein, anlangt. Im Sinne der in Kapitel 7 beschriebenen Analogie durchquert man den Ozean des Geistes und transzendiert; zur selben Zeit erreicht das Nervensystem eine ungewöhnliche Kohärenz und Stabilität.

Allen Meditationstechniken – es gibt buchstäblich Hunderte, die noch dazu oft auf höchst oberflächliche Weise angepriesen werden – gemeinsam «ist das Vermögen, einen besonderen Zustand frei schwebender Aufmerksamkeit hervorzurufen, in dem rationales Denken vermieden und Worte viel weniger Bedeutung haben als im täglichen Leben. Charakteristisch für diesen Zustand ist, daß der Meditierende völlig von seinem Meditationsgegenstand gefesselt ist. Wenn ihm irgendein anderer Gedanke kommt, so taucht dieser meist nur vage am Horizont auf, um gleich wieder zu verschwinden.

Die Kunstgriffe, die zur Hervorbringung dieses Zustandes angewendet werden, sind völlig verschieden, zum Beispiel: ruhig auf eine Kerzenflamme blicken; im Geist einen Laut (Mantra) wiederholen; seinem eigenen Atem aufmerksam folgen; sich auf das Geräusch des Regens konzentrieren; laut ein rituelles Wort oder einen solchen Satz wiederholen; auf die Empfindungen des Leibes achten; sich auf ein nichtbeantwortbares Rätsel konzentrieren (Koan); passiv achthaben auf seine auftauchenden Gedanken; oder sich in einem stereotypen Tanz drehen. Das Ziel dabei ist immer das gleiche: eine Änderung der existentiellen Erfahrung des Meditierenden» (Patricia Carrington).

Es ist unmöglich, im Rahmen dieses Buches jede praktikable Meditationstechnik zu beschreiben oder zu bewerten. Wer jedoch mit dem Thema nicht vertraut ist und sich keinem besonderen Programm verpflichtet fühlt, sollte sich an nachfolgende Überlegungen halten.

Einfache Entspannungsübungen – etwa Beeinflussung der Stimmungslage, indem man sich vorstellt, man befinde sich an einem einsamen Strand, oder indem man nach und nach bestimmte Muskelgruppen entkrampft – sind nützlich, wenn man besonders angespannt ist oder während einer Krise seine innere Ruhe wiederfinden will. Doch wird dadurch nicht zwangsläufig Intuition angeregt oder eine günstige Basis für mentale Kohärenz geschaffen, die ihrerseits zu Intuitionen führen kann.

Man hüte sich vor Methoden, die intensiv mentale Manipulationen oder strenge Körper- und Geisteskontrolle erfordern. Meditation soll natürlich und mühelos sein. Die von Patricia Carrington erwähnten «Kunstgriffe» sind Möglichkeiten, den erwünschten Zustand herbeizuführen. Auch Kontemplationsübungen können da hilfreich sein – das heißt, *über* etwas nachdenken, etwa über Gott und das Eine. Bei vielen Techniken wird erst einmal der Geist von jedem Denkinhalt befreit, ein fehlgeleiteter Versuch, *samadhi* nachzuahmen, das heißt Bewußtheit ohne Denken. Transzendente Erfahrung bedeutet jedoch nicht nur inhaltsloser Geist; sie ist Geist, der vom reinen Bewußtsein erleuchtet ist. Diesen Zustand kann man nicht «mit zusammengebissenen Zähnen» erreichen, man kann ihn nicht erzwingen, denn jedes angestrengte Bemühen hindert den Geist daran, ruhig zu werden und sich universaleren Eindrücken zu öffnen.

Meditation ist eine heikle Kunst, die idealerweise von einem kompetenten Lehrer einem lernwilligen Schüler vermittelt wird, so daß dabei individuelle Besonderheiten berücksichtigt und Fragen beantwortet werden können. Daher sind Techniken, die in Büchern oder auf Tonbändern gelehrt werden, in der Regel weniger effektiv. Häufig wird der Unterricht falsch aufgebaut, so daß man keine optimalen Ergebnisse erzielt oder unter unerwünschten Nebenwirkungen wie Kopfschmerzen leidet. Außerdem ist die Meditationserfahrung von Person zu Person verschieden; es ist wichtig, diese Varianten zu verstehen und zu wissen, wie man richtig damit umgeht. Ferner muß darauf geachtet werden, daß man sich auch *nach* einer Meditationssitzung richtig verhält. Es sollte jemanden geben, an den man sich um Rat und Anleitung wenden kann. Ich hoffe, daß jeder meiner Leser das für ihn geeignete Meditationsverfahren findet, das dann im Zentrum seines «Intuitions-Entwicklungsprogramms» stehen könnte.

Gelegentlich hat man etwas zu entscheiden, ohne daß noch Zeit oder Möglichkeit für weitere Tatsachenerhebungen oder Analysen bleibt. Spürt man bei einer solchen Gelegenheit das dringende Bedürfnis nach intuitiver Anleitung, könnte man versuchen, jene geistige Stille herbeizuführen, die jeder Intuition günstig ist. Erzwingen läßt sich das nicht – etwas willentlich herbeiführen zu wollen ist Aktivität in höchstem Maße, und das Bemühen um Ruhe wird den Geist eher in permanentem Spannungszustand halten. Man kann die notwendige innere Gelassenheit, die zu Intuition führen soll, aber mit physischen Mitteln erreichen. Aufgrund der intensiven Wechselbeziehung zwischen mentalen und physischen Zuständen wird sich der mentale Geräuschpegel auf natürliche Weise senken, ohne jene Ermüdung und Anspannung zu erzeugen, die oft durch unnatürliche Anforderungen an den Geist entstehen.

Während der Übungen sollte man nicht nach Intuition Ausschau halten oder sie herbeizureden versuchen. Intuition soll angelockt, nicht angetrieben werden. Es mag schwerfallen, sie nicht zu erhoffen, aber schon zu viel Hoffnung kann hinderlich sein. Die empfohlenen Methoden sind gute Wege, eine entspannte Wachsamkeit zu initiieren. Sie werden eine positive, intuitionsfördernde Wirkung haben, ganz gleich, ob sie zu einem unmittelbaren kreativen Durchbruch führen oder nicht. Bei Befolgung dieser Methoden lassen Sie Ihren Geist ruhig abschweifen, versuchen Sie nicht, die eigenen Gedanken abzuschotten. Aber wenn Sie merken, daß eine mentale Störung Sie abzulenken beginnt, sollten Sie ihre Aufmerksamkeit behutsam auf die Übungen konzentrieren.

Yoga-Übungen, vor allem *asanas,* sind ein wirksames Mittel, um Spannungen abzubauen und den Geist zu beruhigen; richtig ausgeführt, pflegen sie auch die mentale Bereitschaft zu erhöhen. Yoga-Unterricht kann man heute überall erhalten, und zwar durch kompetente Lehrer. Nachstehend findet der Leser einige einfache und effektive Positionen, die ich persönlich für nützlich und ungefährlich halte. Sie sollten langsam und ohne besondere Mühe ausgeführt werden. Der Körper darf dabei nicht zu einer unbequemen oder schmerzhaften Haltung gezwungen werden. Man sollte niemals versuchen, sich über die eigenen Möglichkeiten hinaus zu beugen oder zu strecken. Man bewege sich einfach in Richtung der abgebildeten Stellung und höre in dem Augenblick auf, da man sich angestrengt fühlt. Die Übungen sollten in bequemer Kleidung und auf einem mit dickem Teppich, Decke oder Matte belegten Boden durchgeführt werden. Eine Yoga-Position vor Beginn der Meditation einzunehmen, ist ein ausgezeichneter Weg zu täglicher Inkubation und wird sich steigernd auf Ihre Intuition auswirken.

Streckung des Rückens. Setzen Sie sich auf den Boden, die Beine gestreckt. Beugen Sie den Körper langsam vor, wobei die Hände auf der Oberseite der Beine entlanggleiten. Greifen Sie nach den großen Zehen. Schaffen Sie das nicht, dann halten Sie die Fersen oder Schienbeine fest – bis zu dem den Füßen nächsten Punkt, der noch schmerzlos zu erreichen ist. Ohne die Knie zu beugen, wird der Oberkörper nach unten gedehnt, wobei man mehr die Arme als die Rückenmuskeln benutzt. Das sollte langsam geschehen, ohne plötzliche Bewegungen oder Krafteinsatz. Beugen Sie sich vor, so weit dies ohne Überspannung geht (Abb. 6). In der idealen Stellung berührt die Stirn die

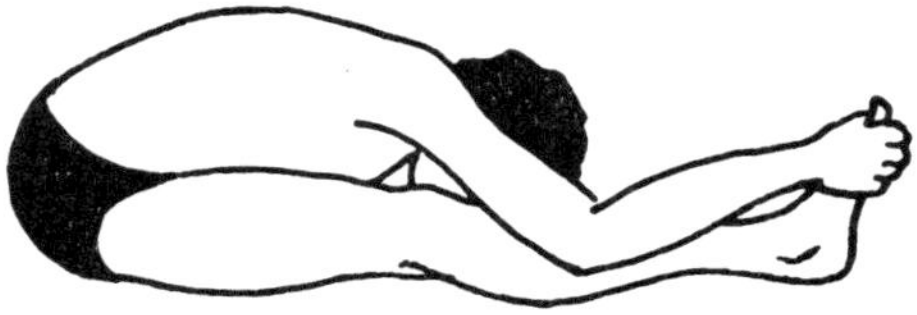

Abb. 6 Streckung des Rückens

Knie. Diese Endhaltung behält man bei voller Entspannung des Körpers etwa zehn Sekunden lang bei und geht dann in die Ausgangsstellung zurück. Das kann man zwei- oder dreimal wiederholen. Nach und nach soll man die Dauer der Übung verlängern.

Schulterstand. Man legt sich flach auf den Rücken, die Füße geschlossen, die Arme zu beiden Seiten des Körpers ausgestreckt. Dann drückt man die Handflächen gegen den Boden, spannt den Unterleib und hebt langsam beide Beine mit durchgedrückten Knien an. Sobald die Beine einen rechten Winkel zum Boden bilden, läßt man den Körper nach rückwärts schwingen, so daß die Hüften vom Boden abheben. Jetzt legt man die Handflächen gegen den unteren Rücken, um den Körper abzustützen. Der Körper wird langsam zu einer modifizierten aufrechten Haltung gestreckt, bis der Rumpf einen Winkel von 45 Grad zum Boden bildet – wie in Abb. 7. Das Körpergewicht ruht auf den Ellenbogen, nicht auf dem Nacken oder den Schultern. Nach einigem Üben wird man imstande sein, die senkrechte Stellung einzunehmen (Abb. 8), wobei Rumpf und Beine einen rechten Winkel zum Boden bilden, während das Kinn gegen die Brust gedrückt wird. Diese Stellung sollte man zunächst zwanzig bis dreißig Sekunden einhalten, später dann nach und nach immer etwas länger. Zur Rückkehr in die Ausgangsstellung beugt man die Knie und senkt sie in Richtung Stirn. Dabei stützt man sich mit seitwärts gespreizten Händen ab. Dann rollt man langsam vorwärts, und wenn das Gesäß den Boden

Abb. 7 Modifizierter Schulterstand

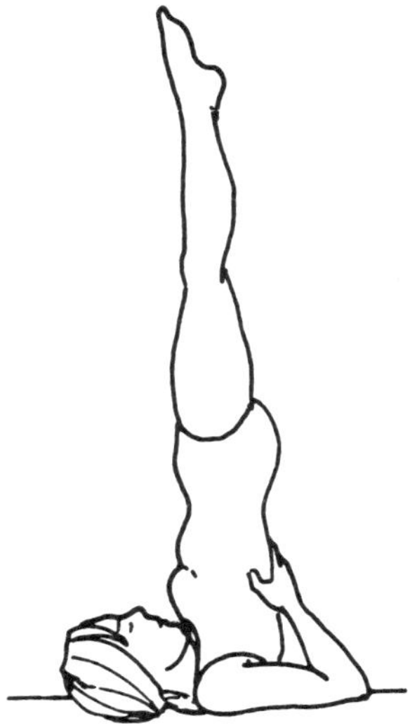

Abb. 8 Schulterstand

berührt, streckt man die Beine und senkt sie. Kurze Pause.

Die Kobra. Man legt sich auf den Bauch, die Handflächen in Brusthöhe flach nach unten, die Stirn auf dem Boden. Dann hebt man langsam Kopf und Schultern, als wolle man hinter sich sehen (Abb. 9). Man versuche, die Schultern zu heben, ohne die Arme zu benutzen, nur mit Hilfe der Rückenmuskeln. Dann beugt man sich mit Hilfe der Arme langsam rückwärts. Innehalten, wenn der Nabel sich vom Boden abhebt. Man verharrt in dieser Stellung zunächst für zehn Sekunden und steigert die Zeitspanne dann nach und nach. Schließlich entspannt man langsam, senkt zunächst den Rumpf, dann Schultern und Nacken, bis die Stirn wieder den Boden berührt. Diese Übung kann man nach kurzer Pause ein- oder zweimal wiederholen.

Yoga Mudra. Man nehme, wenn möglich, den Lotossitz ein (Abb. 10); sonst wähle man die Halb-Lotosposition

Abb. 9 Die Kobra

(Abb. 11), oder man kreuzt einfach die Beine. Das eine Handgelenk hält man hinter dem Rücken mit der anderen Hand fest, wobei beide Arme entspannt bleiben. Tief einatmen und den Atem anhalten. Der Rumpf wird langsam nach vorn gebeugt, bis die Stirn den Boden ganz oder fast berührt (Abb. 12). Sobald man sich angestrengt fühlt, sofort aufhören. Ansonsten verharrt man so für etwa zehn Sekunden und atmet aus, während man in die Ausgangsposition zurückfällt. Diese Übung kann man zwei- oder dreimal wiederholen. Eine Variante: Man hält den Atem nicht an, sondern atmet aus, während man sich nach vorne beugt, und atmet normal, während man die Endposition so lange beibehält, wie es angenehm ist.

Atmen als Inspirationshilfe

Atemübungen können eine beruhigende und belebende Wirkung auf das Nervensystem ausüben. Es ist kein Zufall, daß das englische Wort *inspiration* sowohl das Einatmen von Sauerstoff als auch Kreativität bedeutet. Das Atmen abwechselnd durch eines der beiden Nasenlöcher ist eine traditionelle Yoga-Übung, die gewöhnlich nach den *asanas* und vor dem Meditieren praktiziert wird. Man sitzt in lockerer Haltung aufrecht, wobei die Augen

Abb. 10 Lotossitz

Abb. 11 Halb-Lotossitz

Abb. 12 Yoga Mudra

geschlossen sind. Das rechte Nasenloch wird mit der Spitze des rechten Daumens zugehalten. Dann atmet man langsam und tief durch das linke Nasenloch ein. Ohne sich anzustrengen, sollte man ein wenig tiefer als gewöhnlich Luft holen und den Atem für zwei oder drei Sekunden anhalten.

Dann kommt der andere Nasenflügel an die Reihe. Man nimmt den Daumen weg und verschließt das linke Nasenloch mit dem rechten Ring- und Mittelfinger. Langsam und geräuschlos ausatmen, dabei ganz locker bleiben. Nach dem Ausatmen hält man den Atem ein bis zwei Sekunden an und atmet dann durch das rechte Nasenloch ein, wobei das linke geschlossen bleibt. Den Atem wieder ein paar Sekungen anhalten; dann wieder zum anderen Nasenloch überwechseln, erst durch das linke aus-, dann durch das linke einatmen. In dieser Wechselfolge macht man weiter: aus/ein; Nasenloch wechseln, aus/ein, usw.

Selbst in hektischen Situationen sollte man sich die Zeit nehmen, ein paarmal ganz von unten heraus durchzuatmen. Das kann in kurzer Zeit zur Inkubation führen. Die meisten von uns atmen kurz und flach, vor allem wenn sie unter Streß stehen. Die sauerstoffarme Luft wird dabei nicht richtig ausgeatmet, wodurch die Sauerstoffzufuhr über Gebühr gedrosselt wird. Das beeinflußt nicht nur unsere körperliche Verfassung, sondern auch unsere mentalen Funktionen. Das Gehirn verbraucht nämlich zwanzig Prozent allen eingeatmeten Sauerstoffs. Lernt man, aus dem Bauch heraus zu atmen, statt nur den Brustkorb zu strapazieren, kann man die Energieverteilung verbessern. Das sollte eigentlich immer die normale Art unseres Atmens sein, vor allem jedoch in Streßsituationen.

Mehrmals täglich sollte man die nachfolgend geschilderte Atemübung praktizieren, bis das Atmen von unten heraus zur Gewohnheit geworden ist: Die Hände liegen dicht unter dem Nabel flach auf dem Bauch, wobei die beiden Mittelfinger sich berühren. Dann langsam durch die Nase einatmen und den Bauch dabei rausstrecken, als wäre er ein sich aufblähender Ballon. Dabei entfernen sich die Finger Stück für Stück voneinander. Während der Bauch sich ausdehnt, senkt sich das Zwerchfell, wodurch frische Luft bis in den letzten Winkel der Lungen kommt. Hält man dabei den Rücken gerade, hilft das zusätzlich.

Beim weiteren Atmen dehne man den Brustkorb. Jetzt sollte mehr Luft als vorher eindringen und den mittleren Teil der Lunge füllen. Während man den Bauch leicht einzieht, werden Schultern und Schlüsselbeine hochgezogen. Dadurch füllen sich die oberen Lungen. Nun hält man den Atem für einige Sekunden an, ohne sich anzustrengen. Langsam durch die Nase ausatmen, wobei der Bauch eingezogen bleibt. Der geweitete Brustkorb kehrt in seine normale Lage zurück, und die Lungen leeren sich. Vollständiges Ausatmen preßt die gesamte verbrauchte Luft aus dem Körper. Diese Übung mehrmals wiederholen.

Beim ersten Mal kann sich übrigens ein leichtes Schwindelgefühl einstellen. Das ist normal. Auf keinen Fall, um es noch mal zu wiederholen, soll man sich anstrengen, um den Atem anzuhalten oder ihn zu verlangsamen.

Muskelkraft und Intuition

Will man Intuition anlocken und ist man empfangsbereit, dann kann folgende Methode zur Verringerung der Muskelanspannung innere Ruhe und Gelassenheit herbeiführen. Sie ist auch ein guter Weg, Schlaf zu finden, wenn innere Spannungen einen daran hindern abzuschalten.

Man legt sich auf den Rücken, die Augen geschlossen, die Arme rechts und links neben dem Körper, die Handflächen nach unten. Die Beine auf keinen Fall kreuzen. Wenn man nach einigen Sekunden die richtige Ruhestellung gefunden hat, spannt man die Muskeln in den Armen und Händen, ballt die Fäuste und hebt die Arme leicht an. So verharrt man zehn bis zwanzig Sekunden. Dann läßt man die Arme plötzlich schlaff fallen. Nach etwa zwanzig Sekunden wiederholt man die Übung, diesmal werden die Muskeln jedoch nach und nach entspannt.

Nun spannt man die Beinmuskeln an, wobei die Zehen so weit wie möglich vom Körper weggestreckt werden. Man verharrt so zehn bis zwanzig Sekunden lang und nimmt die Spannung dann ganz plötzlich weg. Danach spannt man die Beinmuskeln erneut, während man die Zehen in Richtung Knie biegt. Man läßt plötzlich los und wiederholt dann den Vorgang, wobei man sich nach und nach entspannt.

Die Augen sind immer noch geschlossen. Man hebt die Stirn, verharrt so für etwa zehn Sekunden und entspannt plötzlich. Dann senkt man stirnrunzelnd den Kopf, verharrt kurz und entspannt plötzlich. Bei der Wiederholung wird langsam entspannt. Man öffnet den Mund so weit wie möglich, hält ihn eine Weile offen und läßt ihn dann zuklappen. Bei der Wiederholung wird er langsam geschlossen.

Vorstellungskraft und Intuition

Im Rahmen therapeutischer Sitzungen nutzt man soweit wie möglich die Vorstellungskraft des einzelnen. Sie kann Aufschluß über Gefühle und Charakterzüge vermitteln und mithelfen, erwünschte Veränderungen im Verhalten, Wahrnehmen und selbst in der Physiologie herbeizuführen. Bildliche Vorstellungen können auch genutzt werden, um spontane mentale Geschehnisse in Gang zu bringen, die einen bedeutsamen intuitiven Input enthalten. Man sollte sich in diesem Zusammenhang der Imagination allerdings behutsam bedienen, vor allem wenn kein sachkundiger Berater anwesend ist. Ihr Produkt sollte genauso bewertet wie jede andere Vorahnung oder spontane Erkenntnis.

Aus guten Gründen habe ich zu Vorsicht geraten. Denn es ist im Alltag mehr als schwierig, legitime Intuition und Phantasie, Angst oder Wünsche auseinanderzuhalten; das kann noch schwieriger werden, wenn man absichtlich Vorstellungsbilder erzeugt. Man braucht viel Übung und Selbsterkenntnis, um bewußte Vorstellungsbilder von spontanen zu unterscheiden, die möglicherweise Produkte des intuitiven Geistes sind.

Wie bei Träumen kann auch die Bedeutung von heraufbeschworenen Vorstellungsbildern unklar sein. Der Inhalt kann symbolisch verschlüsselt sein, er kann auch zutiefst persönlich und emotionsbeladen sein, weshalb bestimmte Visualisierungsmethoden besser nur in Gegenwart eines Fachmannes und/oder einer Gruppe praktiziert werden sollten. Frances Vaughan widmet diesem Thema in ihrem Buch *Awakening Intuition* ein ganzes Kapitel. Ihre Warnung: «In den Anfangsstadien des Arbeitens mit Vorstellungsbildern kann die Interpretation Probleme verursachen. Sie stört nicht nur den spontanen Imaginationsfluß, sondern kann auch vorschnelle Vermutungen auslösen, die eher zur Selbsttäuschung denn zu intuitivem Erkennen beitragen.»

Ein weiteres Problem kann auftauchen, wenn man die bildlichen Vorstellungen zu direkt versteht. In manchen Anleitungen zur Förderung der Intuition wird den Lernwilligen gesagt, sie sollten sich vorstellen, jenseits von Raum und Zeit zu sein oder mit dem «höheren Ich» zu kommunizieren. Dieser Ratschlag kann nützlich, aber auch gefährlich sein, falls jemand annimmt, er sei auf diese Weise *wirklich* jenseits von Raum und Zeit und in Kontakt mit dem höheren Ich. Eine echte Transzendenz-Erfahrung dieser Art kommt nur zustande, wenn man einen höheren Bewußtseinszustand erreicht, nicht durch bloße Einbildung. Redet man sich ein, König zu sein, dann mag man sich selbst mächtiger und stärker fühlen, sollte jedoch nicht von anderen einen Kniefall erwarten. Ebenso wäre es ein großer Fehler anzunehmen, daß jedes eindrucksvolle Vorstellungsbild das Produkt einer kosmischen Intelligenz ist.

Schließlich kann der übermäßige Gebrauch von Vorstellungsbildern zu Abhängigkeit führen. Der Mensch könnte schließlich glauben, der einzige Weg, mit dem intuitiven Geist Verbindung aufzunehmen, bestehe darin, eine gewisse Stimmung oder ein bestimmtes Vorstellungsbild zu erzeugen. Das würde jedoch die Spontaneität des Denkens stören. Die Intuition ist kein Gerät, das man nach Belieben einschalten kann; sie gleicht eher einem Fernsprechnetz, an das man zwar immer angeschlossen ist, ohne jedoch ständig was zu hören. Daher befürworte ich auch bewußtseinserweiternde Methoden wie zum Beispiel Meditation.

Mit diesen Warnungen im Hinterkopf möchte ich Ihnen jetzt einige Visualisierungsmethoden empfehlen, mit denen intuitive Inputs in bestimmten Situationen hervorgerufen werden können. Vorausgehen sollte ihnen stets eine kurze Zeit der Entspannung oder Meditation, um günstige Empfangsbedingungen zu schaffen, und man sollte sich ihnen so unvoreingenommen wie möglich nähern. Es wäre unrealistisch, jedesmal einen Durchbruch zu erwarten; und es muß nochmals betont werden, daß eine dezidierte Erwartungshaltung eher alles kaputtmachen kann. Selbst wenn sich aus der lebendigen Vorstellung nichts ergibt, hat man seine Zeit nicht verschwendet. Der intuitive Geist wurde angeregt und wird reagieren, sobald er dazu bereit ist. Außerdem ist auch keine Antwort in gewisser Hinsicht eine Antwort. Die Intuition kann uns auf diese Weise mitteilen, daß sie noch mehr Informationen, Analysen oder Zeit braucht.

Eine mentale Reise

Eine mentale Reise ist ein entspannender und inspirierender Weg, die Intuition unmittelbar anzusprechen. Sie wird erleichtert, wenn uns eine andere Person Schritt für Schritt anleitet und «begleitet», so daß man völlig in die eigene Vorstellungswelt eintauchen kann, ohne überlegen zu müssen, was als nächstes zu tun ist. Jeder sollte sich die für ihn geeignete Methode ausarbeiten und sie sich entweder fest einprägen oder eine Bandaufnahme machen, die dann zu gegebener Zeit abgespielt wird. Sanfte, unaufdringliche Musik (instrumental, da Gesang uns zu störendem Nachdenken über den Sinn der Worte veranlassen könnte) gibt einen ausgezeichneten Hintergrund ab. Nachfolgend die prinzipiellen Schritte eines solchen Programms:

1. Setzen oder legen Sie sich bequem hin, die Augen geschlossen. Atmen Sie tief, und entspannen Sie sich.
2. Stellen Sie sich vor, Sie stehen auf und begeben sich auf eine Reise. Sie müssen sich vorher für das Transportmittel entscheiden – Flugzeug, Auto, Boot, irgendein anderes Fahrzeug, zu Fuß. Auch über eine Reiseroute müssen Sie sich vorher klar sein: durch die Luft, durch eine Wüste, durch Wälder, über Berge oder in den Weltraum usw. Dann stellt man sich das Gefühl vor, wirklich unterwegs zu sein, wobei man Einzelheiten beachtet wie den Wind im Gesicht, den Duft der Luft, die Umgebung.
3. Ankunft am vorher festgelegten Zielort – einer Oase, einer Waldlichtung, auf einem Berggipfel, einer Insel, einem anderen Planeten. Es sollte ein Ort sein,

der für Sie eine besondere Bedeutung besitzt.

4. Schlagen Sie den Weg zu irgendeiner Art von Zufluchtsstätte ein – einer Hütte, einer Höhle, einem Tempel oder zu irgend etwas Phantastischem oder Einzigartigem. Dieser Ort gehört Ihnen ganz allein und gilt Ihnen als heilig. Er soll eine Zufluchtsstätte sein, wie Sie sie wirklich gern haben würden, zu der Sie sich stets begeben könnten, wenn Sie Rat brauchen.
5. Innerhalb des Sanktuariums liegt eine Quelle der Weisheit. Auch sie sollte einen für Sie persönlich relevanten Zug aufweisen – eine Stimme, ein Symbol, einen Altar, eine Maschine oder eine Person. Diese Quelle ist wirklich ein Teil Ihrer selbst; Sie können ihr vertrauen und ihr gegenüber vollkommen ehrlich sein.
6. Stellen Sie dieser Quelle Fragen, oder tragen Sie ihr das Problem vor. Dann lassen Sie sie antworten. Erzwingen Sie nichts, und stellen Sie keine Forderungen. Ergibt sich etwas – sei es auch banal, nebulös, zweideutig oder sogar eine Nichtreaktion –, akzeptieren Sie es ohne Urteil oder Analyse.
7. Verlassen Sie die Zufluchtsstätte voller Dankbarkeit, und kehren Sie langsam zum Ausgangsort zurück, wobei Sie die Reise in genau entgegengesetzter Richtung machen.

Intuition im Handumdrehen

Bei diesem Verfahren schließen Sie die Augen, entspannen sich und stellen sich eine Situation vor, in der Sie im Hinblick auf Ihr Problem eine Entscheidung treffen oder handeln müssen. Denken Sie sich eine Situation aus, in der es keinen Notausgang gibt, und gestalten Sie das Szenarium so realistisch wie möglich. Lassen Sie sich mit allen Sinnen und Gefühlen darin versinken. Stellen Sie sich vor, was Sie tatsächlich sehen und hören und wie Sie sich dabei innerlich fühlen würden. Sind noch andere Personen einbezogen, lassen Sie diese tun, was sie Ihrer Ansicht nach unter diesen Umständen tun würden. Versetzen Sie sich nicht mit einem Sprung auf den Höhepunkt der Situation. Bauen Sie die Szene vielmehr langsam und überlegt auf, wie ein Dramaturg, und lassen Sie die Geschehnisse und Charaktere wie von selbst Gestalt annehmen. Setzen Sie das Spiel in Gang, und werden Sie dann zum Zuschauer. Im richtigen Augenblick konfrontieren Sie Ihr eigenes Ich mit einer Frage oder Entscheidung. Die Reaktion darauf könnte die Antwort sein, die Sie suchen.

Dieses Verfahren läßt sich auf jede beliebige Situation anwenden. Handelt es sich um eine geschäftliche Entscheidung, dann stellen Sie sich vor, an einer Sitzung mit Kollegen oder Ihrem Chef teilzunehmen, bei der man Sie auffordert, Ihre Haltung zu dieser oder jener Sache zu erläutern oder darüber abzustimmen. Geht es um die Entscheidung, ob Sie heiraten sollen, stellen Sie sich vor, Sie stünden vor dem Standesbeamten und müßten mit einem lauten «Ja» antworten. Bei einem zwischenmenschlichen Problem setzt man sich in Gedanken der anderen Person gegenüber und achtet darauf, wie man seinen Gefühlen in einer schwierigen Frage Ausdruck gibt. Bei der Suche nach einer Antwort auf ein berufliches Problem könnten Sie sich vorstellen, vor einer Versammlung von Kollegen zu sprechen, die ungeduldig Ihre Entscheidung erwarten. Geht es um eine Wahl zwischen Alternativen, dann stellen Sie sich vor, an einer Kreuzung zu stehen, ohne Möglichkeit der Umkehr. Brauchen Sie eine Voraussage, dann projizieren Sie sich selbst in die Zukunft, in der das Ereignis stattfinden soll.

Was auf der Leinwand Ihres Geistes auftaucht, kann das

Produkt Ihrer Intuition sein, aber auch eine Projektion Ihrer Wünsche oder Ängste. Mit der Zeit sollten Sie für diese Unterschiede ein Gespür bekommen. Denken Sie jedoch daran, daß jeder deutliche Hinweis auf Ihre eigenen Gefühle enthüllend sein kann. Ein Verleger, der diese Methode ausprobierte, stellte sich vor, er säße bei einem Literaturagenten, der ihm ein bestimmtes Buch anpreist und eine klare Antwort erwartet. Der Verleger spürte, wie ihm der Schweiß ausbrach und er vor Angst zitterte, als sein vorgestelltes Ich sich anschickte, ja zu sagen. Dann empfand er ein ebenso starkes Gefühl der Erleichterung, als er sich nein antworten hörte. Damit war für ihn klar, daß er das Buch, mit dem er sich gerade beschäftigte, ablehnen sollte.

Möglicherweise findet man auch etwas über die anderen mitwirkenden Personen heraus. In Ihren eingebildeten Szenarien können Sie die anderen zwingen, ebenfalls zu handeln. Deren auf der «Leinwand» sichtbar werdende Reaktionen können etwas über ihre Strategien, Gefühle oder Geheimnisse enthüllen, von denen Sie bis dahin nichts gewußt haben. Wie schon gesagt, kann es Probleme bei der Interpretation geben, jedoch nicht mehr als bei jedem anderen Input. Ehe man handelt, sollte man – wie in jedem anderen Fall auch – das Produkt sorgfältig prüfen.

Der Herold trifft ein

Wie einem König, so geht auch der Intuition oft ein Herold voraus, nur daß die Ankündigung in diesem Fall diskret ist, oft kaum mehr als ein Flüstern. Ihr erster Vorbote ist meist ein fast ummerklicher Stimmungsumschwung. «Intuition ist wie ein Fischen im Kosmos», schrieb Buckminster

Fuller. «Man spürt ein kurzes Zucken, und dann hängt der Fisch am Haken.»

Bei solchen Gelegenheiten mag man versucht sein, die Intuition am Schopf zu fassen, weil man Angst hat, sie wieder zu verlieren. Besser ist es, einfach nur auf Empfang zu schalten, möglichst entspannt und mit geschlossenen Augen. Wäre der Geist ein Automobil, dann müßte man den Leerlauf einlegen, also weder Gas geben noch den Motor abstellen. Man darf nicht versuchen, die amorphe Gegenwart der Intuition konkreter zu machen, da dies den Verstand fordert und aktiviert, was seine Aufnahmebereitschaft herabsetzt. Man lasse die übermittelte Botschaft ihre eigene Form annehmen. Zwingt man ihr eine Struktur auf, verändert man sie, und dann wird etwas anderes aus ihr als der intuitive Impuls, der vom Herold angekündigt wurde.

Die beste Strategie ist, sich auf den Körper zu konzentrieren, weil man dadurch jedes Manipulieren verhindert. Ziehen irgendwelche Empfindungen die Aufmerksamkeit auf sich, soll man sich der Führung des Körpers anvertrauen. Sehr wahrscheinlich wird dann der eine oder andere Bereich sich mit dem Herold verbünden. Und schließlich wird an irgendeinem Punkt ein Gefühl von Sinn aufsteigen, wie ein Flüstern im Dunkeln. Es kann jede beliebige der vielen Sprachen der Intuition annehmen – ein Wort, ein Vorstellungsbild, eine Empfindung. Sie sollten es registrieren, jedoch nicht bewerten oder analysieren.

Achten Sie darauf, wie Ihr Körper auf die erste Wahrnehmung des Sinns reagiert. Verändern sich die Empfindungen, die Sie zuvor erfahren hatten? Wie war das mit dem Gefühl, daß sich etwas tun werde, das Sie ganz zu Anfang wachrüttelte? Ist das jetzt vorbei und durch ein Gefühl der Vollendung oder des inneren Gleichgewichts ersetzt? Wenn ja, dann war der Sinn, der Ihnen aufging, wahrscheinlich die Botschaft, die Ihre Intuition Ihnen geben wollte. Bleibt jedoch ein Gefühl von Unbehagen oder Unvollständigkeit, dann steht wahrscheinlich noch eine Vertiefung oder eine alternative Bedeutung ins Haus. Verhalten Sie sich dann weiterhin neutral, konzentrieren Sie Ihre Aufmerksamkeit wie zuvor auf körperliche Empfindungen, bis sich eine neue Botschaft ankündigt.

Ein Gefühl der Ganzheit, Ausgewogenheit oder Vollendung ist ein guter Hinweis darauf, ob die Intuition ihr Ziel erreicht hat. Bei genügender Erfahrung wird man wissen, ob es nutzlos ist, auf mehr zu warten. Scheint nach ein bis zwei Minuten nichts Befriedigendes mehr zu geschehen, dann ist es am besten, sich wieder anderen Dingen zuzuwenden. Vielleicht war es ein falscher Alarm, oder man braucht noch mehr Inkubationszeit. Verharrt man zu lange in Erwartungshaltung, dann wird man ungeduldig, beginnt gedanklich abzuschweifen, oder bedrängt die Intuition, sich zu beeilen. Das schafft nur Spannungen, die weder der Gesundheit noch der Intuition guttun.

Bisher haben wir uns mit der Frage befaßt, wie wir die Intuition einladen können, uns zu besuchen. Doch wer oder was garantiert uns, daß der Besucher wirklich der erwartete Gast und nicht ein Betrüger ist? Darüber wollen wir im nächsten Kapitel sprechen.

10 Gar nicht dran denken oder an nichts andres denken?

Es geschah an einem Abend des Jahres 1893. James Couzens, ein kleiner Angestellter bei einer Kohlenfirma in Detroit, sah ein seltsames Gefährt die Straße entlangrollen, das in einer Mechanikerwerkstatt aus verschiedensten Wagenteilen und Fahrradrädern zusammengebastelt worden war. Alle Umstehenden lachten. Couzens jedoch spürte, daß dieses bizarre Gefährt, gelenkt von seinem exzentrischen Schöpfer, mehr als nur eine Spielerei darstellte. Er holte tausend Dollar von seinem Sparkonto und kaufte damit Aktien der Firma des Erfinders. Er verpflichtete sich auch, weitere 9000 Dollar aufzubringen und damit seine Einlage auf einhundert Anteile aufzustocken. In Jahre 1919 verkaufte Couzens seinen Aktienanteil für 35 Millionen Dollar an die Henry Ford Company.

1000 Dollar – das war in den neunziger Jahren des vorigen Jahrhunderts eine Menge Geld für einen kleinen Angestellten, weshalb Couzens ein beträchtliches Risiko einging, als er seinem Gespür folgte. Zum Glück für ihn lief alles gut. Das ist nicht immer der Fall, wie wohl jeder weiß. Es gibt Augenblicke, da ist man sich einer Intuition absolut sicher, um erst später zu erkennen, daß man sich getäuscht hat. Und es gibt andere Augenblicke, da wirkt die Intuition nicht überzeugend, und man kehrt ihr den Rücken, um es dann später bitter zu bereuen. Daher ist es von großer Bedeutung, wie man sich verhält, wenn eine Intuition plötzlich auftritt. Warum verwerfen wir manchmal gute Intuitionen und akzeptieren fehlgeleitete?

Warum wir Intuitionen unbeachtet lassen

In seinem ursprünglichen Manuskript, in dem Kopernikus den Kosmos mit der Sonne als Mittelpunkt beschreibt, erwähnt er die Möglichkeit, daß die Planeten sich auf elliptischen und nicht kreisförmigen Umlaufbahnen bewegen. Die Bemerkung hatte er vor Erstellung der endgültigen Fassung wieder gestrichen, so daß die Wissenschaftsgeschichte diese Entdeckung Johannes Kepler zuweist, der übrigens auch drei Jahre brauchte, um diesen seinen Gedanken wirklich zu akzeptieren. «Warum sollte ich meine früheren Worte beschönigen?» schrieb Kepler. «Die Wahrheit der Natur, die ich abgewehrt und fortgejagt hatte, kehrte heimlich durch die Hintertür wieder zurück, wobei sie sich verkleidete, um angenommen zu werden. Oh, was war ich doch damals für ein Narr!» Kepler öffnete schließlich der Vorstellung von der ellipsenförmigen Planetenbewegung die Tür – jedoch nicht der Idee der allgemeinen Schwerkraft; das überließ er Newton.

Wer sich von einer intuitiven Idee abwendet, kann ebenfalls «wie ein Narr» handeln. Sobald eine entsprechende Situation eintritt, sollte man folgende Möglichkeiten erwägen, bevor man sich endgültig entscheidet:

Besagt die Intuition etwas, was Sie nicht wissen wollen? Gelegentlich funktioniert sie als Frühwarnsystem. Leider wollen wir die Neuigkeiten nicht immer hören, ziehen wir sichere Unwahrheit einer unbequemen Wahrheit vor. Da sagt eine beharrliche innere Stimme jemandem, gewisse Probleme in seiner Beziehung zu einem anderen Menschen seien nur durch eine Trennung lösbar, doch er überhört diese Botschaft, schiebt sie mit dem Verstand beiseite, weil er nicht die Verantwortung auf sich nehmen will, diese Beziehung zu beenden und allein zu bleiben. Oder die Intuition sagt jemandem, er solle sich wegen der ständigen Schmerzen in der Brust mal vom Arzt untersuchen lassen; er aber tut das als Sodbrennen ab, weil er mit dem Gedanken an eine ernsthafte Krankheit nicht fertig würde. Oder aber die Intuition rät einem Geschäftsmann, er solle die durch seine geschäftlichen Entscheidungen verursachten Verluste endlich stoppen und einen anderen Weg einschlagen. Er wehrt diesen Gedanken ab, weil er nicht zugeben will, Fehler gemacht zu haben.

Haben Sie Angst vor Tadel? Mitarbeiter größerer Organisationen wehren intuitive, vor allem unorthodoxe Ideen ab, weil sie von der Gruppe akzeptiert werden oder eine bestimmte Person nicht kränken wollen. Auf die Frage, welche spezielle Eigenschaft er bei intuitiven Managern beobachtet habe, antwortete der Chef eines großen Unternehmens: «Abgesehen davon, daß sie das Unternehmen nicht gefährden wollen, meinen viele von uns, sie müßten sich ein Image als kühle Verstandesmenschen schaffen, müßten präzise, reaktionsschnell und realistisch erscheinen. Daher wächst bei diesen Menschen die Angst, sich lächerlich zu machen oder von den anderen abgelehnt zu werden, falls ihre Intuition nicht durch Fakten und Zahlen erhärtet wird.»

Sind Sie blind autoritätsgläubig? Steht eine Intuition im Widerspruch zu einer bestimmten Autorität oder allgemein anerkannten Konventionen, dann wird es für viele von uns noch schwerer, sie zu akzeptieren. Und doch hat die Geschichte wiederholt demonstriert, daß es eine der Hauptfunktionen der Intuition ist, neue Ideen, Innovationen zu erzeugen, die nicht den üblichen Ansichten entsprechen. Es gibt eine ellenlange Liste von Wissenschaftlern, deren Ideen verlacht oder sogar anhand angeblich unwiderlegbarer Beweise als «falsch» bezeichnet wurden. Für Simon Newcomb, 1903 Vizepräsident der National Academy of Sciences, war die Unmöglichkeit fliegender Apparate «so eindeutig, wie dies zur Demonstration physikalischer Fakten überhaupt nur sein kann». Der große Physiker Lord Kelvin hielt Darwins Evolutionstheorie für unhaltbar – weil die Erde noch nicht so lange existiert haben könne. In den 1940er Jahren wurde die Systemtheorie als «trivial, falsch, irreführend und ungesund» abgelehnt. Die eigentliche Leistung der Intuition besteht oft darin, über das hinauszugehen, was bis dato bekannt ist. Manchmal fällt es jedoch schwer, die neuen, dem allgemeinen Konsensus nicht entsprechenden Gedanken gegenüber Autoritäten zu behaupten, da diese ihren Status ja meist dadurch erlangt haben, daß sie öfter recht als unrecht hatten.

Sind Sie selbstkritisch? Es kann vorkommen, daß jemand nur deswegen eine Intuition zurückweist, weil sie von ihm selbst kommt oder weil er vermutet, der Gedanke sei von dem Teil des eigenen Ich ausgegangen, dem er eher mißtraut.

Dafür zwei Beispiele. Steve Roach, ein Musiker, der mit komplizierten Synthesizern komponiert, hatte gerade wichtiges Material in seinen Computer eingefüttert und wollte eine Pause einlegen. Da kam ihm plötzlich der Gedanke, «Mach zuerst eine Kopie auf Kassette», dem sofort der nächste Gedanke folgte: «So ein Blödsinn. Ich leide wohl unter Verfolgungswahn.» Ein Kurzschluß vernichtete seine ganze Arbeit. Im anderen Fall erzählte eine mir bekannte Rechtsanwältin: «Ich parkte meinen Wagen in einer Seitenstraße in New York City. Während ich die

Tür abschloß, bemerkte ich einen Farbigen, der in meine Richtung blickte. Irgend etwas in mir sagte: ‹Nimm deinen Koffer lieber mit.› Sofort schalt ich mich wegen dieser Reaktion, die mir rassistisch erschien. Als ich eine Stunde später zurückkehrte, war der Koffer verschwunden.»

Haben Sie Angst vor Neuem? In seinem Buch *Die Psychologie der Wissenschaft* berichtet der Psychologe Rollo May von einem kreativen Durchbruch, den er selbst erlebte. «Er hat nicht nur meine bis dahin geltende Hypothese zunichte gemacht, sondern auch meine Beziehung zur Welt erschüttert. In einem solchen Augenblick habe ich das Gefühl, ich müßte nach einer neuen Existenzgrundlage suchen, ohne bereits zu wissen, wie sie aussehen soll. Aber ohne diese Angst, diese Erschütterung im Moment des Durchbruchs gibt es keine wahrhaft neue Idee.»

Stellt die Intuition eine bisher hochgeschätzte Meinung oder eine bequeme Vermutung in Frage, kann sie den Menschen zutiefst verunsichern. Haben wir Schwierigkeiten, mit der Zeit der Ungewißheit zwischen der Zerstörung des Alten und der Stabilisierung des Neuen fertig zu werden, dann liegt es nahe, die Intuition zu bekämpfen, um unser seelisches Gleichgewicht zu bewahren.

Sind Sie zu anspruchsvoll? Oft verwerfen wir eine Intuition, weil sie nicht allen unseren Ansprüchen an Genauigkeit, Beweiskraft oder Vollständigkeit genügt. Dabei ist uns nicht klar, daß eine Intuition oft nur ein grobes Muster, eine Richtung oder eine neue Perspektive schenkt, deren Einzelheiten später hinzuzufügen sind. Außerdem deuten wir vielleicht den etwas amorphen Rahmen falsch und füllen ihn mit irreführenden Details aus.

Da hat zum Beispiel jemand die Idee, eine Kunstgalerie zu eröffnen, und läßt sie sofort wieder fallen, weil Fragen wie «Wo, in welchen Räumen?» und/oder «Woher das

Geld dafür nehmen?» nicht sofort beantwortet werden können. Ein anderer hat das starke Gefühl, seine Firma solle einen bestimmten Vertrag nicht abschließen. Da er nicht sofort stichhaltige Gründe dafür zur Hand hat, die diesen Eindruck rechtfertigen, läßt er den Gedanken fallen. Wieder ein anderer gibt einem intuitiven Impuls nicht nach, weil er ihn nicht verbal formulieren oder nicht erklären kann, wie er auf die Sache gekommen ist. Tröstlich sind da die Worte des Psychologen Eric Berne: «Zum Verständnis der Intuition sollte man in der Lage sein, sein Wissen ebenso in Worte zu fassen wie die Begründung, auf welche Weise man dieses Wissen erlangt hat.»

Manchmal geht unsere ursprüngliche Interpretation der Intuition weit am Ziel vorbei. Stellt sich das heraus, dann sind wir versucht, die ganze Botschaft zu vergessen, anstatt zu versuchen, sie neu zu interpretieren. Hier könnten wir vom heiligen Franz von Assisi lernen, der eine innere Stimme sagen hörte: «Geh hin und stelle die Kirche wieder her.» Zuerst glaubte er, Gott habe ihm befohlen, eine verfallene Kapelle wiederaufzubauen. Später erkannte er, daß seine Mission war, die Institution Kirche zu erneuern.

Die Problematik der Interpretation wird durch folgenden Bericht einer Dame aus Chicago besonders deutlich:

> Eines Abends spürte ich, daß mit meinem Mann irgend etwas nicht in Ordnung war. Kurz vor dem Einschlafen war ich sicher, daß er was mit seiner Sekretärin hatte. Diese Überzeugung festigte sich am folgenden Tag: Als ich in seinem Büro anrief, schien mir die Stimme der Sekretärin irgendwie seltsam – steif und unnatürlich. Als dann eines Abends mein Mann sagte, er müsse noch mit einem Geschäftsfreund essen gehen, folgte ich ihm, fest davon überzeugt, er werde sich mit seiner Sekretärin treffen. Im Restaurant sah ich ihn dann mit einem Herrn am Tisch sitzen und warf mir vor, eine argwöhnische und

eifersüchtige Ehefrau zu sein, und ließ die Sache auf sich beruhen. Doch schon bald zeigte sich, daß meine Intuition auf einer anderen Ebene gearbeitet hatte. Mein Mann war *wirklich* in Schwierigkeiten, und seine Sekretärin hatte damit zu tun. Sie hatte Geld unterschlagen, und als mein Mann sie deswegen zur Rede stellte, drohte ihr Liebhaber, ein hochrangiger Manager des Unternehmens, meinem Mann mit sofortiger Entlassung, falls er nicht den Mund halten würde.

Verkaufen Sie sich selbst zu billig? Viele der bisher angeführten Beispiele waren Warnungen, diskrete Hinweise auf unangenehme Informationen. Doch kann eine Intuition auch das genaue Gegenteil vermitteln: gute Nachrichten, ermutigende Informationen, Fingerzeige auf günstige Gelegenheiten. Manch einer mag einen solchen Input zurückweisen, entweder weil er zum Pessimismus neigt, sich selbst für unfähig hält oder meint, er verdiene das nicht. Natürlich kann man positive Intuitionen als «unrealistisch», bloße Phantasie oder Wunschdenken zurückweisen, während das wirkliche Problem ein unbewußtes Gefühl der eigenen Unzulänglichkeit oder ein tiefsitzender Mangel an Selbstvertrauen ist. Ihre Intuition weiß oft besser als Ihr Bewußtsein über Ihre wahren Fähigkeiten Bescheid.

Fürchten Sie Risiken? Das Eingehen auf eine innovative oder ungewöhnliche Intuition kann ein beträchtliches Risiko bergen. Es kann zu finanziellen Verlusten führen, oder eine nach viel Geld- und Zeitaufwand erarbeitete wissenschaftliche Hypothese kann schließlich doch widerlegt werden. In beiden Fällen kommt noch Prestigeverlust hinzu. Andere Intuitionen bringen zwischenmenschliche Risiken mit sich – Eifersucht oder mangelndes Durchhaltevermögen des Partners. Außerdem ertragen es viele

Menschen einfach nicht, unrecht zu haben, und das Risiko, sich lächerlich zu machen, kann das größte von allen sein.

Fehlt es am Glauben? Fehlender Glaube an Intuition ist die am häufigsten anzutreffende und die vielleicht am leichtesten überwindbare Form des Widerstands. Angesichts unserer kulturbedingten Hochschätzung rationalen Denkens und beweisbarer Daten ist es verständlich, warum wir auf eine Intuition mit der saloppen Bemerkung: «Nun mach mal halblang!» reagieren, vor allem dann, wenn die Intuition nicht durch Logik oder Tatsachen abgesichert ist oder wenn wir nicht herausfinden, wie wir überhaupt zu dieser Erkenntnis gekommen sind. Die höchste Schranke vor der Akzeptanz intuitiver Inspiration ist die vielleicht unbewußte Überzeugung, daß solche Dinge einfach nicht passieren.

Wenn man die Spreu für Weizen hält

Natürlich kommt auch das entgegengesetzte Problem vor. Arthur Koestler schreibt in seinem Buch *Der göttliche Funke,* berühmte Wissenschaftler wie Faraday, Darwin, Huxley, Max Planck hätten eingestanden, daß falsche Inspirationen sie mehrfach in die Irre geführt hätten. Einstein berichtet, er habe infolge eines solchen Irrtums zwei Jahre harter Arbeit in den Wind schreiben können. Sehen wir uns daher einmal ein paar Fragen an, die uns davor bewahren könnten, uns von etwas betören zu lassen, was nur eine gute Intuition zu sein *scheint.*

Wünschen Sie, daß es wahr ist? Es ist ziemlich leicht, Wunsch und Intuition zu verwechseln. Da hat jemand das deutliche Gefühl, eine bestimmte Dame in der Verkaufsabteilung sei ihm gewogen. Ist das Intuition oder Wunschdenken? Ein anderer spürt es «in den Knochen», daß die Preise auf dem Immobilienmarkt anziehen werden. Ist das kraftvolle Eingebung oder kraftvoller Wunsch? Weiß man von einer intuitiven Idee, daß man sie gern glaubt, sollte man fleißig nach ihrer substantiellen Absicherung suchen.

Ist es Intuition oder Impulsivität? Der italienische Psychologe Roberto Assagioli weist darauf hin, daß der Begriff des freien Willens derart in Mißkredit geraten ist, daß jetzt «die Tendenz besteht, jede Art von Kontrolle über innere Triebe, Wünsche und Launen abzulehnen – ein Kult ungezügelter ‹Spontaneität› macht sich breit». Was intuitiv erscheint, kann in Wahrheit reaktives Verhalten sein, vielleicht aus der Annahme heraus, daß Selbstbeherrschung überflüssig sei.

Ist es Intuition oder Imagepflege? Einige Menschen, zum Beispiel selbstherrliche Top-Manager, haben ein so starkes Bedürfnis, entscheidungsfreudig, zuversichtlich und selbstsicher zu erscheinen, daß sie leugnen, jemals verwirrt oder im Zweifel zu sein. Sie sind so eifrig bemüht, ein Image von Unfehlbarkeit aufzubauen, daß sie eisern jeden Gesichtspunkt verteidigen, der im Namen höherer Intuition auftaucht (auch wenn sie meist dafür den Ausdruck «Urteilskraft» oder «Köpfchen» verwenden). Menschen, die einen spirituellen Weg verfolgen, halten intuitive Erfahrungen oft für ein Zeichen geistiger Weiterentwicklung und werden dementsprechend Möglichkeiten finden, anderen Suchenden ihre Überlegenheit zu zeigen.

Ist es Intuition oder Rebellion? Viele Menschen halten an einem unorthodoxen Intuitionsbegriff fest, weil sie ein übermäßiges Bedürfnis haben, anders zu sein, gegen Autorität anzukämpfen oder dem Augenschein entgegenzutreten, sie würden immer klein beigeben. Je verrückter eine Idee, desto energischer wird sie verteidigt, selbst angesichts gegenteiliger Beweise.

Ist es Intuition oder geistige Trägheit? Intuitionen rasch zu akzeptieren kann auch heißen, immer den bequemsten Weg zu wählen. Statt ein Problem zu analysieren oder sich an Tatsachen zu halten, gibt man sich mit der erstbesten Intuition zufrieden, die gerade daherkommt, ohne sie zu verifizieren.

Ist es Intuition oder Angst vor Ungewißheit? Vorhin haben wir gesagt, daß das Nicht-ertragen-Können einer gewissen Unsicherheit den intuitiven Geist einengt; manchmal führt das aber auch zum Gegenteil. Man akzeptiert einfach bedingungslos eine Lösung, nur um endlich eine Entscheidung gefällt und so eine eindeutige Situation geschaffen zu haben. Sich die wahre Komplexität einer Sache einzugestehen, könnte es notwendig machen, frühere Intuitionen erst mal außer acht zu lassen, um weitere Informationen zu sammeln und Alternativen zu formulieren.

Ist es Intuition oder Emotion? Die ganz normalen zwischenmenschlichen Gefühle können den intuitiven Geist stören. Man ärgert sich über jemanden und unterstellt ihm «intuitiv», daß er Böses im Schilde führt. Man wird vom Arbeitgeber eingeschüchtert und meint «intuitiv», er werde einen fristlos entlassen (ein solcher Fehler kann leicht zu einer «self-fulfilling prophecy» werden). Man hat eine starke «Intuition», daß etwas Furchtbares geschehen wird, obwohl man in Wirklichkeit den unbewußten Wunsch hat, sich als Opfer zu sehen.

Ein mir bekannter Rechtsanwalt war sicher, daß Freunde von ihm eine umstrittene Erbschaft nicht zugesprochen bekommen würden, die ihnen einen gesicherten Wohlstand bis zum Lebensende garantieren sollte. Woher er das wisse? «Intuitiv», behauptete er mit großer Überzeugungskraft. Er behielt nicht recht und gab später zu, einfach neidisch gewesen zu sein. Zum Glück hatten seine Freunde einen anderen Anwalt eingeschaltet.

Bestätigung der Intuition

Der beste Weg, jeden der beiden Irrtümer zu vermeiden – gültige oder nützliche Intuitionen zu verwerfen und täuschende zu akzeptieren –, besteht darin, die eigene Bewußtseinsebene so anzuheben, daß der Geist nicht so viele Fehler macht. Es ist tatsächlich die beste Methode, so wie die Stärkung der körperlichen Abwehrkräfte der beste Weg ist, sich gegen Krankheiten zu schützen.

Wie aus den Fragen in den beiden vorherigen Abschnitten ersichtlich, ist Selbsttäuschung eines der größten Hindernisse für die wirksame Nutzung der Intuition. Daraus folgt, daß Selbstbewußtsein besonders förderlich sein müßte. Die richtige Einschätzung der eigenen Stärken und Schwächen, Neigungen, Gewohnheiten, wunden Punkte und kleineren Neurosen ist der beste Weg, eine von psychischen Störungen unbeeinflußt arbeitende Intuition zu entwickeln. Ohne dieses komplexe Problem hier ausführlich erörtern zu können, möchte ich dem Leser doch raten, alles zu unternehmen, was das richtige Verständnis des eigenen Ich, eine realitätsgerechte Selbstbeurteilung zu fördern vermag. Bei genauer Selbstbeobachtung wird man nach und nach ein Gespür für den eigenen Umgang mit der Intuition erlangen und bald auf allfällige «psychologische Fallen» stoßen, falls welche vorhanden sind.

Die Nuancen der intuitiven Erfahrung selbst sind von Bedeutung für die Entscheidung, ob man einer intuitiven Idee folgen soll. Die Stärke der Gewißheit und die Intensität des Gefühls können bei richtiger und bei irrender

Intuition sehr unterschiedlich ausfallen – was allerdings nicht unbedingt vor einer Täuschung bewahrt. Aber läßt eine Idee oder ein Gefühl nicht nach, sondern macht sich zu den verschiedensten Zeiten immer wieder bemerkbar, dann will der intuitive Geist uns unbedingt etwas sagen. Selbstbeobachtung und das Führen eines Tagebuchs tragen dazu bei, die mentalen und physischen Korrelate Ihrer guten Intuitionen ebenso zu bestimmen wie den Unterschied zwischen Intuitionen einerseits und Wünschen, Ängsten und sonstigen Emotionen andererseits.

Wann immer es möglich ist, sollte man seine Intuition allen verfügbaren analytischen und quantitativen Tests unterziehen. Für die Verifizierung und Bewertung sind die rational-empirischen Methoden die besten, denn in vielen persönlichen Situationen kommt es nicht auf psychologische Spitzfindigkeiten an, sondern auf eine möglichst objektive Haltung. Objektivität ist vor allem dann wichtig, wenn man bei der Bewertung einer Intuition gern an deren Inhalt glauben möchte oder wenn man sich gegen eine Intuition wehrt, weil sie riskant erscheint. In solchen Fällen hilft es, sich sozusagen danebenzustellen und zu fragen, wie man handeln würde, wenn die Intuition für jemand anderen bestimmt wäre und uns selbst gar nicht betreffen würde.

Vor allem in wichtigen Situationen sollte man rationale Kriterien mit berücksichtigen, ehe man sich für eine intuitive Idee entscheidet. Zwingen Sie sich, Ihre Idee logisch zu verteidigen, selbst wenn die Geschworenenbank nur aus Ihnen selbst besteht. Analysieren Sie alle verfügbaren Daten und Fakten leidenschaftslos, um herauszufinden, ob sie die Intuition bestätigen. Alle Konsequenzen des Pro und Kontra sollten streng durchdacht werden. Befragen Sie Fachleute, und wägen Sie alle Faktoren, die das Ergebnis beeinflussen, gegeneinander ab. Bevor man eine größere Verpflichtung eingeht, sollte die Intuition möglichst einem sicheren Test unterzogen werden.

Aber auch rational-empirische Methoden funktionieren nicht immer fehlerfrei, vor allem dann nicht, wenn Zeit und Testmöglichkeiten beschränkt sind. Erstens können die verfügbaren Informationen selbst bereits Schwächen haben hinsichtlich ihrer Gültigkeit und Zuverlässigkeit, und zweitens interpretieren wir möglicherweise unsere Daten allzu subjektiv, besonders wenn wir es mit schwierigen persönlichen Problemen zu tun haben und wenn Leute involviert sind, deren Verhalten schwer voraussehbar ist.

Viele Intuitionen und ihre Bewertungen durch uns beruhen auf vorgefaßten Meinungen über das Funktionieren von Kausalität und Wahrscheinlichkeit. Untersuchungen haben ergeben, daß die meisten Menschen nur ein begrenztes Verständnis für diese beiden Variablen besitzen. Über unsere Einschätzung der Kausalität sagt der Psychologe Robert Sternberg von der Yale University, «daß die Menschen eher dazu neigen, ihr eigenes Versagen auf äußere Faktoren zurückzuführen, zum Beispiel persönliches Pech, das Versagen anderer jedoch auf innere Faktoren, etwa deren Inkompetenz».

Ein weitverbreiteter Irrtum besteht darin, Korrelation mit Kausalität zu verwechseln. Geschehen zwei Dinge zufällig gleichzeitig, neigen wir zu der Annahme, das eine habe das andere verursacht. Den kalten Ton in der Stimme eines anderen nimmt man als Beweis für die eigene Intuition, daß er anderer Meinung sei. In Wirklichkeit stimmt er mit Ihnen überein, kocht innerlich jedoch vor Wut, weil eine Ihrer Bemerkungen ihn an einen Ehestreit erinnert hat. Der Personalchef eines Unternehmens berichtet: «Ich habe Ted eingestellt, weil ich das Gefühl hatte, er verfüge über starke Führungsqualitäten. Bei unseren wöchentlichen Morgenbesprechungen jeden Dienstag schien er jedoch unentschlossen, konnte seine Ansichten nicht klar formulieren. Darum nahm ich an, meine Intuition sei falsch gewesen. Es schien so, als schüchtere die Gruppe der Mitarbeiter ihn ein. Später stellte sich heraus, daß er, wie von mir vermutet, sehr wohl gute Führungsqualitäten besaß, doch gerade am Dienstagmorgen noch vom Footballspiel am Abend zuvor erschöpft war.»

Mangels formaler Ausbildung neigen wir auch dazu, Wahrscheinlichkeiten unzutreffend einzuschätzen, was schwerwiegend ist, weil viele intuitive Urteile auf der Wahrscheinlichkeit eines bestimmten Geschehens beruhen. In ihrem Buch *Human Inference* betonen die Sozialpsychologen Richard Nisbett und Lee Ross, «daß Objekte oder Geschehnisse als häufig oder wahrscheinlich oder als selten und unwahrscheinlich vorkommend beurteilt werden, je nachdem, wie schnell sie im Geist des Urteilenden verfügbar sind».

Wir neigen auch dazu, aus einem Informationspaket jene Informationen herauszufiltern, die das bestätigen, was wir glauben, und wir ignorieren, vergessen oder rationalisieren alles Gegenteilige. Die Ehefrau, die glaubte, ihr Mann habe eine Affäre mit seiner Sekretärin, würde jedes nette Wort, das er über sie sagt, als Bestätigung ihres Verdachts betrachten, negative Bemerkungen überhören oder für Tarnung halten. In ähnlicher Weise pflegen wir bei Intuitionen, die unseren Interessen entsprechen oder von denen wir *wollen,* daß sie wahr sind, unbewußt nach Fakten zu suchen, die sie abstützen. Der Psychologe Leon Festinger hat festgestellt, daß Menschen mit *kognitiver Dissonanz* – einem Spannungsgefühl, das entsteht, wenn man an zwei entgegengesetzten Ideen festhält –, sich der Strategie nachträglicher Rechtfertigung bedienen, um diese kognitive Dissonanz zu verringern. So geben beispielsweise Sektenprediger, die für einen bestimmten Tag den Weltuntergang verkündet haben, ihre Vision nicht auf, wenn das Untergangsdatum verstrichen ist, sondern finden irgendeinen Weg, ihre Fehlberechnung zu erklären, und prophezeien ein neues Datum für das Ereignis.

Bei der Analyse unserer Intuitionen blicken wir oft in eine ungewisse Zukunft, aber auch harte Daten haben ihre prognostischen Grenzen. Sie enthalten Annäherungen und Wahrscheinlichkeiten, die uns nicht eindeutig sagen, was in einem spezifischen Fall eintreten wird. Außerdem werden Statistiken von Experten erstellt und ausgewertet, die ebenfalls persönliche Annahmen und Eigeninteressen einbringen. Die Erfahrung lehrt schließlich, daß auch oder gerade Voraussagen von Experten sich sehr wohl widersprechen können. Darüber hinaus steht fest, daß die Art und Weise der Präsentation von Daten mitbestimmt, wie die Menschen darauf reagieren. Dasselbe Befragungsergebnis, auf verschiedene Weise verpackt, wird wahrscheinlich auch unterschiedliche Reaktionen hervorrufen.

Natürlich sind Spezialwissen und Erfahrung bei Voraussagen von Vorteil. Doch glauben viele Fachleute, daß Entscheidungsträger die Bedeutung von Gutachten oft überschätzen. In der Vergangenheit hat sich eine ganze Reihe von Experten in ihren Prognosen so getäuscht, daß ihre Arbeiten höchstens noch Belustigung hervorrufen. Man denke nur an die Gurus der Unterhaltungsbranche, die den Beatles voraussagten, Gitarrengruppen seien «out» und hätten überhaupt keine Erfolgschance, oder an jene Naturwissenschaftler, die 1948 prophezeiten, nach einer gigantischen nationalen Anstrengung könnten die Amerikaner vielleicht – frühestens – im Jahre 2148 einen Menschen auf dem Mond landen lassen. Nicht zu vergessen die Experten, die 1899 veraussagten, der Wagen ohne Pferde, in dessen Entwicklung James Couzens seine Ersparnisse investierte, werde niemals so populär werden wie das Fahrrad.

Die Warnungen vor der Tragfähigkeit rational-empirischer Methoden sollen diese keineswegs in Mißkredit bringen, sondern nur auf die Fahrlässigkeit hinweisen, ihnen bei der Verifizierung von Intuitionen die volle Verantwortung zu überlassen. Ebenso wie eine Analyse ein Feedback für analytische Verfahren liefert, kann nämlich auch die Intuition ein Feedback für analytische Verfahren liefern. Und danach sollten wir in der Endphase von Entscheidungsprozessen und Problemlösungen Ausschau halten.

Formuliert ein Naturwissenschaftler eine Hypothese, dann denkt er: «Stimmt diese Hypothese, dann muß auf das Erscheinen von X Y folgen.» Also führt er ein Experiment durch, bei dem X unter kontrollierten Bedingungen erzeugt wird, und er achtet darauf, ob Y folgt. Geschäftsleute versuchen durch Marktforschung oder begrenzte Verkaufskampagnen herauszufinden, ob ein Produkt oder ein neues Werbekonzept die vorhergesagten Ergebnisse bringt. Dasselbe können wir mit unseren Intuitionen tun.

Wann immer es möglich ist, sollten Intuitionen mit empirischen Methoden überprüft werden. Benjamin Franklin wollte unbedingt Kontakt mit einer Gewitterwolke herstellen, doch stand ihm kein genügend hoher Turm zur Verfügung, um seine Blitzableiter-Ideen – lange Eisenstäbe, Drahtspiralen – praktisch zu testen. Doch als er eines Tages entspannt vor sich hin döste, sah er plötzlich einen Drachen vor seinem inneren Auge... Den Rest dieser Geschichte kennen wir alle aus dem Schulunterricht.

Auf ähnliche Weise fiel Otto Loewi im Jahre 1903 seine Theorie über die Rolle von Chemikalien bei der Übermittlung von Nervenimpulsen ein. Doch fand er keine Möglichkeit, sie empirisch zu beweisen. Er legte die Sache ad acta – bis eines Nachts im Jahre 1920 folgendes geschah:

> Ich erwachte, schaltete das Licht ein und kritzelte ein paar Worte auf ein winziges Stück Papier. Dann schlief ich wieder ein. Um sechs Uhr in der Frühe ging mir auf, daß ich während der Nacht etwas sehr Wichtiges notiert hatte, doch war ich nicht imstande, mein Gekritzel zu lesen. In der nächsten Nacht gegen drei Uhr kam die Idee wieder. Es war der Entwurf eines Experiments, um zu testen, ob die von mir vor sieben Jahren aufgestellte Hypothese einer chemischen Übertragung richtig war oder nicht. Ich stand sofort auf, ging ins Labor und führte entsprechend dem nächtlichen Traum ein einfaches Experiment an einem Froschherzen aus.

Loewis Entdeckung hemmender und Reaktionen auslösender Impulse an Nervenenden trug ihm den Nobelpreis ein. Sein experimenteller Entwurf wurde von dem Physiologen Walter B. Cannon als «eines der klarsten, einfachsten und unmißverständlichsten Experimente in der Geschichte der Biologie» bezeichnet.

Interessanterweise sagte Loewi, er würde dieses Experiment nicht gemacht haben, wenn er seinen Entwurf zunächst analysiert hätte, statt ihn sofort praktisch zu erproben. Daraus kann man eine wichtige Lehre ziehen: Rationales Denken kann sich über eine Intuition hinwegsetzen, muß dabei aber nicht recht behalten. Selbst bei hochkomplizierten Prozeduren kann es vorkommen, daß einige Zahlen nicht vollständig oder doppeldeutig sind; die Experten können verschiedener Meinung sein, die Projektionen können in verschiedene Richtungen weisen. Die Intuition hilft uns, Mängel in der Analyse oder Vorurteile aufzudecken und Daten neu zu interpretieren. Und wenn dann schließlich Intuition und Analyse gesagt haben, was sie sagen konnten, und es an der Zeit ist, so oder so zu handeln, dann richten wir uns gewöhnlich nach der bewertenden Funktion der Intuition. Selbst wenn wir meinen, vollkommen rational zu reagieren, ist es oft unsere Intuition, die uns sagt, daß die Analyse zutreffend ist. Robert P. Jensen, Vorstandsvorsitzender der General Cable Corporation, berichtete dem Magazin *Fortune,* wie er einmal vor dem Problem stand, fünf Entscheidungen treffen zu müssen, bei denen es um nicht weniger als 300 Millionen Dollar ging. «Bei jeder Entscheidung führte mich die Analyse nur bis zu dem Punkt, an dem meine Intuition das entscheidende Wort sprechen mußte.» Das ist eine typische Erfahrung.

Mit den in Kapitel 9 genannten Verfahren kann man intuitiven Input nutzen, um eine Intuition zu bewerten. Im wesentlichen läuft dieser Prozeß darauf hinaus, das Ergebnis jeder Alternative vorauszusagen, was selten so gradlinig praktizierbar ist, wie es klingt. Bei verhältnismäßig komplexen Situationen pflegen äußere Geschehnisse, die man nicht kontrollieren kann, das Ergebnis zu beeinflussen. Daher muß man herausfinden, was geschehen würde, wenn man seiner Eingebung folgt und dann X, Y oder Z eintritt, und das mit dem vergleichen, was eintreten könnte, würde man die Eingebung ignorieren. Je komplexer alles ist, desto dringender wird man seine Intuition benötigen.

Nehmen wir einmal an, Sie seien ein moderner James Couzens und hätten so eine Vorahnung, daß der seltsame junge Mann mit seinem privaten Hubschrauber die Zukunft des Transportwesens verändern wird. Ihr Entschluß, ob Sie Ihre Ersparnisse in das Projekt investieren sollen, erfordert das Abwägen aller wichtigen Variablen, die das Ergebnis beeinflussen könnten. Sie sollten dann vielleicht ein privates Brainstorming veranstalten, bei dem Ihnen folgendes einfällt: Sonnenenergie als Antriebskraft wird praktisch nutzbar; General Motors erwirbt Anteile der neu gegründeten Gesellschaft; eine neue Metallegierung verringert das Gewicht der Maschine; der Prototyp wird termingerecht fertiggestellt; die Regierung verbietet Privathubschrauber; die Automobilfirmen sabotieren die Erfindung; die Produktionskosten überschreiten den Voranschlag; der Erfinder brennt mit dem Kapital durch – und was Ihnen sonst noch in den Sinn kommt.

Man kann spontan niederschreiben, welche Konsequenzen jedes der eben genannten Ereignisse haben würde. Ratsam ist, dabei mit einem unvollständigen Satz zu beginnen, etwa «Wenn ich meine Ersparnisse investiere und danach X eintritt, dann ...» oder «Wenn ich nicht investiere und Y eintritt, dann ...». Natürlich können diese äußeren Variablen auch kombiniert auftreten, und es gibt viele mögliche Kombinationen. Ist man sich der wahren Komplexität der Entscheidung bewußt, dann wird sich das auch in der Aufzeichnung niederschlagen, was dem Zweck des Verfahrens entspricht. Man nutzt es ja, um der Intuition die Möglichkeit zu geben, zum Bewertungsprozeß beizutragen. Dabei können sich neue Einsichten in die Situation ergeben.

Natürlich wird sich die Entscheidung nicht nur danach richten, was geschehen *kann,* sondern wie groß die *Wahrscheinlichkeit* ist, daß es geschehen wird. Auch fachgerechte Analyse und quantitative Daten bestimmen die Wahrscheinlichkeit, reichen jedoch nicht immer aus, weshalb man Management oft als «die Kunst, Entscheidungen auf der Grundlage unzureichender Informationen zu treffen», bezeichnet.

Intuitive Voraussagen sind wichtig, weil Theorien, die auf formalen Entscheidungsprozessen beruhen, voraussetzen, daß der Entscheidungsträger das Ergebnis nicht beeinflußt. In Wahrheit hat gerade das, was Sie *wollen* oder was Sie *glauben,* daß es geschehen wird, großen Einfluß auf die tatsächlichen Ergebnisse. Als aktiver Teilhaber an dem Hubschrauberunternehmen können Sie seine Zukunft beeinflussen. Entschließen Sie sich aufgrund einer Eingebung, jemandem einen Heiratsantrag zu machen, sollten Ihre persönlichen Wünsche und Absichten mehr Gewicht haben als Scheidungsstatistiken.

Nicht immer hat man genug Zeit, rational-empirische Methoden sachgerecht anzuwenden oder Verfahren zu nutzen, die den intuitiven Input stimulieren. Und selbst wenn man die Zeit hat, kann die Situation anschließend immer noch mehrdeutig und unklar sein. Dann sollte man sich Visualisierungsmethoden zuwenden – etwa der vorhin erwähnten mentalen Reise zu einem persönlichen Zufluchtsort oder der Vorstellung einer Situation, in der eine Entscheidung getroffen werden *muß* – und sich dann an die bewertende Funktion der Intuition halten, um zu einem endgültigen Urteil zu kommen.

Wie schon mehrfach betont, lassen sich die intuitiven Fähigkeiten vor allem dann nutzen, wenn man mit den Nuancen der eigenen Intuition und den eigenen Reaktionen darauf vertraut ist. Um diese Sensibilität zu erwerben, kann ein Intuitionstagebuch von Nutzen sein.

Das Intuitionstagebuch

In der Nacht, bevor er die Verträge zu einem großen Bauvorhaben unterzeichnen sollte, erwachte George Nadda und sagte zu seiner Frau: «Ich werde das Projekt nicht übernehmen.» Am folgenden Morgen änderte er seine Meinung und unterschrieb doch. Die Sache wurde ein katastrophaler Fehlschlag. «Noch heute», sagte George viel später, «halte ich mich zurück, wenn ich jene Schwingungen spüre.» George kann «jene Schwingungen» nicht weiter beschreiben, weiß jedoch genau, wie sie sich damals bemerkbar gemacht haben, und jetzt weiß er auch, wie er zu reagieren hat, wann immer sie sich wieder rühren.

Ein derartiges Feedback lehrt uns, auf eine Intuition richtig zu reagieren. Mit Hilfe eines Tagebuchs können wir entdecken, welche Konstellation von Faktoren mit erfolgreichen Intuitionen verbunden und welche mangelhaften assoziiert wird. Bei fleißiger Führung des Tagebuchs sollte jeder der Signale gewahr werden, die ankündigen, wann die intuitive Stimme uns in die richtige Richtung lenkt. Das wiederum kann unser Vertrauen in unsere Intuition steigern, was sie wirksamer macht.

Auf einem Notizblock im DIN-A5-Format sollte man unter Beibehaltung der Numerierung folgende Informationen notieren:

1. Datum und Uhrzeit.
2. Inhalt der Intuition, ihre grundlegende Botschaft.
3. Themenbereich: Beruf, eine andere Person, man selbst, Politik, Weltanschauung, sonstiges?
4. War sie eine: Warnung, günstige Gelegenheit, Bestätigung, Widerlegung einer eigenen Meinung, positive Information, negative Information? Was sonst?
5. Form und Funktion der Intuition: entdeckend, kreativ, prophetisch, praktisch, bewertend, erleuchtend. Beachten Sie, daß diese Elemente kombiniert auftreten können.
6. Struktur: War die Intuition hauptsächlich verbal, visuell, kinästhetisch, symbolisch oder nur eine flüchtige Idee? Beschreiben Sie es so gut wie möglich.
7. War es eine blitzartige oder etwas länger andauernde Erfahrung?
8. War sie: sehr lebendig, klar, etwas unklar, sehr unklar?

9. War die Botschaft eindeutig, oder erforderte sie Interpretation? Wie haben Sie sie interpretiert?
10. Was taten Sie unmittelbar vor der Intuition? Stand Ihre Tätigkeit in einem Zusammenhang mit der Intuition? Hatten Sie absichtlich «inkubiert»?
11. Gab es unmittelbar vor der Intuition eine Andeutung oder deutliche Ankündigung? Wenn ja, beschreiben Sie, wie das war und wie Sie darauf reagiert haben.
12. Wie fühlten Sie sich unmittelbar danach? Spürten Sie eine freudige Erregung? Erleichterung? Ein Glücksgefühl? Ein Gefühl von Ganzheit? Frieden?
13. Welchen Grad von Ungewißheit enthielt die Intuition? Ganz sicher? Ziemlich sicher? Einigermaßen sicher? Zweifelhaft?
14. Wie war Ihre erste Reaktion? Skepsis? Ablehnung? Vorbehalt? Kritik? Zögern? Eindeutige Zustimmung?

Die eben genannten Items kann man direkt nach der Intuition notieren. Später sollte man noch folgende hinzufügen:

15. Bedeutete die Intuition ein Abweichen von einem sonst eingenommenen Standpunkt oder dem einer Autorität?
16. Widersprach sie Fakten oder der Logik?
17. Enthielt sie etwas, was Sie gern hören wollten?
18. Oder etwas, was Sie nicht gern hörten?
19. Kehrte sie mehrmals wieder? Wann? Wie oft? Beharrlich?
20. Haben Sie sie analysiert? Haben Sie Informationen gesammelt, um sie zu stützen oder zu verwerfen?
21. Haben Sie versucht, bei der Bewertung objektiv zu sein?

22. Haben Sie auch andere Meinungen eingeholt?
23. Hat sich Ihr Gefühl hinsichtlich des Wahrheitsgehalts mit der Zeit geändert? Wenn ja, was verursachte den Wandel?
24. War die Situation oder das Thema: äußerst wichtig, sehr wichtig, mäßig wichtig, nicht sehr wichtig, unwichtig?
25. Standen Sie unter Druck, eine Entscheidung zu treffen oder eine Antwort zu finden?
26. Bedeutete das Befolgen der Intuition: ein großes Risiko, ein einigermaßen großes Risiko, ein gewisses Risiko, kein besonderes Risiko? Worin genau lag das Risiko?
27. Empfanden Sie jemals Angst, die Sache weiterzuverfolgen?
28. Haben Sie letzten Endes die Intuition akzeptiert? Wenn ja, können Sie sagen, warum?
30. Wie ist die Sache schließlich ausgegangen? Wurde die Intuition durch die Erfahrung bestätigt oder widerlegt?
31. Falls Sie eine gute Intuition verworfen haben – wissen Sie, was Ihren Irrtum verursacht hat?
32. Wenn Sie einer Intuition folgten, die sich als falsch erwies, wissen Sie, warum Sie es taten?
33. Würden Sie rückblickend anders handeln?
34. Welche Hauptlehre läßt sich aus dieser Erfahrung ziehen?

Bei der Bewertung Ihrer Intuition sollten Sie daran denken, daß sie sich auf mehreren Ebenen mitteilen kann. Einzelne Teile oder deren anschließende Deutung können falsch, auf einer anderen Ebene jedoch von Nutzen sein. Dazu sollten Sie die folgende kleine Geschichte lesen:

Jane bummelte über eine Einkaufsstraße und wurde unwiderstehlich von einem Geschäft für Tanz- und Sportausrüstungen angezogen. An sich brauchte sie nichts von dem, was dort angeboten wurde, aber vielleicht wollte ihre Intuition sie ja auf einen besonders günstigen Einkauf aufmerksam machen. Sie betrat den Laden, fand jedoch nichts Rechtes, unterhielt sich aber angeregt mit einer der Verkäuferinnen und verabredete sich schließlich für einen der nächsten Tage mit ihr zum Lunch. Zwei Tage später verlor Jane ihren Job. Deprimiert rief sie ihre neue Bekannte an, um das Treffen abzusagen. Dabei erfuhr sie, daß die Verkäuferin beabsichtigte zu kündigen – und Jane konnte die Stellung übernehmen.

Das Tagebuch sollte auch Raum für zufällige Beobachtungen und Geschehnisse von persönlicher Bedeutung haben. Im Idealfall sollte man die Eintragungen regelmäßig überprüfen, vielleicht einmal im Monat. Halten Sie alle Beobachtungen sofort fest, auch wenn Sie nur denken: «Meine Intuition scheint in Sachen Beruf besser zu funktionieren als im privaten Bereich.» Führt die Überprüfung der Notizen zu einem Entschluß, etwa «Wenn ich das nächste Mal dieses Gefühl in der Magengegend verspüre, werde ich meiner Eingebung folgen» – dann halten Sie das im Tagebuch fest. Notieren Sie auch jeden Fortschritt in der Qualität Ihrer Intuition. Wenn Sie Ihr Tagebuch gewissenhaft nutzen, sollten Sie dafür des öfteren Gelegenheit haben.

Übung macht den Meister

Die folgenden praktischen Ideen sind angenehme Möglichkeiten, etwas über Ihre eigenen Denkmuster und die Feinheiten Ihrer Intuition zu erfahren. In den meisten Fällen gibt der Mensch Antworten oder trifft Entscheidungen, ohne über ausreichend Zeit und Informationen zu verfügen, sie vernünftig zu begründen. Nutzen Sie das

Intuitionstagebuch, um Ihre entsprechenden Erfahrungen festzuhalten.

1. Üben Sie schnelles Entscheiden bei unwichtigen Angelegenheiten. Geben Sie sich zehn Sekunden Zeit, wenn Sie: ein Essen bestellen; sich entscheiden, was Sie anziehen sollen; eine Fahrtroute wählen; ein Kino oder Restaurant auswählen; einen Gürtel oder sonst ein Accessoire kaufen.
2. Üben Sie sich im Voraussagen, indem Sie sich an den ersten Gedanken halten, der Ihnen in den Sinn kommt. Sagen Sie voraus: wer der Anrufer ist, wenn das Telefon läutet; wie ein Fußballspiel ausgehen wird; wie die Schlagzeilen der Morgenpresse lauten werden; wie bestimmte Aktienkurse notieren werden; wie ein Kollege am nächsten Tag im Büro gekleidet sein wird; welche von zwei Warteschlangen vor dem Kassenschalter am schnellsten vorankommen wird; was der Postbote am nächsten Morgen bringen wird; wer eine bestimmte Auszeichnung gewinnen wird.
3. Decken Sie die Bildunterschriften in Zeitungen ab und sagen Sie schnell, was dort wiedergegeben ist. Eine Alternative: Decken Sie die Sprechblasen bei Cartoons ab und erfinden Sie eigene. Das kann auf zweierlei Weise geschehen: Entweder man versucht, möglichst richtig zu antworten, oder man versucht, einfallsreich zu sein.
4. Schalten Sie den Ton Ihres Fernsehgeräts ab, und beschreiben Sie nach fünf Minuten, was passiert ist. Oder Sie schalten den Ton einer Werbesendung ab, vorausgesetzt, Sie haben sie noch nie gesehen, und erraten das Produkt. Das geschieht am besten mit einem Partner, der alles verifizieren kann, weil er per Kopfhörer den Spot mitverfolgt.

5. Beschreiben Sie einen Fremden nach einer nur kurzen Begegnung in allen Einzelheiten: Familienhintergrund, Hobby, Selbsteinschätzung, persönliche Gewohnheiten, Lektüre, bevorzugte Freizeitunterhaltung, Kleidung, Essen, Wohnung und dergleichen. Zur Verifizierung bediene man sich beiderseitiger Bekannter, oder man frage den Betreffenden selbst.
6. Arbeiten Sie mit einem Freund zusammen, dann benutzen Sie Fotos, skizzenhafte Informationen (Name, Beruf, Alter), und beschreiben Sie beide abwechselnd die Bekannten des anderen.
7. Lesen Sie Kriminalromane, und sagen Sie den Täter voraus.
8. Praktizieren Sie Brainstorming über: verlorengegangene Haustiere; Tragen von Päckchen im Regen; Kartenlesen beim Autofahren; Reifenpanne; Arbeitslosigkeit; schmutzige Straßen; Haushaltsdefizit; Analphabeten auf dem College; Fensterputzen bei Wolkenkratzern.
9. Üben Sie mit derselben Liste das Neudefinieren von Problemen.

Einige dieser Übungen lassen sich in Gruppen durchführen, was nicht nur mehr Spaß macht, sondern auch Gelegenheit bietet, neue Übungsmethoden zu erfinden. Regelmäßige Treffen von Personen, die ihre Intuition entwikkeln wollen, sind eine ausgezeichnete Idee. Die Gruppe kann die Erfahrungen jedes einzelnen diskutieren, an den Erkenntnissen teilhaben, die sich aus der Führung eines Tagebuchs ergeben, und kann sogar intuitiven Input für Probleme und Entscheidungen anderer liefern. Sie kann auch größere Probleme anpacken, etwa was wir als Gesellschaft tun können, um die Intuition unserer führenden Politiker und unserer Mitbürger zu verbessern . . .

11 Intuition dringend gesucht!

Wenn je ein Zeitalter dringend Intuition gebraucht hat, dann das unsere. Und doch sind die Bildungsinstitutionen, die uns lehren, wie wir unseren Geist gebrauchen sollen, und auch die Organisationen, in denen wir ihn gebrauchen, nicht intui ionsfreundlich strukturiert. Das sollte anders werden. Wir sollten alles tun, um dahinterzukommen, wie der intuitive Geist arbeitet. Damit wäre mehr zu erreichen als nur persönlicher Erfolg und persönliches Glück.

Alle Fachleute sind sich darüber einig, daß die vor uns liegenden Jahrzehnte schwieriger und weniger berechenbar sind als jede Zeit zuvor und daß die von uns zu verarbeitenden Informationen nicht nur riesigen Umfangs, sondern auch unbeständig sind. In einer solchen Atmosphäre werden wir oft in Sekundenbruchteilen Entscheidungen auf der Grundlage begrenzter Informationen treffen, wobei Fehler nicht nur wahrscheinlich, sondern potentiell katastrophaler sein werden. Das gilt natürlich vor allem für die Machtzentren unserer Welt. In seinen Erinnerungen schreibt der frühere Sicherheitsberater des amerikanischen Präsidenten, Zbigniew Brzezinski: «Das Bild, das man sich in der ganzen Welt von den internen Entscheidungsprozessen der Regierung macht, setzt zu viel Kohäsion voraus und erwartet zu viel systematisches

Planen. Tatsache ist jedoch, daß jene, die große Politik machen, von Ereignissen und Informationen geradezu überschwemmt werden.»

Computer leisten da unschätzbare Dienste, doch muß menschliche Intuition ihre Anwendung lenken und die Lücken ausfüllen, die die künstliche Intelligenz offenläßt. Im privaten wie im öffentlichen Bereich brauchen wir innovative Denker, Persönlichkeiten, deren schnell arbeitender Geist auf hohe Ideale und kosmische Intelligenz ausgerichtet ist – Männer wie jene «Philosophen», denen Platon die Macht im Staate übertragen wollte. «Jene, die imstande sind, das Ewige und Unwandelbare zu erfassen . . . die ihre Blicke auf die absolute Wahrheit richten und die mit stetem Blick auf dieses Ideal es so stark wie möglich beachten, um in dieser Welt die Gesetze des Schönen, der Gerechtigkeit und des Guten zur Geltung zu bringen.»

Die Art, wie wir denken, und das, was wir wissen, prägt das Verhalten jedes einzelnen – und damit unsere gesellschaftlichen Verhältnisse im Ganzen. Der in letzter Zeit immer deutlicher erkennbare Wertewandel, zu dem auch wachsender Respekt vor der Intuition gehört, ist da ermutigend. Menschen, die in erster Linie nach Selbstverwirklichung und nicht nach materiellen Gütern streben, haben einen tiefgreifenden Lernprozeß begonnen. Dabei erfahren sie, daß ihre persönlichen Zielsetzungen durchaus mit sozialer und planetarischer Verantwortung vereinbar sind. Wahre Selbstverwirklichung impliziert sogar eine harmonische Synergie zwischen dem Ich und den Menschen und Objekten unserer Umwelt. Diese Komplementarität zwischen kollektiven und persönlichen Interessen spiegelt eine Weltanschauung wider, die Elemente der organischen, spirituellen Weltanschauung des Ostens in sich aufnimmt.

Wir sind dabei, unseren symbiotischen Zusammenhang mit der Natur und allen anderen Menschen zu erkennen, und schicken uns an, die alte Wahrheit neu zu entdecken, daß man erntet, was man sät. Optimisten hoffen, eine neue Sicht der Welt werde unser Verhalten gegenüber der Wirklichkeit angemessener und somit harmonischer machen und uns dazu bringen, als verantwortungsbewußte Bürger eines kleinen Planeten zu handeln. Bis zu einem gewissen Grad trifft das zu. Glaube allein hilft jedoch nicht. Wäre dem so, dann würden wir alle uns schon seit Jahrhunderten wie gute Christen, Juden und Moslems benehmen. Es genügt nicht zu glauben, daß wir untrennbar mit der Natur verbunden sind oder daß unser Sein einen gemeinsamen spirituellen Kern besitzt, oder daß alle Geschöpfe eins sind und alles, was jeder einzelne von uns tut, auf das Ganze zurückwirkt. Die Verbesserung der Qualität der Intuition kann jedoch positive Anschauungen festigen und aus verantwortungsbewußten Worten wirksame Handlungen machen.

Nur wenn abstrakte Vorstellungen wirklich *erkannt* und mit unmittelbarer intuitiver Verinnerlichung begriffen werden, können sie jene auf Erfahrung beruhende Qualität erreichen, die unser Verhalten gründlich umzugestalten vermag. Wir beschützen und pflegen das, was wir wahrnehmen, als Teil von uns selbst. Wir müssen aber tief im Innern das Gefühl für den Zusammenhang mit allen Menschen und mit der Natur haben, nicht nur in Gedanken. Zwar können gewisse Ansichten die Bereitschaft zu verantwortungsbewußtem Handeln fördern, doch sagen sie uns nicht, wie wir das machen sollen oder welche Folgen bestimmte Handlungen haben werden. Dafür brauchen wir Intuition.

Konzertiertes Bemühen um Verständnis und zur Entwicklung der Intuition kompromittiert in keiner Weise die Normen objektiver Analyse und strenger Verifizierung. Vielleicht ist es genau das, was die Naturwissenschaft in diesem Augenblick der Geschichte braucht – Gelehrte und Naturwissenschaftler mit jenem «tiefen inneren Kontakt mit der Natur», den Jeremy Bernstein einer Persönlichkeit wie Einstein zuschrieb, Menschen, die nicht nur Lösungen für praktische Probleme finden, sondern sich der Erforschung der großen kosmischen Rätsel widmen.

Es war stets das Ziel der Naturwissenschaft, ein vollständiges, eindeutiges System deduktiver Methoden zu formulieren, abgeleitet aus unanfechtbaren Gesetzen, ein System, das beschreibt, wie die Natur funktioniert. Das Selbstvertrauen der Naturwissenschaft hatte um die Jahrhundertwende einen Höhepunkt erreicht, und die Physiker behaupteten, sie stünden praktisch vor dem Abschluß ihrer Aufgabe. Sie waren ins Innere des Atoms eingedrungen und hatten unsere Vision um Lichtjahre ins All hinaus verlängert. Und nun schickten sie sich an, die tiefsten Geheimnisse des Universums zu entschlüsseln. Statt endgültiger Wahrheiten fanden sie jedoch ein Märchenland der Unvorhersehbarkeiten.

Im Jahre 1927 formulierte Werner Heisenberg die berühmte Unschärferelation. Er wies nach, daß es unmöglich ist, auf jener Ebene der Elementarteilchen, wo das Physikalische unphysikalisch wird, etwas vorherzusagen und zu kontrollieren. Der Vorgang des Messens verändert unweigerlich das, was gemessen wird, ebenso wie das Thermometer, das man ins Wasser hält, die Temperatur des Wassers mit dem darinsteckenden Thermometer wiedergibt, nicht die des Wassers allein. Die Trennung von Beobachter und Beobachtetem, ein Grundelement des

Szientismus, wurde damit zunichte, und der Traum von wissenschaftlicher Gewißheit wich einer resignierten Akzeptanz von Annäherungswert und Wahrscheinlichkeit.

Zur gleichen Zeit versuchten die Mathematiker, ein für allemal ein axiomatisches System zu etablieren, das uns ein vollständiges und stimmiges mathematisches Erkennen bescheren sollte. Diesem Streben versetzte Kurt Gödel im Jahre 1931 einen tödlichen Schlag. Sein Unvollständigkeitstheorem bewies, daß ein solches System unmöglich ist. Kein formales System kann zugleich stimmig (ohne innere Widersprüche) und vollständig sein. Es wird stets eine wahre, aus dem System ableitbare Feststellung geben, die das System selbst nicht beweisen kann. Zusammen mit Heisenberg und anderen hat Gödel aufgezeigt, daß «die Gesetze der Natur nicht als axiomatisches, deduktives, formales und eindeutiges System formuliert werden können, das zugleich vollständig ist», wie Jacob Bronowski es ausdrückte.

Damit ist der Anspruch der Naturwissenschaft, der einzige Weg zum Erkennen der Wirklichkeit zu sein, der Einsicht gewichen, daß all ihr Wissen provisorisch, unvollständig und unsicher ist. Doch darf man dabei nicht vergessen, daß die von Naturwissenschaft und Mathematik entdeckten Grenzen sich nur auf die Methoden dieser beiden Wissenschaften beziehen, aber nicht notwendigerweise auf die Wirklichkeit oder die menschliche Erkenntnis schlechthin. Sie haben nicht bewiesen, daß Gewißheit und Vollständigkeit unerreichbar sind, sondern nur, daß sie nicht von den Naturwissenschaften erreicht werden können, wie wir sie augenblicklich kennen.

Die Geschichte der Naturwissenschaft ähnelt einem Zen-Novizen, der sich mit einem Koan abmüht, einer jener unlösbaren Rätselfragen, die aufgrund logischen Schließens oder empirischer Beobachtung nicht beantwortet werden können. Wer als Suchender Glück hat, transzendiert rationales Denken und überläßt sich unmittelbarer intuitiver Erfahrung. Und an genau diesem Punkt ist die Naturwissenschaft jetzt angelangt. Sie hat die launische, paradoxe Natur dessen bloßgelegt, was in Indien *maya* genannt wird, jene vertraute Welt begrenzter Formen und grenzenlosen Wandels, die die absolute Wirklichkeit verschleiern. Die Naturwissenschaft muß jetzt diesen Bereich und ihre eigenen Methoden transzendieren, wenn sie die kosmischen Geheimnisse entschleiern will.

Seit Einstein ist es das Ziel der Physik, das «vereinigte Feld» zu finden, das nach Ansicht vieler Wissenschaftler der Vielfalt der Schöpfung zugrunde liegen und sie durchdringen muß. Sicher wird dieses Ziel irgendwann erreicht werden; doch wird es dann nur eine Wahrheit per Schlußfolgerung sein, keine unmittelbare Erfahrung – so wie noch niemand ein Elektron gesehen hat. Das wirkliche vereinigte Feld ist das, was wir an anderer Stelle das Absolute genannt haben, was die *Upanischaden* als «kleiner als das Kleinste, größer als das Größte» bezeichnet haben. Versucht man, es per Deduktion zu erfassen, wird es unvollständig, provisorisch und stets etwas unbestimmt bleiben. Wirklich erkennen kann man es nur durch verinnerlichte intuitive Erfahrung, Erleuchtung genannt – wobei der Erkennende auf läuternde Weise gewandelt wird.

Die Naturwissenschaft kann also auf zwei Ebenen von einer Technologie intuitiven Erkennens lernen. Auf der einen wird sie wichtige Entdeckungen und tiefe Einsichten ermöglichen. Auf einer anderen Ebene gibt sie uns Hoffnung, daß das angemessen gelöst wird, was der Biologe Erwin Schrödinger «die Aufgabe der Naturwissenschaft» genannt hat – nämlich die Frage zu beantworten: «Wer sind wir?» Man kann natürlich sagen, eine derart «erweiterte» Naturwissenschaft sei keine Naturwissenschaft mehr. Verstehen wir jedoch unter Naturwissenschaft die Suche nach einem umfassenden Bestand zuverlässigen Wissens, erworben aufgrund kontrollierter Experimente, dann gibt es überhaupt kein Problem. Die Physiker sollen ja nicht ihre Rechenmaschinen gegen Mantras eintauschen, wie jemand mißtrauisch vermutet hat, sie sollen vielmehr nur die gegenwärtigen Grenzen des Szientismus erkennen sowie die Bedeutung der Erweiterung seiner Methodologie, und zwar durch Einbeziehung erleuchteter Subjektivität.

Ich betone nochmals den hohen Rang der Naturwissenschaft, der anerkannten Hüterin unseres Wissens. *Wie* wir jedoch Erkenntnis erlangen, das ist vor allem eine Frage der Erziehung und unserer Institutionen.

Die Befreiung der Intuition

«Man kann es schon fast als ein Wunder bezeichnen, daß die modernen Unterrichtsmethoden die heilige Neugier des Forschens nicht völlig stranguliert haben. Denn diese zarte kleine Pflanze braucht außer Stimulierung vor allem Freiheit.» So urteilte ein nicht unbedeutender Mann über unser Bildungssystem.

Diese «heilige Neugier» ist ein Blitzableiter für die Intuition, und wir können dankbar sein, daß der eben zitierte Student, Albert Einstein, sie nicht verloren hat. Bei anderen ist das leider der Fall, wenn Zwang und Langeweile ihnen die Lust am Lernen rauben. Dabei funktioniert die Intuition am besten, wenn sie hochmotiviert ist. Wir müßten also Schülern und Studenten die Freude am Entdecken schon so früh wie möglich vermitteln, damit sie aus reinem Vergnügen nach Erkenntnis streben.

Das gegenwärtige Schulsystem bedient sich fast ausschließlich äußerer Motivationen als Lernanreiz. Lernen ist etwas, was wir tun, um Bestrafung zu vermeiden oder belohnt zu werden. Damit wird intuitives Denken kaum angeregt, vor allem nicht seine kreative Funktion, die am besten arbeitet, wenn der Geist keinem Druck ausgesetzt ist und von echten inneren Wünschen oder Bedürfnissen geleitet wird. Schon in den unteren Schulklassen bestrafen wir Irrtümer und tadeln Schüler, die in ihren Antworten gewisse Gefühle und Ahnungen auszudrücken versuchen, obwohl dergleichen häufig der erste Schritt zu Erkenntnissen und Entdeckungen ist. Dadurch lernen die Kinder, daß es sich nicht auszahlt, Risiken einzugehen. Sie mißtrauen Gedanken, die nicht genau dem entsprechen, was der Lehrer erwartet, oder von denen man sagen könnte, sie wichen vom Thema ab. Die Kinder lernen, auf Nummer Sicher zu gehen, was eindeutig nicht die beste Strategie zur Förderung von Intuitionen ist.

Wir sollten statt dessen kühne Gedanken belohnen, auch wenn sie etwas danebentreffen, sowie jede kreative Alternative, auch wenn sie nicht ganz richtig ist – schon alleine dafür, daß sie gewagt wurde. Damit fördert man ein mutigeres Verhalten und schafft der Intuition freie Bahn. Wir sollten Schülern und Studenten auch beibringen, daß Raten eine nützliche Strategie sein kann, die in verfeinerter Form im praktischen Leben gute Dienste leisten kann, weil Fakten, an die man sich erinnert, und mechanische Verfahren nicht immer das gewünschte Ergebnis bringen. Statt dessen machen Lehrer sich über Schüler lustig, die eine Antwort zu erraten suchen. Sie sollten sich zu Herzen nehmen, was der Psychologe Blythe Clinchy 1968 schrieb: «Schließlich ist eine Hypothese auch nichts weiter als ein Raten, dem man eine nachprüfbare Form gegeben hat ... Viel beunruhigender als Kinder, die einfach drauflosraten, ist ein Kind, das offensichtlich unfähig ist zu raten und aus

Furcht, etwas Falsches zu sagen, seine Chance gar nicht erst wahrnimmt.»

Clinchy sieht eine Einschränkung der Intuition auch darin, daß wir von den Lernenden fordern, ihre Antworten sofort zu erklären und zu verteidigen. Mit solchen Methoden belohnen wir häufig das, was der Psychologe Jerome Bruner «ausgesprochene Idiotie» genannt hat. Studenten, die die Sprache nach Belieben manipulieren können, werden gelobt, während ihren weniger sprachgewandten Kameraden der Eindruck vermittelt wird, sie seien Dummköpfe, obwohl sie in Wahrheit klüger sind. Bei ihnen entsteht der falsche Eindruck, man könne nichts wissen, was man nicht verbal ausdrücken und von dem man nicht erläutern kann, wie man darauf gekommen ist. Das können oft nicht einmal Erwachsene, geschweige denn Kinder, die häufig erheblich mehr wissen, als sie verbal formulieren können. Auf diese Weise werden nichtverbale Denkformen, die Bestandteil der Intuition sind, von vornherein im Keim erstickt.

Wir sollten den Lernenden mehr Achtung vor ihren angeborenen Fähigkeiten der Phantasie, Visualisierung und Einbildungskraft vermitteln – alles Faktoren, die Intuition begünstigen. Interessant ist in diesem Zusammenhang eine Bemerkung von Peter Brent in seiner Biographie über Charles Darwin. Er schreibt, zusätzlich zu seinem großen Talent für Beobachtung und rationale Begründung sei Darwin auch ein begabter Träumer gewesen, der seine Tagträume, seine «Luftschlösser» für ausgesprochen nützlich hielt. Und was wäre, hätte Einstein es nicht gewagt, sich als Reiter auf Lichtstrahlen vorzustellen? Diese Phantasie-Seite großer Denker wird selten erwähnt.

Wir könnten die intuitiven Fähigkeiten unserer Kinder besser entwickeln, wenn wir mehr Wert auf persönliche Entdeckungen als auf Einpauken von Fakten oder die mechanische Anwendung von Regeln zur Lösung von Problemen legten. Zumindest gelegentlich sollte man ihnen gestatten, aus erster Hand zu erfahren, was wir alle als Erwachsene tun müssen: Probleme zu identifizieren, die uns ganz persönlich betreffen, und eigene Lösungen zu finden. Dann würden sie lernen, individuell und flexibel zu denken und sich auch von Intuitionen lenken zu lassen. Zur Zeit jedoch lernen Schüler und Studenten, nach dem «richtigen» Weg Ausschau zu halten, der nicht immer der beste sein muß.

Wir lernen bekanntlich durch Beispiel. Da wäre es ein guter Anfang, wenn Lehrer intuitives Denken demonstrierten und praktisch aufzeigten, wie ein neugieriger Geist arbeitet, der nach Erkenntnis strebt. Zur Zeit neigen die Lehrkräfte dazu, Fakten zu zitieren und die Endprodukte ihrer Vorbereitungsarbeit zu präsentieren. Könnten die Schüler sehen, wie auch ihre Lehrer zuweilen raten und im dunkeln tappen, in Sackgassen geraten und flüchtigen Ahnungen nachjagen, dann würden sie mehr Mut zu eigenen ungewissen Intuitionen und in die Irre gehenden Vorstellungen entwickeln. Das setzt natürlich Lehrer voraus, die selber neugierig sind und denen es Spaß macht, was Neues zu entdecken, die auch bereit sind, vor ihren Schülern mal einen Fehler zu machen. Das mag viel verlangt sein; doch sollten wir nicht vergessen, daß Lehrer nicht nur Verteiler von Informationen sind, sondern auch Vorbilder dafür, wie man den Geist nutzen kann.

Zumindest sollten wir den Lernenden ein inspirierendes und realistischeres Bild davon vermitteln, wie Entdeckungen zustande kommen. Bei uns liegt der Akzent stets auf dem Endprodukt geistiger Arbeit, nicht auf den Wegen, die dahin geführt haben. Wissenschaftliche Prinzipien, mathematische Theoreme und grundlegende Ideen werden nur in ihrer endgültigen, klaren Formulierung präsentiert, was den Studenten den Eindruck vermittelt, die logischen Feststellungen und linearen Beweise seien zugleich die Instrumente der Entdeckung. Daraus wiederum leiten sie ab, daß ihr eigenes Tappen im dunkeln und ihre wirren Spekulationen nur Verirrungen sind, vor denen man sich besser hüten sollte.

Man kann sogar noch einen Schritt weitergehen und Intuition und Kreativität als solche zum Thema eigener Untersuchungen machen, was den Lernenden größeren Respekt vor diesen Funktionen des Geistes einflößen würde. Dies läßt sich über unmittelbare Erfahrung, aber auch rein begrifflich vermitteln, indem man den Schülern mehr Gelegenheit gibt, kreativ und intuitiv zu *sein*. Traditionelle Lernziele müssen deswegen nicht geopfert werden, es geht eher darum, bestimmte Lehrmethoden zu fördern, bei denen die Kinder Mathematik oder Naturwissenschaft lernen, indem sie die Lösungswege selber aufzuspüren versuchen. Dasselbe kann auch in den Geisteswissenschaften oder jeder anderen Disziplin geschehen. Wenn Schüler über Intuition diskutieren und sie in Aktion beobachten, können sie schon im frühen Alter dafür sensibilisiert werden.

Der zunehmende Trend zum Pragmatismus ist zwar verständlich, für die Menschheit jedoch nicht sehr glücklich. Natürlich brauchen wir kompetente Spezialisten und Techniker, aber auch intuitive Menschen, die erfinden und schöpferisch tätig sein können. Doch der ständige Examensdruck erzeugt nicht nur intuitionshemmende Ängste, sondern begünstigt auch die Neigung, alles genau nach Lehrbuch zu machen. Mit der Überschätzung akademischer Bildung zementieren wir das beklagenswerte Image der Schule als einer Art Supermarkt, in dem die Schüler sich mit den notwendigen «Pfunden» eindecken, mit denen sie nach absolvierter Schulzeit «wuchern» können. Die Forderung nach früher Spezialisierung schwächt die Effektivität eines ohnehin schon fragmentarischen

Lehrplans und beschneidet die Möglichkeiten der Schüler, sich mit Disziplinen zu beschäftigen, die keinen unmittelbaren Berufs- oder Studienbezug haben.

Der Lehrstoff sollte von interdisziplinärer Breite sein und tiefreichende Kenntnis in Geisteswissenschaften und Kunst vermitteln, nicht nur, weil die Schüler dadurch aufgeschlossener, sondern auch in allen Bereichen intuitiver und kreativer werden. Der intuitive Geist wird gefördert, wenn er mit allen ästhetischen und emotionalen Strömungen menschlichen Geisteslebens vertraut gemacht wird. Er benötigt ein reiches Angebot der verschiedenartigsten Eindrücke, zu denen er Beziehungen aufbauen kann.

Viele leitende Unternehmer sind der Ansicht, daß nicht nur auf der Universität, sondern auch auf den Managementschulen zu viel Wert auf formale, quantitative Methoden und realitätsferne Theorien über Entscheidungsprozesse gelegt wird, so daß die Studenten ihre Ausbildung beenden, ohne auf die alltäglichen Anforderungen des Wirtschaftslebens vorbereitet zu sein. Die Managementschulen täten gut daran, dem Beispiel der Stanford University zu folgen und Lehrgänge einzuführen, die ausschließlich der Schärfung der Intuitivität dienen. Im Studienplan von Stanford ist «Kreativität im Wirtschaftsleben», gelehrt von einem Marketing-Professor und einem Künstler, zu einer beliebten Bereicherung des Seminarangebots geworden.

Mangelnde Realitätsnähe bei der Ausbildung wird auch anderen akademischen Institutionen vorgeworfen. Eine Arbeitsgruppe führender Psychologen wandte sich 1958 einstimmig gegen alle Versuche, Ausbildungsverfahren in ein systematisches Schema zu pressen, weil gerade der kreative Forscher häufig eher *unsystematisch* und vielleicht gerade deshalb kreativ sei, «da er unlogisch ist und gewillt, seinen Eingebungen statt den Implikationen vorhandenen

Wissens und vorgegebener Methoden zu folgen».

In der Arbeitswelt müssen wir der Intuition auf allen Ebenen des organisierten Lebens günstige Gelegenheiten und Anreize liefern. Intuition wird gebremst, wenn die Menschen zu sehr gegängelt werden, die Aufgaben starr definiert und spezialisiert sind und ihnen alle Entscheidungen abgenommen werden. Management von oben – «so haben wir das schon immer gemacht» – fesselt die Innovation, weil dem einzelnen genau vorgeschrieben wird, *wie* er zu arbeiten hat, statt ihm nur das Arbeits*ziel* vorzugeben, ihm im übrigen jedoch ausreichend Raum für eigene Lösungen zu lassen. Bessere Kommunikation und weitgehende Mitbestimmung scheinen da ein erfolgversprechender Weg zu sein, die Motivation zu fördern, die natürliche Freude an persönlicher Mitwirkung, an Herausforderungen und der vollen Nutzung des eigenen Potentials. Das sollte für den intuitiven Geist ein Anreiz sein, mehr zu entdecken als nur Wege, wie man weniger arbeiten oder lediglich die eigenen Interessen fördern kann.

Intuition läßt sich weiter anregen und von Zwängen befreien, wenn man die Belegschaft am Erfolg des Unternehmens und an der Gestaltung der Gesamtstrategie und Planung beteiligt oder sie regelmäßig auch in anderen Abteilungen arbeiten läßt. Dadurch erhalten die Arbeitnehmer jene Art von «weichen Informationen», die dem intuitiven Geist dazu verhilft, ungewöhnliche Zusammenhänge herzustellen. Auch der Trend zur Dezentralisierung der Führungsspitze begünstigt Intuition, weil er den Mitarbeitern größere Autonomie und Flexibilität bei der Festlegung von Zielen, Zeitplänen und Arbeitsmethoden gibt.

Alle Institutionen sollten ihre Vorstellung von Produktivität überdenken. Die «Mit-der-Nase-am-Schleifstein-Mentalität», die Schweiß mit Hingabe und Plackerei mit echter Leistung verwechselt, muß im Lichte dessen neu bewertet werden, was wir über den Wert der Inkubation und den schädlichen Einfluß von Streß gelernt haben. In diesem Zusammenhang kann der intuitive Geist indirekt Nutzen aus dem populären Fitness- und Gesundheitsdenken ziehen. Im Kampf gegen Umsatzrückgang, zu hohe Krankheitskosten und sinkende Produktivität haben viele Organisationen inzwischen Maßnahmen zur Streßminderun akzeptiert. Meditation, körperliche Übungen und ausreichend Freizeit machen die Beschäftigten gesünder und intuitiver.

Erforschung der Intuition

Unsere größte Aufgabe besteht vielleicht darin, unser Wissen über Wesen und Funktionieren der Intuition auf eine feste Grundlage zu stellen. Da wir von diesem Ziel noch weit entfernt sind, muß ein großer Teil des Materials zu diesem Thema als rein spekulativ betrachtet werden. Wir brauchen intensive Forschung, um beispielsweise festzustellen, bis zu welchem Grad intuitive Fähigkeiten angeboren oder erworben sind und ob bestimmte Menschen oder Menschengruppen für intuitives Denken prädisponiert sind. Wir müssen die genaue Bedeutung und Reichweite subjektiver Erfahrungen untersuchen, um herauszufinden, inwieweit sie durch unterschiedliche psychische und physiologische Gegebenheiten geprägt sind. Wir müssen herausfinden, was in unserem Gehirn vorgeht, wenn wir eine Vorahnung haben, wenn wir uns sicher statt unsicher fühlen, wenn sich herausstellt, daß wir recht und nicht unrecht haben.

Es bedarf noch langer und gründlicher Forschungsarbeit, um zu erkennen, wie unser neurologischer Mechanismus im Augenblick einer Intuition bzw. bei anderen mentalen Funktionen, etwa beim Analysieren oder bei alltäglichen «Denkübungen», arbeitet. Wir müssen das Inkubationsphänomen erforschen, um zu erfahren, wie es funktioniert, was in dem Augenblick im Nervensystem vor sich geht, wann es am besten «läuft» und welche Formen die produktivsten sind. Wir müssen klären, ob wir angeborene mentale Strukturen haben, die unser Erkenntnisvermögen bestimmen, und in welcher Beziehung der menschliche Geist zu universaleren Informationsquellen steht. Ferner müssen wir die Rolle unbewußter und psychischer Informationen im Rahmen intuitiver Erkenntnis untersuchen. Und wir müssen die Erforschung der Bindeglieder zwischen den Maximen der Philosophia perennis und den Ergebnissen der modernen Naturwissenschaft verstärken. Eine kleine, jedoch kreative Gruppe von Denkern hat bereits mit diesem Projekt begonnen.

Diese Untersuchungen sollten natürlich praktische Anwendungsmöglichkeiten zum Ziel haben. Alles, was wir bisher zur Notwendigkeit der Intuition in den verschiedensten Bereichen der Gesellschaft gesagt haben, deutet darauf hin, wie wichtig es ist, Antworten auf folgende Fragen zu erhalten: Was macht die Menschen intuitiver? Welche Konditionen begünstigen qualitätsvolle Intuition? Wie können wir intuitive Menschen erkennen?

Hinsichtlich ihres Stils können intuitive Menschen einigermaßen sicher identifiziert werden, und man versucht bereits, praktischen Nutzen daraus zu ziehen. Größere Bewußtheit dieser stilistischen Unterschiede kann zu wechselseitiger Leistungssteigerung führen. Estée Lauder zum Beispiel, die Gründerin der bekannten Kosmetikfirma, ist bekannt für ihre intuitive «Nase» in Sachen Parfum – da übertrifft sie alle Marktforscher in der Verkaufsvorhersage. Diese ihre speziellen Fähigkeiten verbindet sie mit denen ihres Sohnes Leonard, der ein Wirtschaftsstudium abgeschlossen hat. «Ich darf ohne zu fragen Millionen investieren», sagt Leonard. «Doch würde ich niemals ein Parfum ohne ihre schriftliche Genehmigung auf den Markt bringen.»

Man sollte sich mehr bemühen, Menschen mit außergewöhnlicher Intuition zu entdecken. Intuitions-Spezialisten sind oft nur auf einem Gebiet gut, während Generalisten häufig in der Lage sind, sich auf die verschiedensten Bereiche einzustellen. Mit Fachleuten zu einem Team zusammengespannt, können solche Leute Hypothesen formulieren, auf die niemand sonst kommen würde, oder Fakten identifizieren, die mit gewöhnlichen Methoden nicht gesichert werden können. Das wurde in gewisser Weise bereits versucht. Die Mobius Group in Los Angeles hat berichtet, wie begabte Intuitive eingesetzt wurden, um archäologisch ergiebiges Terrain aufzuspüren. Und das Center for Applied Intuition in San Francisco führt ein Programm, genannt «Intuitive Consensus», durch, in dessen Rahmen die Intuition von Gruppen hinsichtlich wissenschaftlicher und technologischer Probleme genutzt wird.

Das «Aussuchen» intuitiver Menschen und die offizielle Anerkennung intuitiver Fähigkeiten könnte auch jenem Typ visionärer Erfinder und Unternehmer die dringend erforderliche finanzielle Unterstützung sichern, der im Laufe der Geschichte so viel zum Fortschritt beigetragen hat. Zu oft verheddern sich diese Menschen in den Fallstricken der Bürokratie, wenn es um Zuschüsse, Unterstützungen oder Risikokapital geht. Die augenblickliche Politik der staatlichen Subventionierung begünstigt Bewerber mit fest umrissenen Projekten, die voraussehbare und möglichst rasch erreichbare Ergebnisse im Auge haben. Für Forscher, die umständlicher arbeiten, herumexperimentieren und manchmal Umwege gehen, bevor sie mit einem intuitiven Durchbruch aufwarten können, hat man da wenig übrig. Beharren wir stets darauf, schon im voraus zu wissen, was bei einer Sache herauskommen wird, dann erhalten intuitive Menschen nie die Gelegenheit und die finanziellen Möglichkeiten, das Unerwartete zu entdecken.

Der vielleicht wichtigste Weg künftiger Forschung liegt im Bereich des höheren Bewußtseins, da das Potential des Geistes seinen gegenwärtigen Entwicklungsstand bei weitem übersteigt, selbst bei den klügsten Köpfen unter uns. Würden wir für dieses Bemühen einen Teil der Energie und der Ressourcen abzweigen, die wir jetzt auf die Erforschung künstlicher Intelligenz verwenden, könnten wir von unseren eigenen naturgegebenen intuitiven Fähigkeiten überrascht werden. In diesem Zusammenhang sollten Yoga und meditative Disziplinen ein wesentlicher Forschungsbereich sein. Wenn die Behauptung zutrifft, daß Erleuchtung sowohl der höchste Zustand des Erkennens als auch ein Mittel zum Erschließen intuitiver Kanäle ist, dann brauchen wir mehr harte Daten über die damit verbundenen Praktiken. Wir müssen die genaue Physiologie der Transzendenz und der Stadien höherer Bewußtheit entdecken sowie die Methoden, mit denen sie am besten entwickelt werden. Verstehen wir erst die höchsten Ausdrucksformen menschlichen Erkennens, werden wir auch besser begreifen, *wie* wir etwas erkennen.

Es bleibt zu hoffen, daß Gelehrte und Naturwissenschaftler ihre Anstrengungen steigern werden, den intuitiven Geist in seiner ganzen Kompliziertheit und Tiefe zu erfassen. Sie werden zu den ersten Nutznießern dieses Bemühens gehören. Aber noch lange bevor wir alle Antworten haben, können wir als Eltern, Erzieher, Politiker und Bürger eine Menge tun, um unsere eigenen intuitiven Fähigkeiten zu entwickeln und die Welt so zu gestalten, daß die Intuition darin den ihr gebührenden Platz erhält. Haben wir damit Erfolg, dann wird die Intuition dafür sorgen, daß *wir* in der Welt den uns gebührenden Platz finden.

Dank

All denen, die für die Fertigstellung dieses Buches ihre Zeit geopfert haben, möchte ich hiermit aufs herzlichste danken. Ihr fachlicher und persönlicher Rat sowie ihre Bereitschaft, Teile meines Manuskripts zu lesen und darüber mit mir zu diskutieren, haben mir bei der Entwicklung meiner Gedanken sehr geholfen. Um mir die Sache ein wenig zu erleichtern, führe ich die Namen aller, denen ich in diesem Zusammenhang zu danken habe, einfach in alphabetischer Reihenfolge auf, ohne ihren Beitrag zu meinem Werk genauer zu bezeichnen. Und jene, die nicht genannt sind, die mir aber dennoch Anregungen und Informationen gaben, lange bevor ich mich entschloß, dieses Buch zu schreiben, bitte ich, diese «Vernachlässigung» zu entschuldigen.

Zu danken habe ich: Betsy und Elliot Abravanel, Weston Agor, Charles Alexander, Terese Amabile, Alarick Aranander, Art und Elaine Aron, Bernard Baars, Ted Bartek, Steve R. Baumgardner, Marshall Berkowitz, Erick Bienstock, Diane Blumenson, Libby Bradshaw, Elizabeth Brenner, Jerome Bruner, Merry Bullock, Blythe Clinchy, Allan Collins, Peter Conrad, Bob Cushing, Ana Daniel, Eugene d'Aquili, Richard Davidson, Jack DeWitt, Ed DiEsso, Michael Dilbeck, Susan Dowe, Tom Drucker, Tom Duffy, David Dunlap, Peter Erskine,

Earl Ettienne, Juliet Faithfull, Marilyn Ferguson, Linda Flower, Bob Forman, Diane Frank, Lisbeth Fried, Elliot Friedland, Jonathan Friedlander, Bob Fritz, Eugene Gendlin, Richard Germann, James A. Giannini, Rashi Glazer, Bob Goldberg, Bernard Goldhirsh, Bennett Goodspeed, Ruth Green, Bob Greenfield, Bob Hanson, Bo und Nancy Hathaway, John Hayes, John R. Hayes, Barbara Holland, Keith Holyoak, Jerry Jarvis, Alfred Jenkins, Paul E. Johnson, Paul Jones, Daniel Kaufman, Bill Kautz, Ralph Keyes, Julia Klein, Ellisa Koff, Barbara Landau, Lanny Lester, Jerre Levy, Marilyn Machlowitz, Tom Maeder, Rosanne Malinowski, Ellen Michaud, John Mihalasky, Jonathan Miller, Henry Mintzberg, Bevan Morris, Rick und Amy Moss, George Naddaff, Don Noble, Meredith B. Olson, Dean Portinga, Mitchell Posner, Robin Raphaelian, Dennis Raimondi, Margaret Robinson, Joan Rothberg, Robin und Dennis Rowe, Peter Russell, Art Sabatini, Ed Scher, Deanna Scott, Mike Schwartz, Elliot Seif, Peter Senge, Jonathan Shear, Dean Simonton, Dean Sluyter, Lyn Sonberg, Robert Sternberg, Bobbi Stevens, E. C. G. Sudarshan, Peggy Van Pelt, Gary Venter, Keith Wallace, Larry und Linea Wardwell, Robin Warshaw, Malcolm Westcott, Ken Wilber, Gretchen Wölfle, Roy Wyand, Bob Wynne, Arthur Young, Ron Zigler und Connie Zweig.

Außerdem möchte ich meinem Verleger, Jeremy Tarcher, danken, der intuitiv genug war, in einer noch unfertigen Idee ein erfolgversprechendes Projekt zu erkennen, sowie meiner einfühlsamen Lektorin Janice Gallagher, die oft besser wußte, was ich sagen wollte, als ich selbst.

Last not least möchte ich meiner geliebten Jane danken, deren Intuition immer – na, sagen wir: *fast* immer – das Richtige trifft und die die undankbare Rolle der «Schriftstellergattin» mit Bravour zu meistern versteht.

Literaturverzeichnis

Adams, H., «The Good Judge of Personality», in: *Journal of Abnormal and Social Psychology,* Nr. 22, 1927, S. 127–181.

Adans, James L., *Ich hab's! Wie man Denkblockaden mit Phantasie überwindet. Anleitung zu phantasievollem Denken,* Wiesbaden 1984.

Agor, Weston, *Intuitive Management,* Englewood Cliffs, N. J., 1984.

–, «Using Intuition in Public Management», in: *Public Management,* Febr. 1983, S. 2–6.

Albrecht, Karl *Brain Power,* Englewood Cliffs, N. J., 1980.

Allport, Gordon, «The Study of Personality by the Intuitive Method», in: *Journal of Abnormal and Social Psychology,* Nr. 24, 1929, S. 14–27.

Amabile, Teresa M., «Effects of External Evaluation on Artistic Creativity», in: *Journal of Personality and Social Psychology,* Nr. 37, 1979, S. 221–233.

Aquili, Eugene d', «The Neurobioligical Basis of Myth and Concepts of Deity», in: *Zygon,* Dez. 1978, S. 257–275.

Aranya, Swami Hariharananda, *Yoga Philosophy of Patanjali,* Kalkutta 1963.

Asimov, Isaac, *Please Explain,* New York 1976.

Assagioli, Roberto, *Die Schulung des Willens. Methoden der Psychotherapie und der Selbsttherapie,* Paderborn 1982.

Die Bhagavadgita, Darmstadt 1978.

Barnett, Lincoln, *The Universe and Dr. Einstein,* New York 1968.

Barrett, William, *Irrational Man,* Garden City, N. Y., 1958.

Barron, Frank, «The Disposition Toward Originality», in: *Journal of Abnormal and Social Psychology,* Nr. 48, 1953, S. 163–172.

–, «Some Personality Correlates of Independence of Judgment», in: *Journal of Personality,* März 1953, S. 287–297.

Baumgardner, Steve R., «The Impact of College Experience on Conventional Career Logic», in: *Journal of Counseling Psychology,* Jan. 1976, S. 40–45.

–, «Vocational Planning: The Great Swindle», in: *Personnel and Guidance Journal,* 1977, S. 17–22.

Benbow, Camilla Persson/Stanley, Julian C., «Sex Differences in Mathematical Ability: Fact or Artifact?», in: *Science,* Nr. 12, 1980, S. 1262–1264.

Bentov, Itzhak, *Töne – Wellen – Vibrationen. Quantität und Qualität des Bewußtseins,* München 1984.

Bergson, Henri, *Denken und schöpferisches Werden,* Königstein/Ts. 1948.

–, *Schöpferische Entwicklung,* Jena 1912.

Berne, Eric, *Intuition and Ego States,* New York 1977.

–, «Intuition VI: The Psychodynamics of Intuition», in: *Psychiatric Quarterly,* Nr. 36, 1962, S. 294–300.

–, «The Nature of Intuition», in: *Psychiatric Quarterly,* Nr. 23, 1949, S. 203–226.

Bernstein, Jeremy, *Einstein,* New York 1976.

Beveridge, W. I. B., *Seeds of Discovery,* New York 1980.

Black, Meme, «Brain Flash: The Physiology of Inspiration», in: *Science Digest,* Aug. 1982, S. 85.

Board, Richard, «Intuition in the Methodology of Psychoanalysis», in: *Psychiatry,* Nr. 21, 1985, S. 233–239.

Bono, Edward de, *Laterales Denken für Führungskräfte,* Reinbek 1972.

–, *Das spielerische Denken,* Bern und München 1968.

–, *New Think,* New York 1967.

Braverman, Jerome D., *Management Decision-Making: A Formal-Intuitive Approach,* New York 1980.

Bronowski, Jacob, «The Creative Process», in: *Scientific American,* Sept. 1958, S. 59–65.

–, *The Origins of Knowledge and Imagination,* New Haven 1978.

Bruner, Jerome, *Beyond the Information,* New York 1973.

–, *Der Prozeß der Erziehung,* Düsseldorf 1980.

– / Clinchy, Blythe, «Toward a Disciplined Intuition», in: J. B., *The Relevance of Education,* New York 1971.

Bucke, Richard M., *Die Erfahrung des kosmischen Bewußtseins. Eine Studie zur Evolution des menschlichen Geistes,* Freiburg i. Br. 1975.

Bunge, Mario Augusto, *Intuition and Science,* Westport, Conn., 1975.
Burden Virginia, *The Process of Intuition,* Wheaton, Ill., 1975.
Buzan, Tony, *Kopf-Training. Anleitung zum kreativen Denken,* München 1984.

Campbell, Anthony, *Seven States of Consciousness,* New York 1974.
Campbell, Joseph, *Der Heros in tausend Gestalten,* Frankfurt a. M. 1978.
«Canadian Study Frames New Right/Left Paradigm», in: *Brain/Mind Bulletin,* 28. März 1983, S. 1.
Capra, Fritjof, *Das Tao der Physik. Die Konvergenz von westlicher Wissenschaft und östlicher Weisheit,* Bern und München 1984.
Carrington, Patricia, *Das große Buch der Meditation,* Bern, München, Wien [2]1982.
Chubb, Jehangir N., «Thought and Intuition», in: *Aryan Path,* Nr. 20, 1949, S. 109–115.
Clinchy, Blythe, «The Role of Intuition in Learning», in: *NEA Journal,* Febr. 1968, S. 33–37.
Combs, Allan L., »Synchronicity: A Synthesis of Western Theories and Eastern Perspectives», in: *ReVision,* Frühj. 1982, S. 20–28.
Connelly, Donald P./Johnson, Paul E., «The Medical Problem Solving Process», in: *Human Pathology,* Sept. 1980, S. 412–419.
«Creativity: Looking for the Right Questions», in: *Leading Edge Bulletin,* 28. Sept. 1981, S. 1–2.
Cvetkovich, George, «Cognitive Accommodation, Language, and Social Responsibility», in: *Social Psychology Quarterly,* Juni 1978, S. 149–155.

Dillbeck, Michael C., u. a., «Frontal EEG Coherence, H-Reflex Recovery, Concept Learning, and the TM-Sidhi Program», in: *International Journal of Neuroscience,* Nr. 15, 1981, S. 151–157.
– / Bronson, Edward C., «Short-Term Longitudinal Effects of the Transcendental Meditation Technique on EEG Power and Coherence», in: *International Journal of Neuroscience,* Nr. 14, 1981, S. 147–151.
Dreistadt, Roy, «The Use of Analogies and Incubation in Obtaining Insights in Creative Problem Solving», in: *The Journal of Psychology,* Nr. 71, 1969, S. 159–175.
Durant, Will, *Kulturgeschichte der Menschheit,* München 1976 ff.

Edwards, Betty, *Garantiert Zeichnen lernen. Das Geheimnis der rechten*

Hirn-Hemisphäre und die Befreiung unserer schöpferischen Gestaltungskräfte, Reinbek 1982.
Einstein, Albert, *Mein Weltbild,* Zürich 1953.

Ferguson, Marilyn, *Die sanfte Verschwörung. Persönliche und gesellschaftliche Transformation im Zeitalter des Wassermanns,* Basel 1982.
–, *Revolution der Gehirnforschung. Geheimnisse und Gefahren,* Olten 1981.
Fischbein, E. (Hrsg.), *The Intuitive Sources of Probabilistic Thinking in Children,* Boston 1975.
Fisher, Milton, *Intuition. Das Geheimnis, in jeder Situation das Richtige zu tun,* Landsberg a. L. 1983.
Forem, Jack, *Transcendental Meditation,* New York 1973.
Fuerst, Robert E., «Inference Peddling», in: *Psychology Today,* März 1979, S. 92–96.

Gardner, Howard, «Breakaway Minds» (Interview mit Howard Gruber), in: *Psychology Today,* Juli 1981, S. 64–73.
–, «What We Know (and Don't Know) About the Two Halves of the Brain», in: *Harvard Magazine,* März/April 1978, S. 24–27.
Garfield, Patricia, *Kreativ Träumen,* Interlaken 1980.
Gendlin, Eugene, *Focusing. Technik der Selbsthilfe bei der Lösung persönlicher Probleme,* Salzburg 1981.
Ghiselin, Brewster, *The Creative Process,* New York 1975.
Giannini, James A., u. a., «Intellect vs. Intuition – A Dichotomy in the Reception of Nonverbal Communication», in: *Journal of General Psychology,* Juli 1978, S. 19–24.
Gleidman, John, «Mind and Matter», in: *Science Digest,* März 1983, S. 68.
Goleman, Daniel, «Holographic Memory» (Interview mit Karl Pribram), in: *Psychology Today,* Febr. 1979, S. 71 ff.
–, *Die Höheren Stufen des Bewußtseins. Praxis und Bedeutung der Meditationslehre des Buddha,* Hamburg 1984.
Goodspeed, Bebbett, «The World's-Smartest-Man Syndrome», in: *Journal of Portfolio Management,* Sommer 1978, S. 41–44.
Gordon, William, *Synectics,* New York 1961.
Gowan, John Curtis, «Some New Thoughts on the Development of Creativity», in: *Journal of Creative Behavior,* Nr. 11, 1977, S. 77–90.
Goy, Robert W./McEwen, Bruce S., *Sexual Differentiation of the Brain,* Cambridge 1980.

Gurumurti, D., «Intuition in Indian Philosophy», in: *Aryan Path,* Nr. 28, 1957, S. 213–217.

Hadamard, Jacques, *An Essay on the Psychology of Invention in the Mathematical Field,* Princeton 1945.

Hamilton, Lee V., «Intuitive Psychologist or Intuitive Lawyer? Alternative Models of the Attribution Process», in: *Journal of Personality and Social Psychology,* Nov. 1980, S. 767–772.

Hampden-Turner, Charles, *Modelle des Menschen. Ein Handbuch des menschlichen Bewußtseins,* Weinheim [2]1983.

Hathaway, S., «Clinical Intuition and Inferential Accuracy», in: *Journal of Personality,* Nr. 24, 1955, S. 223–250.

Hayes, John R., *The Complete Problem Solver,* Philadelphia 1981.

Heisenberg, Werner, *Das Naturbild der heutigen Physik,* Reinbek 1956.

Hofstadter, Douglas R., *Gödel, Escher, Bach,* Stuttgart 1984.

Hudson, William Donald, *Ethical Intuitionism,* New York 1967.

Hunt, Morton, *Das Universum in uns. Neues Wissen vom menschlichen Denken,* München 1984.

Hutcheson, Joseph C., «The Judgment Intuitive: The Function of the ‹Hunch› in Judicial Decision», in: *The Cornell Law Quarterly,* Nr. 14, 1929, S. 274–288.

Huxley, Aldous, *Die ewige Philosophie,* Zürich 1949.

Judson, Horace Freeland, *The Search for Solutions,* New York 1980.

Jung, Carl Gustav, *Psychologische Typen.* Gesammelte Werke Bd. 6, Olten 1981.

Kaplan, Harold A., «Intuitive Preference, Conditions of Arousal, and Their Effects on Intuitive Problem Solving», unveröffentlichte Dissertation, University of Kansas, 1974.

Kline, Morris, *Mathematics: The Loss of Certainty,* New York 1980.

Koestler, Arthur, *Der göttliche Funke,* Bern und München 1966.

Konner, Melvin, *Die unvollkommene Gattung. Biologische Grundlagen und die Natur des Menschen,* Basel 1984.

Krippner, Stanley, u. a., «The Creative Person and Non-Ordinary Reality», in: *Gifted Child Quarterly,* Nr. 16, 1972, S. 203–228.

Kuhn, Thomas, *Die Struktur wissenschaftlicher Revolutionen,* Frankfurt a. M. 1973.

La Berge, Stephen, «Lucid Dreaming: Directing the Action as It Happens», in: *Psychology Today*, Jan. 1981, S. 48.
Landau, Barbara, u. a. , «Spatial Knowledge and Geometric Representation in a Child Blind from Birth», in: *Science*, 11. Sept. 1981, S. 1275–1277.
Larkin, Jill, u. a., «Expert and Novice Performance in Solving Physics Problems», in: *Science*, Juni 1980, S. 1335–1342.
Loye, David, «Forecasting for Everyone: An Examination of the True Powers of the Mind», in: *Planning Review*, Jan. 1980, S. 15–19.
Luft, Joseph, «Implicit Hypotheses and Clinical Predictions», in: *Journal of Abnormal and Social Psychology*, Nr. 45, 1950, S. 756–759.

Maritain, Jacques, *Creative Intuition in Art and Poetry*, New York 1953.
Maslow, Abraham, *Psychologie des Seins. Ein Entwurf*, Frankfurt a. M. 1978.
–, *Motivation und Persönlichkeit*, Olten [2]1978.
–, *Die Psychologie der Wissenschaft*, München 1977.
May, Rollo, *The Courage to Create*, New York 1975.
McKenney, James L./Keen, Peter G. W., «How Managers' Minds Work», in: *Harvard Business Review*, Mai/Juni 1974, S. 79–90.
Mintzberg, Henry, *The Nature of Managerial Work*, New York 1973.
–, «Planning on the Left Side and Managing on the Right», in: *Harvard Business Review*, Juli/Aug. 1976, S. 49–58.
Mitroff, Ian I., «The Myth of Objectivity, or Why Science Needs a New Psychology of Science», in: *Management Science*, Juni 1972, S. B613–B618.
Morowitz, Harold, «The Beauty of Mathematics», in: *Science 82*, Okt. 1982, S. 26.
Moss, Thelma, *The Probability of the Impossible*, Los Angeles 1974.
Myers, Isabel Briggs, *The Myers-Briggs Type Indicator*, Palo Alto, Calif., 1962.

Neisser, Ulric, *Kognitive Psychologie*, Stuttgart 1974.
Nietzsche, Friedrich, *Die Philosophie im Tragischen Zeitalter der Griechen*. Werke III, hrsg. v. Karl Schlechta, München [6]1969.
Nisbett, Richard/Ross, Lee, *Human Inference: Strategies and Shortcomings*, Englewood Cliffs, N. J., 1980.

Olton, Robert M./Johnson, David M., «Mechanisms of Incubation in

Creative Problem Solving», in: *American Journal of Psychology,* Dez. 1976, S. 617–630.
Ornstein, Robert, *Die Psychologie des Bewußtseins,* Köln 1974.
Osborn, Alex, *Applied Imagination,* New York 1953.
Ostrander, Sheila/Schroeder, Lynn/Dean, Douglas/Mihalasky, John, *Vorauswissen mit Psi,* Bern/München/Wien 1975.

Patañjali, *Die Wurzeln des Yoga.* Die Yoga-Sūtren des P. mit einem Kommentar von P. Y. Deshpande, Bern/München/Wien 1976 u. ö.
Pelletier, Kenneth R./Garfield, Charles, *Consciousness East and West,* New York 1976,
Perkins, David N., *Der zündende Funke. Jeder ist kreativ,* Berlin 1984.
Peters, Joan T./Hammond, Kenneth R., «A Note on Intuitive vs. Analytic Thinking», in: *Organizational Behavior and Human Performance,* Nr. 12, 1974, S. 125–131.
Pirsig, Robert M., *Zen und die Kunst ein Motorrad zu warten,* Frankfurt a. M. 1984.
Platon, *Sämtliche Werke,* Heidelberg [8]1982.
Polanyi, Michael, *The Tacit Dimension,* Garden City, N. Y., 1966.
Poole, Roger, *Toward Deep Subjectivity,* New York 1972.
Prabhavananda, Swami/Isherwood, Christopher, *How to Know God: The Yoga Aphorisms of Patanjali,* New York 1969.

Radhakrishnan, Sarvepalli, *Indisches Erbe,* Gladenbach/Hessen 1980.
Rao, Nagaraja P., «Logic and Intuition in Indian Philosophy», in: *Aryan Path,* Nr. 21, 1950, S. 511–514.
Rico, Gabriele Lusser, *Garantiert schreiben lernen. Sprachliche Kreativität methodisch entwickeln – ein Intensivkurs auf der Grundlage der modernen Gehirnforschung,* Reinbek 1984.
Rothenberg, Albert, «Creative Contradictions», in: *Psychology Today,* Juni 1979, S. 55–62.
Rowan, Roy, «Those Business Hunches Are More Than Blind Faith», in: *Fortune,* 23. April 1979, S. 111–114.
Royce, Joseph, R., u. a., «Psychological Epistemology: A Critical Review of the Empirical Literature and the Theoretical Issues», in: *Genetic Psychology Monographs,* Nr. 97, 1978, S. 265–353.
Rucker, Rudy, «Master of the Incomplete», in: *Science 82,* Okt. 1982, S. 56.
Russell, Peter, *Der menschliche Computer,* München 1982.

Schilpp, Paul A. (Hrsg.), *Albert Einstein als Philosoph und Naturforscher,* Wiesbaden 1979.
Schubert, Daniel, S. P., «Is Incubation al Silent Rehearsal of Mundane Responses?», in: *Journal of Creative Bahavior,* Nr. 13, 1979, S. 36–38.
Schustack, Miriam W./Sternberg, Robert J., «Evaluation of Evidence in Causal Inference», in: *Journal of Experimental Psychology,* Nr. 110, 1981, S. 101–120.
Shear, Jonathan, «Maharishi, Plato, and the TM-Sidhi Program on Innate Structures of Consciousness», in: *Metaphilosophy,* Jan. 1981, S. 72–84.
Sheldrake, Rupert, *Das schöpferische Universum. Die Theorie des morphogenetischen Feldes,* München 1983.
Simonton, Dean K., «Creativity, Task Complexity, and Intuitive Versus Analytical Problem Solving», in: *Psychological Reports,* 1975, S. 351–354.
–, «Intuition and Analysis: A Predictive and Explanatory Model», in: *Genetic Psychology Monographs,* Aug. 1980, S. 3–60.
Somers, Roni, «A Phenomenological Approach to the Intuitive Experience», unveröffentlichte Dissertation, California School of Professional Psychology, 1977.
Springer, Sally/Deutsch, George, *Left Brain, Right Brain,* San Francisco 1981.
Sternberg, Robert J./Schustack, Miriam W., «Components of Caussal Inference», in: *NR Reviews,* Herbst/Winter 1980/81, S. 49–61.
Suzuki, Daisetz T., *Die große Befreiung. Einführung in den Zen-Buddhismus,* Bern und München 1979.
«System Dynamics Aids Intuition», in: *Leading Edge Bulletin,* 26. April 1982, S. 1–2.

Taft, R., «The Ability to Judge People», in: *Psychological Bulletin,* Nr. 52, 1955, S. 1–28.
Targ, Russell/Puthoff, Harold, *Jeder hat den 6. Sinn. Neue Erkenntnisse über die psychischen Fähigkeiten des Menschen,* Köln 1977.
Taylor, Donald W., u. a., «Education for Research in Psychology», in: *The American Psychologist,* Nr. 14, 1959, S. 167–179.
Toben, Bob, *Raum – Zeit und erweitertes Bewußtsein. Ein Versuch der Begründung des Unerklärlichen,* Oldenburg i. O. 1981.
Tobias, Sheila, «Sexist Equations», in: *Psychology Today,* Jan. 1982, S. 14.

Torrance, E. Paul, «An Instructional Model for Enhancing Incubation», in: *Journal of Creative Behavior,* Nr. 13, 1979, S. 23–24.

Valentine, C., «The Relative Reliability of Men and Women in Intuitive Judgments of Character», in: *British Journal of Psychology,* Nr. XIX, Teil 3, 1929, S. 213–238.

VanGundy, Arthur, B., *Training Your Creative Mind,* Englewood Cliffs, N. J., 1982.

Vaughan, Frances E., *Awakening Intuition,* Garden City, N. Y., 1979.

Villoldo, Alberto/Dychtwald, Ken (Hrsg.), *Wege ins Dritte Jahrtausend,* Basel 1984.

Wallas, Graham, *The Art of Thought,* New York 1926.

Watson, Lyall, *Die Grenzbereiche des Lebens,* Frankfurt a. M. 1984.

Weber, Renee, «The Physicist and the Mystic – Is a Dialogue Between Them Possible?» (Interview mit David Bohm), in: *ReVision,* Frühj. 1981, S. 22–35.

Weintraub, Pamela, «The Brain: His and Hers», in: *Discover,* April 1981, S. 15–20.

Westcott, Malcolm «On the Measurement of Intuitive Leaps», in: *Psychological Reports,* Nr. 9, 1961, S. 267–274.

–, *Toward a Contemporary Psychology of Intuition,* New York 1968.

–, / Ranzoni, Jane, «Correlates of Intuitive Thinking», in: *Psychological Reports,* Nr. 12, 1963, S. 595–613.

Whitehead, Alfred North, *Wissenschaft und moderne Welt,* Frankfurt a. M. 1984.

Wilber, Ken, *The Atman Project,* Wheaton, Ill., 1980.

–, *The Spectrum of Consciousness,* Wheaton, Ill., 1977.

–, *Halbzeit der Evolution. Der Mensch auf dem Weg vom animalischen zum kosmischen Bewußtsein. Eine interdisziplinäre Darstellung der Entwicklung des menschlichen Geistes,* Bern/München/Wien 1984.

–, (Hrsg.), *The Holographic Paradigm and Other Paradoxes: Exploring the Leading Edge of Science,* Berkeley, Calif., 1982 (erscheint deutsch 1986 im Scherz Verlag, Bern/München/Wien).

Wittrock, M. C. (Hrsg.), *The Human Brain,* Englewood Cliffs, N. J., 1977.

Yankelovich, Daniel, «Managing in an Age of Anxiety», in: *Industry Week,* 24. Okt. 1977, S. 52–58.

Yogananda, Paramahansa, *Autobiographie eines Yogi,* Bern und München [11]1979.

Yu-Lan, Fung, *A Short History of Chinese Philosophy,* New York 1960.

Zukav, Gary, *Die tanzenden Wu Li Meister. Der östliche Pfad zum Verständnis der modernen Physik: Vom Quantensprung zum Schwarzen Loch,* Reinbek 1981.

Personen- und Sachregister